AF455200

# Yoga und Meditation

## Das heitere Übungsbuch

**Nils Horn**

ISBN: 978-1-4092-0560-9
Verleger: Lulu.com, Standard Copyright License.

## Was ist Yoga?

------------------

Yoga ist ein spiritueller Weg aus Indien. Sein Ziel ist die Verwirklichung des inneren Glücks. Das Wort "Yoga" bedeutet: "anjochen, verbinden, üben, sich mit dem Kosmos vereinigen, Selbstverwirklichung, Erleuchtung, Glück".

Durch die Yoga-Übungen löst der Yogi seine inneren Verspannungen (Samskaras) auf. Verschwinden die Verspannungen, entfaltet sich das innere Glück. Die Krankheiten heilen. Der Körper wird gesund. Der Geist wird positiv. Der Yogi wird geistig eins mit dem gesamten Kosmos um sich herum. Er gelangt durch seine Yoga-Übungen im Laufe der Jahre in ein kosmisches Bewusstsein. Er ist in Harmonie mit sich und der Welt. Er lebt im Sein, im Frieden und in der umfassenden Liebe.

Yoga hält unseren Körper beweglich, kräftigt unsere Muskeln, aktiviert unsere Lebensenergie und macht unseren Geist positiv. Yoga hilft uns, das Leben zu meistern, unsere Gesundheit zu bewahren und das Glück in unserer Welt wachsen zu lassen. Durch Yoga können wir zu einem Buddha (einem vollendeten Yogi), einem Siddha (einem Yogi mit großen inneren Kräften) und zu einer Göttin (Meisterin des inneren Glücks) werden. Könige haben ihr Königreich aufgegeben, um den Reichtum des Yoga zu erlangen. Yoga ist so unermesslich, dass man es sich als normaler Mensch kaum vorstellen kann.

Viele Menschen in der heutigen Zeit sind auf der Suche nach dem großen Glück. Sie suchen es in Liebesbeziehungen, in der beruflichen Karriere und im perfekten Konsum. Sie suchen das Glück am falschen Ort. Dort wo sie es suchen, werden sie es nicht wirklich finden. Alles äußere Glück ist vergänglich, begrenzt und zieht oft Leid nach sich.

Das große Glück kann ein Mensch nur in sich selbst finden. Zu 90 % kommt das Lebensglück aus dem Bewusstsein eines Menschen. Es ist abhängig von seiner geistigen Grundhaltung, seinem inneren Frieden, seiner Liebesfähigkeit und seiner Fähigkeit positiv zu denken. Das ist die klare Erkenntnis der heutigen Glücksforschung. Die alten Yogis wussten diese Tatsachen schon vor tausenden von Jahren. Sie haben den Schwerpunkt ihres Lebens auf die Verwirklichung ihres inneren Potentials gelegt.

## Eine Frau sucht sich selbst

---------------------------------

Es war einmal eine Frau, die suchte nach dem Glück. Sie fragte alle Menschen in ihrer Stadt, wo denn das Glück zu finden sei. Ein alter weiser Mann kannte den Ort. Er sagte ihr, dass es nicht weit von hier einen großen Wald gebe. In der Mitte dieses Waldes befände sich ein schönes Schloss. Und in diesem Schloss könne jeder, der sich getraut habe, durch den großen Wald zu gehen, den großen Schatz finden.

Die Frau nahm sich einen Rucksack voller Essen mit und machte sich auf den Weg zu sich selbst. Lange Zeit irrte sie im dunklen Wald umher. Der Weg war schlecht zu erkennen, und sie verlief sich oft. Aber da sie im engen Kontakt mit ihrer inneren Stimme lebte, fand sie immer wieder zum richtigen Weg zurück.

Als sie in der Mitte des Waldes ankam, sah sie nur ein altes Haus. Sie trat in das Haus ein und war erschrocken. Das Haus war voller Schlangen und Spinnen. Sie hatte nicht gedacht, dass es in ihrem Selbst so voller Ängste und Wünsche war. Eine geheimnisvolle Stimme rief: "Nicht links, nicht rechts, geradezu. Dann hast du Ruh." Die Frau hörte auf diese Stimme und ging mitten durch das Haus hindurch. Sie ging konsequent den Weg ihrer inneren Richtigkeit. Deswegen konnten die Schlangen und Spinnen ihr nichts tun. Sie erschreckten sie nur etwas und verschwanden dann.

In der Mitte des Hauses stand ein Bett. Da die Frau müde war, legte sie sich hinein. Während sie schlief, tobte es in ihrem Körper. Sie hatte das Gefühl, dass das Haus zusammenbrach. Als sie aufwachte, hatte sich das alte Haus in ein Schloss verwandelt. Und neben ihr im Bett lag ein Prinz. Sie schlief mit ihm, und der Prinz löste sich in Luft auf. Sie war wieder zuhause. Aber in ihr war das Glück. Sie konnte jetzt ihr eigenes Haus als Märchenschloss erkennen, ihren eigenen Mann als Traumprinzen, ihren Beruf als Traumjob, sich selbst als Göttin und ihre Welt als Paradies.

Sie hatte die Erleuchtungssicht erlangt. Vor dem Tod und nach dem Tod, immer befindet sich der Erleuchtete im Paradies. Das Paradies ist die Sichtweise der Erleuchteten. Wer sein Selbst verwirklicht hat, lebt im Paradies. Er lebt im Licht, in Gott, im kosmischen Bewusstsein. Der Weg dort hin führt über die innere Reinigung und die Erweckung der Kundalini-Energie (der Erleuchtungsenergie).

## Die Entstehung des Yoga

Yoga wurde 600 vor Christus von den indischen Weisen entwickelt. Es gab damals eine Bewegung des inneren Glücks. Viele Menschen lebten als Yogis und praktizierten jahrzehntelang in der Abgeschiedenheit ihre Yoga-Übungen.

Der erleuchtete Yogi Patanjali faßte dann 300 vor Christus die wichtigsten Ergebnisse der inneren Suche in seinem Yoga-Sutra zusammen. Das Yoga-Sutra enthält die zehn Grundsätze für ein erfolgreiches Yogaleben: Reinheit, Selbstdisziplin, tägliches Lesen in den Heiligen Schriften (in einem spirituellen Buch der persönlichen Wahl), Konzentration auf das spirituelle Ziel, nicht nach äußerem Reichtum streben, Mäßigung bei äußeren Genüssen, Ehrlichkeit, anderen Menschen nichts wegnehmen (nicht betrügen, nicht stehlen), Friedfertigkeit und Zufriedenheit.

Der Yogameister Goraksha ergänzte 1000 nach Christus den Yoga Patanjalis durch die Körperübungen. Seinen Yogastil nannte er Hatha-Yoga, den Yoga mit Körperübungen. Hatha-Yoga besteht aus ruhigen oder dynamischen Körperübungen (Asanas), Positivem Denken (Geistesübungen) und Meditation. Ein Schüler von Goraksha verfasste die Hatha-Yoga-Pradipika, das Grundwerk des Hatha-Yoga.

In der Hatha-Yoga-Pradipika finden wir einige Hinweise auf die positiven Wirkungen des Yoga: "Jeder kann Hatha-Yoga praktizieren. Hatha-Yoga kann von Jungen, Alten, Kranken, Gesunden, Dicken, Dünnen, Starken und Schwachen geübt werden. Wer Yoga praktiziert, kann damit zur Erleuchtung gelangen. Er überwindet alles Leid und lebt dauerhaft im Licht."

"Für alle kranken und von Schmerzen geplagten Menschen ist der Hatha-Yoga eine großen Gnade. Mit den Yogaübungen kann man sich über alle Schmerzen erheben. Im Zustand des inneren Glücks spürt man keinen Schmerz mehr. Es gibt nur noch das Licht und das innere Glück. Kranke Menschen können sich mit den Yogaübungen heilen."

"Auch allen Menschen, die nach Kraft und Schönheit streben, kann der Yoga helfen. Wer ausdauernd Yoga praktiziert, erlangt innere Kraft und ewige Jugend. Er erwirbt innere und äußere Schönheit. Allerdings genügt es nicht, über Yoga zu lesen. Nur wer Yoga ausdauernd praktiziert, gelangt ins Licht."

## Die drei Wünsche

Es war einmal eine arme Frau. Sie hatte es schwer in ihrem Leben. Sie versuchte, in einer Beziehung glücklich zu werden. Aber alle ihre Beziehungen waren gescheitert. Sie versuchte, im Beruf glücklich zu werden. Aber in ihrem Beruf erfuhr sie nur Stress, Kampf und Egoismus. Im Laufe der Jahre erschöpfte sich ihre innere Energie immer mehr.

Sie lebte alleine, ohne Mann, ohne Arbeit, ohne tieferen Lebenssinn und ziemlich frustriert. Jeden Tag fernsehen und Süßigkeiten essen war auf die Dauer auch nicht der Weg zum großen Glück. Irgendwie war die Frau auf der Suche nach einem erfüllten Leben.

Eines Nachts erschien ihr der Yoga-Gott Shiva im Traum. Er sprach zu ihr: "Heute ist dein Glückstag. Du kannst aus deinem Leben einen Glücksweg machen. Du hast drei Wünsche frei." Die Frau wünschte sich Liebe, Kraft und Glück.

Am nächsten Tag ging sie wie von einer unsichtbaren Hand geführt in eine Buchhandlung. Sie kaufte sich ein Yogabuch und arbeitete es gründlich durch. Sie machte jeden Tag morgens, mittags und abends ihre spirituellen Übungen. Sie betete zu den erleuchteten Meistern, las in einem spirituellen Buch, ging regelmäßig spazieren, praktizierte ihre Lieblings-Yogareihe und meditierte vor dem Schlafengehen.

Sie übte nicht viel, aber regelmäßig. Und vor allem effektiv und mit innerem Gespür. Sie spürte jeden Tag genau in sich hinein, was sie wann auf welche Art brauchte. Sie konzentrierte sich auf die fünf Eigenschaften Selbstdisziplin, Weisheit, Lebensfreude, umfassende Liebe und inneren Frieden. Dadurch überwand sie ihre Schwäche, ihre Ängste, ihre falschen Sehnsüchte und ihre Selbstzweifel.

Mit den Yogaübungen gelang es ihr, ihre Kundalini-Energie zu erwecken. Plötzlich hatte sie viel Kraft und Glück in sich. Sie gab ihr Wissen auf ihre Art an ihre Mitmenschen weiter und öffnete dadurch ihr Herzchakra. Sie gelangte in die Energie der umfassenden Liebe. Sie lebte ab jetzt im Schwerpunkt für das Ziel einer glücklichen Welt, fand ihre persönliche Aufgabe und wurde eine Lichtbringerin. Yoga hatte aus ihrem Leben einen Weg der Gnade gemacht.

## Der heutige Yoga

Im letzten Jahrhundert wurde der Hatha-Yoga durch mehrere indische Yoga-Meister wie Yogananda (Kriya-Yoga, Meditation), Vishnudevananda (Sivananda-Yoga), Maharishi (Transzendentale Meditation), Iyengar (extremer Dehn-Yoga), Desikachar (Vini-Yoga, sanfter Heil-Yoga), Swami Rama (Himalaya Institut, sanfter Hatha-Yoga), Kali Ray (Tri-Yoga, fließende Bewegungen) und Yogi Bhajan (dynamischer Kundalini Yoga) in den Westen gebracht.

Seinen Siegeszug begann der Yoga mit der 68iger Studentenbewegung. Sie war zwar vorwiegend politisch motiviert, öffnete aber auch viele westliche Menschen für die östliche Spiritualität. Sehr viel dazu beigetragen haben die Beatles mit ihren teilweise spirituellen Songs (My Sweat Lord) und dem berühmten Treffen mit Maharishi. Seit der Jahrtausendwende ist Yoga ist Westen allgemein anerkannt und zur Trendsportart geworden. Er wird von vielen Medienstars wie Madonna, Barbara Becker, Ursula Karven und Ralf Bauer propagiert.

Heute gibt es im Westen viele verschiedene Yogarichtungen. Es gibt Yoga speziell für Kinder, für Ältere, für Manager (Business-Yoga), für Erholungsbedürftige (Wellness-Yoga) und für Frauen. Der chinesische Yoga heißt Tao-Yoga. Gute Laune bekommen wir durch den Lach-Yoga.

Sehr gut ist die Verbindung von Ausdauersport (Joggen, Gehen, Radfahren, Schwimmen) und Yoga (Gymnastik, Meditation). Damit bewahren wir optimal unsere Gesundheit. Wir halten unseren Kreislauf fit, unseren Körper gelenkig und unseren Geist positiv. Wir bauen unseren Berufsstress gut ab und innere Kraft auf. Wir bleiben im Alter gesund und können unser Leben dauerhaft genießen.

Der amerikanische Yoga ist überwiegend körperorientiert. Er betont die Gymnastik, die Fitness und das Bodystiling. In Europa wird meistens der Entspannungs-Yoga gelehrt. Bei ihm geht es vorwiegend um die Entspannung, die Gesundheit und das Positive Denken. Der Gymnastik-Yoga ist eher dynamisch und anstrengend. Der Entspannungs-Yoga ist eher sanft und ruhig.

Zwischen diesen beiden Grundformen gibt es viele verschiedene Stilrichtungen. Und es gibt sehr unterschiedliche Yogalehrer und Yogalehrerinnen. Jeder Yogaübende sollte ausprobieren, welcher Yogastil für ihn am besten geeignet ist. Er sollte den Yogalehrer finden, zu dem er Vertrauen hat und der zu ihm passt.

Ein Yogaschüler sollte sich zuerst umfassend informieren. Er sollte sich verschiedene Yogabücher/DVDs kaufen, mehrere Yogalehrer/innen kennenlernen und einige Stilrichtungen ausprobieren. Dann sollte er sich für seinen persönlichen Weg des Yoga entscheiden und mit Ausdauer praktizieren. Der große Gewinn des Yoga entfaltet sich erst nach einigen Jahren. Wer bis zum Ende seines Lebens Yoga übt, erhält ein gesundes Alter, dauerhaftes inneres Glück und ein gutes Leben nach dem Tod.

## Der dicke junge Mann

Es war einmal ein junger Mann, der wollte gerne ein Yogi werden. Leider war er sehr dick. Er konnte kaum eine Yogaübung ausführen. Er konnte nicht lange im Sitzen meditieren. Er besaß nicht viel innere Kraft und hatte auch sonst keine großen Fähigkeiten.

Im Yoga heißt es, dass es für jeden Menschen eine passende spirituelle Übung gibt. Jeder kann zur Erleuchtung gelangen. Auch Kleine können siegen. Eines Tages traf der dicke junge Mann einen klugen Yogalehrer.

Der Yogalehrer war ein Meister der Vielfalt der Yogatechniken. Er fragte den jungen Mann, ob er im Bett liegen, jeden Tag etwas lesen und etwas spazierengehen könne. Das konnte der dicke junge Mann tun. Der Yogalehrer sagte: "Das genügt. Damit kannst du das innere Glück erreichen. Du musst diese drei Übungen nur konsequent nach einem guten Plan über einen langen Zeitraum hin tun."

Der junge Mann suchte sich eine abgeschiedene Hütte und begann mit seinem Yogaweg. Er meditierte viermal am Tag eine Stunde, las dreimal am Tag eine Stunde in einem spirituellen Buch, ging zweimal am Tag eine Stunde spazieren, praktizierte eine Stunde einfache Yogaübungen und betete bei jeder Frage auf seinem Weg zu den erleuchteten Meistern. Dann entwickelte er mit Weisheit und Kreativität eine Lösung für das Problem.

Er ernährte sich von Obst, Gemüse und gekeimten Körnern. Er trank Wasser, Fruchtsäfte und manchmal etwas Tee. Er beobachtete beständig seinen Geist und übte sich im Positiven Denken. Nach einigen Jahren war er gesund, schlank und voll von innerem Glück. Er strahlte Liebe, Frieden und Glück aus.

## Wie übe ich Yoga?

Bevor du dich für einen bestimmten Yogakurs entscheidest, solltest du dir überlegen, was du suchst: Soll der Schwerpunkt auf anstrengenden Körperübungen (Dehnung, Muskelaufbau, Bodystiling) oder auf der Entspannung (Stressabbau, Gesundheit, zur Ruhe kommen) liegen? Sportliche Herausforderung findest du beim Power-Yoga, Ashtanga-Yoga, Iyengar-Yoga und Kundalini-Yoga. Gut entspannen kannst du dich beim normalen Hatha-Yoga und beim Vini-Yoga.

Probiere aus, was dir gut tut. Gehe offen in deinen Yogakurs. Letztlich hat jeder Yogalehrer seinen persönlichen Stil. Jeder Yogalehrer hat Schwächen und Stärken. Lerne von jedem Yogalehrer. Finde deinen eigenen Weg, Yoga zu üben. Übernimm das für dich Gute und akzeptiere in jedem Yogakurs die Dinge, die für dich persönlich nicht so wirksam sind. Und bleibe vor allem immer auf deinem Weg der Wahrheit und Richtigkeit. Gib deinen Verstand nicht an der Tür zur Spiritualität ab.

Es kommt beim Yoga im Wesentlichen auf die Qualifikation des Ausbilders (Ernsthaftigkeit, Wahrhaftigkeit, umfassende Liebe, innerer Frieden) und auf die Verbindung mit einer authentischen Meisterlinie (Yoga-Tradition mit einem erleuchteten Grundmeister) an.

Für deinen Einstieg in die spannende Welt des Yoga habe ich dieses Buch geschrieben. Praktiziere alle Übungen, so wie sie dir gut tun. Frage im Zweifel einen Arzt oder einen Yogalehrer. Entwickel deine persönliche Yogareihe oder Meditation. Stärke dich damit jeden Tag.

Ideal ist eine Zeit von fünfzehn Minuten. Wenn du vier Wochen jeden Tag zu einer bestimmten Zeit deine Übungen machst, gewöhnt sich an dein Geist an das tägliche Üben. Dann fällt es dir leicht und du kannst auf eine einfache Weise lebenslang deine Gesundheit und dein inneres Glück bewahren.

## Die glückliche Hausfrau

Es war einmal eine Frau, die hatte zwei Kinder. Ihr Mann ging tagsüber arbeiten, und sie reinigte das Haus, kochte das Essen und versorgte die Kinder. Eigentlich hatte sie ein gutes Leben. Aber es füllte sie nicht aus. Ihr fehlte ein tieferer Lebenssinn. Ihr fehlte letztlich das tiefe Glück in ihrem Leben.

Um auch einmal etwas für sich zu tun, nahm sie an einem Yogakurs teil. Sie las ein Yogabuch und erfuhr, dass man durch Yoga sein inneres Glück erwecken kann. Wer viel Yoga praktiziert, kann dadurch in ein Leben im Licht und im dauerhaften Glück gelangen. Die Frau beschloß, als Yogini zu leben. Ab jetzt nutzte sie alle Freiräume in ihrem Hausfrauenleben, um spirituelle Übungen zu machen.

Beim Putzen dachte sie Mantras. Beim Einkaufen machte sie eine Gehmeditation. Beim Spielen mit ihren Kindern praktizierte sie Karma-Yoga. Den Sex mit ihrem Mann sah sie als Tantra-Yoga an. Vor dem Einschlafen meditierte sie. Dadurch schlief sie gut und löste während des Schlafes weitere Verspannungen. Das nennt man Schlaf-Yoga.

Jeden Morgen betete sie zu ihrem Meister und machte eine Stunde Yogaübungen. Sie blockierte bei Freunden ihre Redseligkeit und bewahrte dadurch ihre spirituelle Energie. Das ist Mauni-Yoga. Von morgens bis abends übte sie das positive Denken. Sie ging jeden Tag vollständig konsequent ihren spirituellen Weg und war nach zehn Jahren erleuchtet.

Von da an lebte sie dauerhaft in einem kosmischen Bewusstsein und im großen Glück. Sie lebte ein zufriedenes und erfülltes Leben, weil sie sich nicht in ihrem Sein als Hausfrau, sondern in Gott zentriert hatte. Das Leben im Licht war ihr Hauptsinn, und alles andere erfuhr sie als ein Geschenk, an dem sie immer weiter im Glück, in der Liebe und im Licht wachsen konnte.

## Die wichtigsten Übungsregeln

Yoga ist ein Weg der Gesundheit, der Entspannung und des inneren Glücks. Das oberste Ziel im Yoga ist es, dauerhaft im Licht zu leben. Wir reinigen unseren Körper und unseren Geist systematisch von den Verspannungen (Samskaras). Dadurch entstehen inneres Glück, Heilung und andauernde Gesundheit. Der Körper wird gesund. Der Geist wird positiv. Wir erhalten die Eigenschaften innerer Frieden, unerschöpfliche Kraft, geistige Klarheit, umfassende Liebe, Heiterkeit und Güte.

Yoga enthält eine Vielzahl von Techniken. Er besitzt Techniken für den Körper und für den Geist. Wir sollten jede

Yogaübung so praktizieren, dass sie bei uns gut wirkt. Was uns schadet, lassen wir weg. Was uns nützt, das tun wir. Wir können alle Yogaübungen kreativ variieren. Wir fragen uns beständig: "Was brauche ich jetzt? Was tut mir gut? Was löst am besten meine Verspannungen?"

Yoga ist ein ständiges Experiment. Der Weg der effektiven Verspannungslösung ist nicht leicht zu finden. Wir müssen Yoga mit viel Weisheit und innerem Gespür praktizieren. Ein formales Üben reicht nicht aus. Wir sollten zuerst unsere inneren Verspannungen erspüren und dann die dafür wirksamen Techniken finden.

Mache deine Yoga-Reihe so, wie du sie für deine tägliche Yoga-Praxis brauchst. Betrachte es als etwas sehr Wertvolles, dass der Kosmos dir das Geschenk des Yoga gemacht und dir damit die Möglichkeit gegeben hat, deine Gesundheit und dein geistiges Wohlbefinden langfristig zu erhalten und zu vertiefen. Finde deinen individuellen Rhythmus und deine individuellen Schwerpunkte. Mache die Pausen im richtigen Moment und in der richtigen Länge. Wenn du nicht viel Zeit für Yoga aufwenden möchtest, mache nur eine kleine Pause zum Schluss.

Durch dieses Yogabuch gewinnst du Erfahrung mit Yoga. Du lernst die wichtigsten Techniken kennen. Du bekommst viele Übungstipps. Nach einiger Zeit wirst du wissen, was dir wann wie gut tut. Du wirst herausfinden, welche Yogaübungen du persönlich regelmäßig brauchst. Du wirst deine individuelle Art finden, um Yoga zu praktizieren.

Im Laufe der Jahre wirst du eine Schicht der Verspannungen nach der anderen auflösen, bis das Licht in dir erwacht und du zu einem dauerhaften Leben im Glück gelangst.

Auf dem Weg zur Selbstverwirklichung wirst du viele verschiedene Yogaübungen brauchen. Es gibt für jede Entwicklungsstufe bestimmte Techniken. Wenn du die in diesem Buch vorgestellten Grundübungen gut kennst, werden dir in jeder Situation schnell die jeweils passenden Techniken einfallen.

Du brauchst nur eines: ewige Ausdauer! Du solltest so lange Yoga praktizieren, bis du dauerhaft im Licht lebst. Und dann solltest du Yoga machen, um das Glück in der Welt zu vermehren. Dadurch wirst du dazu beitragen, dass eines Tages eine erleuchtete Welt entsteht, in der alle Wesen positiv miteinander umgehen und sich gegenseitig auf dem Weg des Glücks helfen.

## Yogi Zweizahn

Es war einmal ein Yogi, der hatte nur noch zwei Zähne. Darüber war er aber nicht traurig, sondern sehr glücklich. So sind erleuchtete Yogis. Sie sehen alles positiv. Sie lachen über Dinge, über die ein normaler Mensch nur weinen kann.

Ein Zahn befand sich am Oberkiefer. Und der andere Zahn direkt darunter am Unterkiefer. Den Zahn am Oberkiefer sah der Yogi als sein spirituelles Ziel an. Den Zahn am Unterkiefer erklärte er zu seinem spirituellen Weg.

Der untere Zahn muss kreativ zum oberen Zahn gebracht werden, damit inneres Glück entsteht. Damit sich die Verspannungen im Körper und im Geist auflösen, muss man kreativ die richtigen Übungen entwickeln. Jedes Essen muss auf eine spezielle Art zerkleinert werden, damit es gut schmeckt.

Die beiden Zähne erinnerten den Yogi immer wieder daran, auf die Effektivität seiner spirituellen Übungen zu achten. Genau das machte ihn letztlich zu einem Sieger auf seinem spirituellen Weg. Und deswegen war er so glücklich über seine beiden Zähne. Mögen wir alle zwei Zähne haben und spirituell siegen.

## Yoga und Atem

Die Atmung beim Yoga ist grundsätzlich eine natürliche Atmung. Der Atem fließt ruhig und entspannt. Ich empfehle, sich nicht auf den Atem zu konzentrieren, sondern auf den Körper und die Körperhaltung. Der Atem findet von alleine seine optimale Atemform.

Wenn eine Yogaübung anstrengend ist, atmen wir ruhig und entspannt weiter. Wir halten nicht den Atem an. Dadurch könnten wir uns innerlich verkrampfen und den Prozess blockieren, der Verspannungen löst. Besser ist es, bei einer anstrengenden Übung tief und entspannt in den Bauch zu atmen. Eine tiefe Atmung ist der natürliche Atemweg bei einer anstrengenden Übung. Der Körper kann so mehr Sauerstoff aufnehmen und auch anstrengende Übungen längere Zeit mit innerer Entspannung durchführen.

In vielen Yogaschulen wird gelehrt, sich bei den Yoga-Stellungen auf den Atem zu konzentrieren. Teilweise werden sogar die Yogaübungen im Atemrhythmus gemacht. Man atmet ein, geht in eine Yogahaltung, atmet aus und geht in die nächste Yogastellung. Dieses wird insbesondere beim Sonnengebet, einer sehr bekannten Yogareihe, praktiziert. Yoga wird auf diese Weise zu einer Atemmeditation.

Dieses kann gut für dich sein. Dann bleibe dabei. Ich habe aber in meinen Yogagruppen die Erfahrung gemacht, dass die Konzentration auf den Atem zu einem Verlust des Körperbewusstseins und der inneren Entspannung führen kann. Yoga wird dann wirkungslos. Die meisten Yoga-Übenden schaffen es nicht, sich auf die Atmung und gleichzeitig auch noch entspannt auf den Körper zu konzentrieren. Sie sind überfordert und verspannen sich dabei.

Der beste Weg beim Yoga besteht nach meiner Erfahrung darin, Yogaübungen und Atemübungen grundsätzlich getrennt zu praktizieren. Atemübungen sind wichtig. Wir dürfen nicht darauf verzichten. Wir können durch die Atmung Energie aufnehmen und damit Verspannungen lösen. Wir können durch die Atmung gut unseren Geist beruhigen und zur Entspannung gelangen. Die Atemübungen mache ich meistens im Meditationssitz.

## Ischi Dasi und die Liebe

------------------------------

Ischi Dasi war eine Schülerin von Buddha. Sie lebte zur der Zeit Buddhas und erhielt den Segen Buddhas. Ihr Name bedeutet "Die Beziehungssüchtige" ("die nach Liebe Süchtige").

Ischi Dasi war schön und stammte aus einem reichen Elternhaus. Sie konnte jeden Mann bekommen, den sie haben wollte. Zuerst heiratete sie einen Mann, der reich, intelligent und gutaussehend war. Im ersten Jahr waren sie sehr verliebt. Aber dann begannen sie sich zu streiten. Das Beziehungsleben wurde für Ischi Dasi unerträglich. Nach einigen Jahren trennten sie sich.

Als Zweites versuchte es Ischi Dasi mit einem Mann, der eher innere Werte besaß. Aber auf die Dauer langweilte er sie. Das große Glück fand sie bei ihm nicht. Und ein kleines Glück war für sie zu wenig.

Deshalb zog sie mit einem sehr spirituellen Mann zusammen. Aber auch mit ihm wurde sie nicht glücklich. Anfänglich waren die Gespräche mit ihm spannend. Beide waren große Sucher nach Gott. Sie hatten ein gemeinsames Ziel. Sie erwarteten jedoch insgeheim voneinander, dass der jeweilige Partner dem anderen das große Glück schenken sollte. Erleuchtung kommt aber hauptsächlich aus der eigenen inneren Arbeit. Diese Arbeit kann einem keiner abnehmen. Da jeder von dem Partner etwas Unmögliches erwartete, wurden sie auf die Dauer von ihrer Beziehung sehr enttäuscht.

Ischi Dasi erkannte, dass sie das Glück in sich selbst entwickeln musste. Das wurde ihr nach ihrer langjährigen vergeblichen Suche nach dem Glück in einer Beziehung klar. Insofern hatte sie von ihrem spirituellen Mann doch viel gelernt. Nur dass es ihr nicht gelang, mit ihm zusammen das innere Glück zu verwirklichen.

Ischi Dasi wurde Nonne bei Buddha, praktizierte zielstrebig und verwirklichte nach einigen Jahren das innere Glück. Ihre ganze Liebessucht löste sich ins Nichts auf. Sie war jetzt aus sich selbst heraus glücklich und brauchte keinen Mann mehr, der ihr das große Glück versprach und es ihr letztlich doch nicht geben konnte. Sie erkannte, dass Erleuchtung der beste Glücksweg ist. Alles äußere Glück ist vergänglich und begrenzt. Das Glück der Erleuchtung ist dauerhaft und viel größer als alles weltliche Glück. Wer wirklich nach dem großen Glück sucht, sollte es in sich selbst suchen, es in sich selbst entwickeln und es dann an alle seine Mitmenschen verschenken.

## Die beste Zeit zum Yogaüben

-----------------------------------

Am besten machst du täglich morgens und abends jeweils etwa 15 Minuten Yoga oder Meditation. Eine derartige tägliche Praxis ist optimal für den langfristigen Verspannungsabbau, für die Erhaltung der körperlichen Gesundheit und für das seelische Wohlbefinden.

Die Yogaübungen am Morgen machen dich fit für den Tag. Du bringst dein Energiesystem in Gang und kannst dann entspannt und positiv gestimmt durch den Tag gehen.

Yogaübungen oder eine Meditation am Abend kurz vor dem Schlafengehen lösen die im Laufe des Tages angesammelten Verspannungen. Dadurch vergrößert sich der Erholungswert deines Schlafes erheblich. Du erholst dich besser und hast deshalb erheblich mehr von deinem Leben. Wissenschaftliche Untersuchungen haben ergeben, dass durch den Schlaf kaum der in den Muskeln gespeicherte Stress des Tages abgebaut wird. Dieser Stress ist vielmehr am nächsten Morgen noch weitgehend im Körper vorhanden. Er hat sich nicht aufgelöst.

Daran wird deutlich, wie notwendig ein regelmäßiger Verspannungsabbau vor dem Schlafengehen ist. Eine tiefe Erholung vom Alltagsstress findet sonst kaum statt. Vielmehr kann es sein, dass dein innerer Stress im Laufe der Jahre immer größer wird und langfristig großen Schaden anrichtet. Gib dir deshalb lieber einen Ruck und praktiziere jeden Tag etwas Yoga oder Meditation. Der Zeitaufwand ist wirklich relativ klein und der Effekt langfristig riesengroß.

Wenn dir zweimal am Tag Yoga zu viel ist, kannst du auch einmal am Tag Yoga praktizieren. Bereits einmal am Tag regelmäßig etwas Yoga zu machen ist ein großer Gewinn für die Gesundheit und für die Entspannung. Manche Menschen lieben Yoga mehr am Morgen, und manche Menschen bevorzugen den Abend für ihre Yoga-Praxis. Probiere aus, was für dich am besten ist.

Praktiziere den spirituellen Weg im Rahmen deiner Möglichkeiten. Gewöhne dich an eine bestimmte Zeit, an Regelmäßigkeit und an das ausdauernde Üben. Es ist wichtig, Selbstdisziplin zu entwickeln. Du brauchst sie, um spirituell zu siegen.

## Die vier Lebensstufen

Jada Bharata war der erste große König in Indien. Er vereinigte das ganze Land unter seiner Herrschaft und gab ihm eine einheitliche Religion. Jada Bharata nannte seine Religion den Sanatana-Dharma (ewige Wahrheit). Im Westen wird der Sanatana-Dharma Hinduismus genannt. Der Hinduismus besteht aus vielen Zweigen wie dem Shivaismus (Yoga), Vishnuismus (Krishna-Verehrung) und der Anbetung der großen Mutter (Shaktiismus).

Man kann den Sanatana-Dharma als die Wissenschaft vom Glück bezeichnen. Eine wissenschaftliche Religion ist immer eine Religion der Vielfalt, der Toleranz und der ewigen Entwicklung. Die vorherrschende Form des Hinduismus ist heute der Neohinduismus. Der Neohinduismus betont die umfassende Liebe, die Einheit aller Religionen und das echte spirituelle Üben. Wichtige Vertreter des Neohinduismus sind Ramakrishna, Vivekananda, Ramana Maharshi, Anandamayi Ma, Mahatma Gandhi, Yogananda, Swami Shivananda, Sai Baba, Amma und Mutter Meera.

Jada Bharata lehrte insbesondere den Weg der vier Lebensstufen. In der Jugend erwirbt man spirituelles und berufliches Wissen. Dann gründet man eine Familie. Wenn die Kinder groß sind, zieht man sich zum intensiven spirituellen Üben zurück. Das Alter verbringt man im inneren Glück und als Weisheitslehrer (spirituelles Vorbild).

Auch Jada Bharata zog sich im Alter zurück. Er lebte viele Jahre als Yogi und erreichte die Selbstverwirklichung. Kurz vor seinem Tod überlegte er, ob er jetzt dauerhaft im Paradies bleiben oder noch einmal auf die Erde zurückkehren sollte. Jeder Yogi hat im Moment seines Todes die freie Wahl. Mit seinem letzten Gedanken entscheidet er über sein weiteres Schicksal.

Jada Bharata sah das viele Leid auf der Welt und entschied sich für eine Wiedergeburt als spiritueller Lehrer. In seinem nächsten Leben wurde er gleich ein Yogi und erreichte schnell die Erleuchtung. Er lebte als Jivanmukta (befreite Seele, Buddha) im großen Nichtstun (Sein, Glück).

Eines Tages kam "zufällig" der neue indische König vorbei. Jade Bharata weihte ihn in den Weg der umfassenden Liebe ein. Die indische Religion war zwischenzeitlich zu einem Weg des formalen Übens und der Erhaltung der Macht der herrschenden Klasse erstarrt. Der König erweckte den Sanatana-Dharma zu neuem Leben und verwandelte Indien in ein Glücksland.

## Die besten Motivationshilfen

Ein wichtiger Punkt bei der täglichen Yoga-Praxis ist die Motivation. Wir alle müssen damit rechnen, dass wir zwar einsehen, dass sich ein tägliches Yoga-Programm langfristig sehr positiv auf unsere Gesundheit und unser allgemeines Wohlbefinden auswirkt. Andererseits haben wir alle sehr wenig Selbstdisziplin und Durchhaltevermögen. Dem können wir entgegenwirken, indem wir regelmäßig an unserer Motivation arbeiten.

Zum einen dürfen wir nie den Schlendrian einreißen lassen. Den uns selbst schädigenden Gedanken der spirituellen Faulheit müssen wir den positiven Gedanken des spirituellen Sieges und der Tatkraft entgegensetzen.

Wir machen uns die Vorteile eines täglichen Gesundheits-und Entspannungsprogramms klar. Wir reden mit uns selbst und überzeugen uns davon, dass wir ein möglichst dauerhaftes Wohlbefinden in unserem Leben erreichen möchten und dass wir dafür jeden Tag etwas tun müssen. Wenn wir einmal vom richtigen Weg abgerutscht sind, nehmen wir unsere tägliche Praxis sofort nach unserer Schwächeperiode wieder auf.

Zum zweiten ist es wichtig, unsere tägliche Yoga-Praxis so zu gestalten, dass sie uns Spaß bringt. Ein wichtiges Hilfsmittel dazu ist schöne Musik. Wenn wir die Yogaübungen zu schöner Musik machen, fallen sie uns gleich viel leichter. Unsere Yoga-Praxis muss so gestaltet werden, dass sie unseren persönlichen Bedürfnissen entspricht und wir das Gefühl haben, dass sie effektiv ist und uns gut tut. Wir können unsere Yogaübungen öfter variieren. Ich mache Yoga immer in Zusammenarbeit mit den beiden Kräften Ausdauer und Freude. Wenn man mit diesen beiden Kräften im Yoga fließt, kann man seinen Yoga-Weg ein Leben lang durchhalten und immer weiter wachsen.

Eine große Hilfe ist es, Yoga in einer Gruppe zu machen. Die Energie der Gruppe trägt einen durch die Yogaübungen und bestärkt einen darin, Yoga wichtig zu nehmen. Eine feste Yogagruppe gibt uns großen Rückhalt für eine kontinuierliche Yoga-Praxis. Denke aber immer daran, dass es die perfekte Yogagruppe nicht gibt. Jeder Yogalehrer und jede Yogagruppe haben gute Seiten und auch Schwachstellen. Ein guter Yogaschüler nutzt die guten Seiten und übt Gelassenheit bei den Dingen, die ihm nicht so gut gefallen. Das Paradies auf der Erde entsteht vor allem durch eine Paradiessicht und durch das konsequente positive Denken in jeder Situation.

Wenn wir langfristig Yoga üben, werden sich immer neue Dimensionen des Übens eröffnen. Die scheinbar einfachen Yogaübungen werden immer tiefere Wirkungen entfalten. Wir spüren Energieeffekte, die mit den einzelnen Yoga-Stellungen erzeugt werden. Yoga wird zu einem Spiel mit Energie. Und irgendwann wird die Energie dann stärker fließen, und wir verharren längere Zeit in einer Yoga-Stellung mit dem Gefühl von Mühelosigkeit, Ruhe und Wonne.

## Mulla Nasrudin sucht die perfekte Partnerin

---------------------------------------------------

Es war einmal ein islamischer Heiliger, der hieß Mulla Nasrudin. Er lebte alleine in einer kleinen Hütte am Rande einer großen Stadt. Eines Tages hatte Mulla Nasrudin keine Lust mehr alleine zu leben. Er machte sich auf die Suche nach einer Frau. Er wollte heiraten und eine glückliche Ehe führen. Wo war die Frau, die gut zu ihm paßte?

Schön sollte sie sein, klug sollte sie sein, und Humor sollte sie auch haben. Beide sollten gemeinsame Interessen haben, sich gut unterhalten können und im Bett sollte es auch gut sein. Mulla Nasrudi suchte eine Frau, mit der er körperlich, geistig und spirituell harmonierte. Er suchte seine Traumfrau.

Er suchte in seiner Stadt. Er suchte in seinem Land. Er fragte viele Freunde und gab eine Anzeige in der Mulla-Zeitung auf. Er traf viele Frauen. Aber die Frau, die genau seinen Vorstellungen entsprach, war nicht dabei.

Zuletzt reiste er nach Bagdad zum großen Heiratsmarkt. Dort traf er sie, die perfekte Frau. Es gab nur ein Problem. Seine perfekte Frau war auf der Suche nach dem perfekten Mann. Und Mulla Nasrudin war kein perfekter Mann. Er hatte einige Fehler. Er war nicht reich, er war nicht intelligent, und er war auch nicht besonders gutaussehend. Das erkannte die Frau sofort, denn sie war nicht nur schön, sondern auch klug.

So wurde nichts aus der Heirat. Mulla Nasrudin blieb allein und machte Gott zu seiner Geliebten. Weil er in der Welt nicht sein Glück fand, suchte er das Glück in sich selbst. Und eines Tages konnte er sogar über seine Suche nach der perfekten Frau lachen. Wer in sich selbst nicht glücklich ist, findet nie den perfekten Partner. Es fehlt immer irgend etwas. Erleuchtung bedeutet, auch eine nicht perfekte Welt als perfekt erkennen zu können.

## Die fünf Grundsätze der Gesundheit

-------------------------------------------

Wer konsequent gesund lebt, kann 100 Jahre oder älter werden. Ein wichtiger Grundsatz im Hatha-Yoga ist es, gut für sich und seinen Körper zu sorgen. Denke daran: "Gesundheit ist nicht alles. Aber ohne Gesundheit ist alles nichts!" Sei klug und lebe ausreichend gesund.

Eine gesunde Ernährung besteht aus vielen Vitaminen und wenig Fett (wenig Kalorien, maßvoll essen). Vitamine befinden sich in Obst, rohem Gemüse und allen Vollkornprodukten. Wir sollten uns jeden Tag zu mindestens 50 % (zur Hälfte) von Obst (Äpfel, Bananen, Birnen) und rohem Gemüse (Salat, Karotten, Tomaten, gekeimte Körner) ernähren.

Fleisch sollten wir vermeiden oder höchstens einmal in der Woche essen. Der tägliche Fleischverzehr erhöht nach wissenschaftlichen Untersuchungen das Krebsrisiko um 50 % und das Herzinfarktrisiko um 70 %. Früher haben die Menschen in Deutschland nur einmal in der Woche Fleisch gegessen. Wir sollten zu den guten alten Zeiten zurückkehren.

Trinken sollten wir heißes Wasser oder mit Wasser verdünnte Fruchtsäfte. Gut ist auch grüner Tee. Kaffee sollten wir vermeiden oder höchstens eine Tasse am Tag trinken. Wir sollten viel trinken, da Wasser gut alle Giftstoffe und Verspannungen aus dem Körper herausspült.

Wer viel trinkt, gekeimte Körner (Weizen, Roggen, Soja, Linsen, Sonnenblumenkerne) und viel Obst ißt, kann sehr leicht ohne zu hungern mit wenig Kalorien am Tag auskommen. Untersuchungen in den USA haben ergeben, dass bei einer Reduzierung der täglichen Kalorien je nach Konstitution und Tätigkeit auf 1000 bis 1500 Kalorien die Lebenserwartung um 20 bis 30 Jahre verlängert werden kann. (Literatur: Roy Walford: "Leben über 100". Gabriel Cousens: "Vier Schritte zur bewussten Ernährung" (2001). Galina Schatalova: "Heilkräftige Ernährung" (2006)).

Die indischen Yogis besitzen dieses Wissen schon seit vielen tausend Jahren. Sie haben sich überwiegend von Obst, Wurzeln und Nüssen ernährt. Sie haben sich jeden Tag durch ihre Yogaübungen fit gehalten und wurden sehr alt.

Der Hauptweg zu einem langen Leben voller Gesundheit und Lebensfreude sind die fünf Grundsätze der Gesundheit. Wenn wir jeden Tag etwas Sport treiben (Yoga, Gehen), uns gesund ernähren (viel Obst, wenig Kalorien), Schadstoffe vermeiden (Alkohol, Rauchen, Drogen, Fleisch), positiv denken (in einem spirituellen Buch lesen) und uns ausreichend entspannen (genug Schlaf, Pausen, Ruhe, Meditation), bleiben wir 20 bis 30 Jahre länger jung.

In den deutschen Volksmärchen gibt es die Idee eines Jungbrunnes. Wenn ein Mensch alt und krank ist, steigt er in einen Jungbrunnen mit einem Heilwasser und kehrt jung und gesund wieder zurück. Einen derartigen Jungbrunnen gibt es. Es ist die Kundalini-Energie. Wenn wir die Kundalini-Energie in uns erwecken, gibt sie uns neue Lebenskraft. Wir fühlen uns wieder jung. Durch unsere täglichen Yoga-Übungen und unsere Meditationen können wir gezielt die inneren Verspannungen auflösen und die Lebenskraft (Kundalini-Energie) in uns stärken.

Diesen Weg ist der japanische Arzt Dr. Shioya gegangen. Mit einer speziellen Atemmeditation hat er nach vielen Jahren täglichen Übens die Kundalini-Energie erweckt und sich von seinen Krankheiten geheilt. In seiner Jugend war er schwächlich und oft krank. Dank seiner täglichen spirituellen Übungen und einer gesunden Lebensweise wurde er über 100 Jahre alt. 2003 erschien in Deutschland sein Buch "Der Jungbrunnen des Dr. Shioya".

## Der vielbeschäftigte Manager

Es war einmal ein vielbeschäftigter Manager, der machte eines Tages einen Meditationskurs. Der Yoga-Meister zeigte ihm die Zen-Meditation und erklärte, dass es sehr nutzbringend sei, sie jeden Tag zuhause zu praktizieren. Der Manager meinte bedauernd: "Ich habe leider keine Zeit zum Meditieren." Daraufhin sprach der Meister: "Meditiere jeden Tag fünf Minuten." Das konnte der Manager mit etwas Mühe organisieren.

Also meditierte er jeden Tag zu einer bestimmten Zeit fünf Minuten und war begeistert von der großen Wirkung. Die tägliche Fünf-Minuten-Meditation gab ihm ein Zentrum, von dem aus er seinen Tag positiv gestalten konnte. Sie schenkte ihm jeden Tag Ruhe, Frieden, innere Kraft und Positivität. Sie segnete ihn letztlich mit einem positiven und erfüllten Leben.

Mögen wir alle mindestens fünf Minuten am Tag auf unsere Art spirituelle Übungen machen und ein positives Leben erhalten. Wir können Yoga praktizieren, meditieren, beten oder regelmäßig eine Seite in einem spirituellen Buch lesen. In meinem kostenlosen Ebook "Yoga und Meditation" gibt es über 120 kleine Meditationen und Geschichten. Damit kommen wir schon vier Monate hin.

Dann fangen wir wieder von vorne an oder lesen ein anderes Buch.Tägliches Lesen in einem spirituellen Buch ist der leichteste Übungsweg ins Licht. Jeder kann ihn gehen, wenn er es wirklich will. Der Gewinn ist langfristig unermeßlich. Probiere es aus. Nach deinem Tod kannst du dich bei mir beschweren, wenn es dir nichts gebracht hat. Ein frohes tägliches Lesen wünscht Yogi Nils.

## Mehr Energie im Beruf

Zu viel Stress ist eines der Hauptprobleme des heutigen Berufslebens. Wer ständig unter großem Stress arbeitet, schadet langfristig seiner Gesundheit und seinem inneren Glück. Er wird geistig negativ, kraftlos und oft den ganzen Rest seines Lebens von vielfältigen Krankheiten geplagt. Wer es als Berufstätiger nicht lernt, klug mit Stress umzugehen, verbraucht schnell seine Lebensenergie.

Die Grundursache des übergroßen Berufsstresses liegt in unserem derzeitigen Wirtschaftssystem. Es dient dem Profit einer kleiner Anzahl von Menschen und erzeugt bei der Mehrzahl der Weltbevölkerung eine wachsende Armut und Verelendung. Es produziert auf der einen Seite eine große Arbeitslosigkeit und auf der anderen Seite bei den noch berufstätigen Menschen einen extremen Leistungsdruck. Es führt zu Leid, entweder durch Arbeitslosigkeit oder durch einen zu starken Berufsstress.

Langfristig müssen wir das innere Glück in das Zentrum einer neuen Weltwirtschaftsordnung stellen. Die Wirtschaft muss so organisiert werden, dass sie alle Menschen ausreichend mit Nahrung und Arbeit versorgt, die Gesundheit der arbeitenden Menschen erhält, eine Umweltzerstörung vermeidet, das innere Glück fördert und die Liebe zwischen den Menschen stärkt.

Nicht der Profit (das Geld), sondern die Liebe (Gott) muss zum Motor der Weltwirtschaft werden. Kurzfristig werden wir mit der Unweisheit der herrschenden Politiker leben müssen. Um so wichtiger ist es, dass alle bewussten Menschen erstens gut für sich sorgen und zweitens so kraftvoll wie möglich für den Aufbau einer neuen Welt des Glücks und der Liebe arbeiten.

Jeder Berufstätige muss die Selbstdisziplin aufbringen, jeden Tag ausreichende Übungen für seinen Körper und seine Seele zu machen. Bei einer großen Stressbelastung ist für jeden Menschen ein tägliches Gesundheits- und Entspannungsprogramm unbedingt notwendig.

Das Gesetz des Lebens ist unerbittlich. Wer seinen Körper nicht pflegt, hat nicht lange etwas davon. Ein gut gepflegtes Auto hält doppelt so lange wie ein schlecht behandeltes Auto. Ein menschlicher Körper kann 20 bis 30 Jahre länger leben, wenn er richtig ernährt, ausreichend bewegt und gut entspannt wird.

Ein gesundes Leben bringt erheblich mehr Spaß, als jahrzehntelang Schmerzen zu haben und beständig den Arzt aufzusuchen. Wer gesund leben will, muss als erstes einen klaren Entschluß fassen. Er muss die körperliche Gesundheit wirklich wollen. Er muss klar seine Gesundheitsziele definieren und den festen Willen aufbauen, die dafür notwendigen Dinge zu tun. Nur dann hat ein Mensch die Kraft, langfristig ein gesundes und positives Leben zu führen.

Als zweites muss man genau sich und seine Lebenssituation betrachten. Man muss erkennen, was der Körper und der Geist genau brauchen. Man muss überlegen, wie man sein Leben organisiert, damit langfristig die Gesundheit erhalten bleibt und das innere Glück zunimmt. Man muss einen klaren Tagesplan des täglichen Sports, der täglichen Entspannungszeit und der gesunden Ernährung erstellen.

Als Drittes muss man/frau mindestens zwei Monate seinen Gesundheitsplan jeden Tag konsequent umsetzen. Dann hat sich der Geist daran gewöhnt. Die täglichen Gesundheitsübungen gehören dann zum Leben dazu. In Zeiten der Schwäche visualisiert man seine positiven Ziele und den persönlichen Weg der Umsetzung. Nach der erfolgreichen Umsetzung des Tagesplanes belohnt man sich mit einem Lob oder einer schönen Sache.

Baue kreativ und flexibel die für dich notwendigen Gesundheitsübungen in dein Leben ein. Du kannst jeden Tag auf dem Weg zur Arbeit oder zum Einkaufen eine Gehmeditation machen. Notfalls verlängerst du deinen Weg etwas, damit du jeden Tag auf insgesamt zwanzig bis dreißig Minuten Sport kommst. Mindestens solltest du am Wochenende eine Stunde spazierengehen und einmal in der Woche an einem Yogakurs teilnehmen.

Du kannst auf eine Stunde Fernsehen am Tag verzichten und stattdessen Yoga praktizieren, meditieren oder in einem spirituellen Buch lesen. Du kannst auch in der Bahn oder in den Pausen am Arbeitsplatz meditieren. Du kannst während der Arbeit Mantras denken oder bewusst in der Ruhe bleiben. Du kannst jeden Kontakt mit deinen Mitmenschen zum Üben der umfassenden Liebe und des positiven Denkens nutzen.

Das große Geheimnis für mehr Energie während der Arbeit und mehr Energie nach der Arbeit besteht darin, sensibel viele kleine Pausen in den Arbeitstag einzubauen. Wer jede Stunde fünf Minuten Pause macht und diese Pause gezielt für die Entspannung (Yogaübungen, Meditation) nutzt, vergrößert seine Arbeitskraft erheblich. Es gibt auch die Technik, in der Mittagszeit eine halbe Stunde eine Tiefentspannung im Liegen (Meditation) zu machen.

Churchill arbeitete meistens im Liegen und konnte dadurch ein riesiges Arbeitspensum gut bewältigen. Die kluge Verbindung von Gehen, Yoga, Meditation, gesunder Ernährung und positivem Denken ist der Hauptweg des gesundheitsbewussten Arbeitens. Wenn mehr Unternehmen das wüßten und umsetzen würden, würden der Krankenstand erheblich verringert und die Arbeitsleistung vergrößert.

Arbeite halbtags, wenn es für dich möglich ist. In der heutigen Zeit ist es am besten, halbtags zu arbeiten. Das schafft Arbeitsplätze. Man bewahrt langfristig seine Gesundheit und seine Lebensenergie. Jeder hat genug Zeit für spirituelle Übungen. Lebe aus einer positiven Vision heraus. Geh im Schwerpunkt deines Lebens den Weg des inneren Glücks (des Lichts). Beziehe auch deinen Beruf in deine positive Lebensvision mit ein. Wenn der Kosmos will, dass du arbeitslos bist, dann nutze die viele freie Zeit, um schnell zur Erleuchtung zu gelangen. Wenn der Kosmos will, dass du arbeitest, dann arbeite so, dass du dabei spirituell wächst.

Wenn wir erst einmal die Erleuchtung erreicht haben, dann haben wir so viel innere Kraft, dass sich unsere Arbeit von allein tut. Der Hauptteil von uns existiert als reines Bewusstsein dauerhaft in einer entspannten Meditation. Dadurch versorgen wir uns beständig mit Glück und Energie. Der Körper hat deshalb endlose Kraft zur Verfügung und arbeitet wie von allein.

Ein Erleuchteter ruht und arbeitet gleichzeitig im perfekten Zusammenspiel. Er lebt dauerhaft im Sein und als Lichtbringer für alle Wesen. Mögen wir alle erleuchtete Karma-Yogis (Bodhisattvas) werden. Mögen wir alle im Schwerpunkt für das Ziel einer glücklichen Welt arbeiten. Dann wird eines Tages das Leid von der Erde verschwinden und Glück und Liebe an seine Stelle treten.

## Der schlaue Elefant Ganesha

Ganesha ist ein kleiner dicker Elefant. Mit den fünf Eigenschaften Weisheit, Frieden, Selbstdisziplin, Liebe und Genuss im richten Maß führt er seine Anhänger in ein dauerhaftes Leben im Licht. Wer jeden Tag auf seinem Yogaweg diese fünf Eigenschaften pflegt, der wird zum großen Sieger auf dem Weg des Lebens. Er wird zu einem Meister der Spiritualität. Er hat selbst in schwierigen Situationen Erfolg, weil er klug mit allen Hindernissen umgeht.

Grundsätzlich lebt Ganesha etwas die äußere Freude und im Schwerpunkt die innere Freude. Er bringt sein inneres Glück durch etwas äußeren Genuss zum Fließen. Er isst einige Süßigkeiten, sieht etwas fern, hört schöne Musik, hat etwas Kontakt zu seinen Mitmenschen und wendet sich dann dem inneren Glück zu. Er macht seine spirituellen Übungen, erweckt seine Kundalini-Energie und ruht im großen Licht.

Er lebt alle äußeren Dinge im richtigen Maß. Er geht in seiner persönlichen Geschwindigkeit auf seinem spirituellen Weg voran. Er wächst an der für ihn persönlich richtigen Mischung aus weltlichem Leben und konsequenter Spiritualität in ein kosmisches Bewusstsein.

Ganesha hat auf seinem Kopf die Krone der Weisheit. In seinen Händen hält er die Symbole des vierfachen spirituellen Weges: eine Keule für das spirituelle Üben (Kraft, Selbstdisziplin), einen abgebrochenen Stoßzahn für die Egolosigkeit (innerer Frieden, Überlassenheit an das Leben), ein Seil zur Anbindung an sein Ziel (Zielstrebigkeit) und eine Schale mit Süßigkeiten (Freude).

Ganesha sitzt auf einer großen Lotusblume. Er ist gut geerdet. Er lebt in der Ruhe und aus der Ruhe heraus. Er gibt sich jeden Tag genug Pausen, genug Ruhe und genug Entspannung. Er macht in ausreichendem Maß spirituelle Übungen (Yoga, Lesen, Meditation). Er pflegt das Bewusstsein der umfassende Liebe, indem er allen Wesen Licht sendet. Er bringt viele Elemente der Freude in sein Leben. Das sind seine Tricks, um immer im Licht zu bleiben.

Und wenn er einmal aus dem Licht herausfällt, dann besinnt er sich dank seiner Weisheit schnell wieder, macht einige spirituelle Übungen, ißt einige Süßigkeiten und ist wieder auf seinem Weg. Er lebt als ewiger Sieger. Ganesha ist im Yoga der Gott des Erfolges und des Gelingens. Was ist heute dein Siegerweg? Pflege jeden Tag dein Siegerbewusstsein, mache deine spirituellen Übungen, und die Gnade des Kosmos wird mit dir sein.

Es gibt im Yoga den Verehrungsweg und den Identifizierungsweg. Auf dem Verehrungsweg wird die Gottheit als ein Gegenüber verehrt. Auf dem Identifizierungsweg identifiziert man sich mit der Gottheit als persönliches Vorbild. Man sieht sich selbst als die Gottheit (Shiva, Buddha, Ganesha). Beides sind mögliche spirituelle Wege. Beide Wege führen letztlich zur Übernahme der positiven Eigenschaften der Gottheit, zur Einswerdung mit der Gottheit und zur Entwicklung der Erleuchtungsenergie.

Eine große Kraft entfaltet der Gottheiten-Yoga, wenn wir ihn mit dem Meister-Yoga verbinden. Wir können uns als Shiva, Buddha, Ganesha oder Lakshmi visualisieren und dann die erleuchteten Meister um Führung und Hilfe auf unserem Weg bitten. Wir können die Energie unserer Meister in der Statue oder dem Gottheiten-Bild sehen. Die Energie der erleuchteten Meister fließt dann durch unser Meditationsobjekt zu uns. Unser Vorbild wird innerlich lebendig und erweckt durch geistige Übertragung die Kundalini-Energie in uns.

Ich praktiziere jeden Tag den flexiblen Gottheiten-Yoga. Ich spüre in mich hinein, welches Vorbild ich gerade brauche. Ich visualisiere mich als das Vorbild und stelle mir vor, dass ich dabei die jeweiligen positiven Eigenschaften übernehme. Dazu denke ich kreativ ein passendes Mantra: "Ich siege heute durch den Weg der Freude. Ich bin ein Ganesha, ein Buddha der Freude, eine Blumengöttin Lakshmi, ein lachender Shiva. Meine Elemente der Freude sind heute ... (etwas Schönes essen, etwas Schönes lesen, schöne Musik, einen schönen Film im Fernsehen, nette Freunde treffen). Erfolg durch die kluge Verbindung von Ruhe, Liebe, Weisheit, Selbstdisziplin und Lebensgenuss."

## Die drei Glückswege

-------------------------

Es gibt drei Wege zum inneren Glück. Es gibt den Weg der strengen Askese. Bei diesem Weg verzichtet man auf alle äußeren Genüsse und konzentriert sich vollständig auf das spirituelle Ziel. Man läßt alles Äußere los und gelangt dadurch zum inneren Frieden.

Der zweite Weg zum Glück ist das maximale Ausleben der weltlichen Bedürfnisse. Wer Sex bis zur Sättigung lebt, Geld im Überfluss hat und sich alle äußeren Wünsche erfüllt, der wird ohne Zweifel auch innerlich glücklich. Leider hält dieses innere Glück nicht lange an, weil der menschliche Geist einige verrückte Eigenschaften hat. Er gewöhnt sich an das äußere Glück, und es verschwindet innerlich weitgehend. Er entwickelt ohne Unterlass neue Wünsche und macht sich damit immer wieder unzufrieden.

Den dritten Weg zum Glück verkörpert der Yoga-Elefant Ganesha. Er zentriert sich im Weg des inneren Glücks. Er verankert sich im Schwerpunkt in Gott, im Licht, in der Spiritualität. Und er lebt etwas auch seine weltlichen Bedürfnisse. Er gibt seinem Körper und seinem Geist, was sie brauchen, ohne sich von ihnen tyrannisieren zu lassen. Er versteht es, ihre Maßlosigkeit zu begrenzen. Er definiert seinen Genugpunkt an äußeren Dingen.

Ganesha verwirklicht konsequent den Weg der Ruhe (in der Ruhe leben/im Sein leben), des spirituellen Übens und der umfassenden Liebe. Er fügt diesem Dreierweg (Trimurti-Yoga) noch die Freude hinzu. Shiva ist der Gott des spirituellen Übens (der Meditation), Brahma der Gott der Weisheit und Vishnu der Gott der Liebe. Ganesha ist der Vierte im Bunde. Er macht aus dem traditionellen indischen Weg der Dreiheit den Weg der Vierheit. Er gibt sich jeden Tag so viel Freude (Genuß, schöne Dinge), dass er seinen spirituellen Weg immer positiv gehen kann.

Swami Shivananda (1897 bis 1963) praktizierte in seiner Jugend den Weg des strengen Übens (den Shivaweg). Im Alter wurde er milde und lehrte vorwiegend den Ganeshaweg. Er wurde zu einer Personifizierung eines dicken Buddhas der Freude. Er schrieb das Gedicht des glücklichen Übens: "Iß etwas, trink etwas, sprich etwas, schlafe etwas, habe etwas Gesellschaft, bewege dich etwas, mache etwas Yoga und Meditation. Sei gut, tu Gutes, erkenne dein wahres Selbst und sei frei."

Was brauchst du heute an schönen Dingen? Gebe sie dir. Heute darfst du in Maßen sündigen. Großes Gelingen auf dem Ganeshaweg. Einen genußreichen Tag wünscht Yogi Nils.

## Eine Stunde Satsang

--------------------------

Satsang ist das Treffen mit einem erleuchteten Meister. Sangha ist die Gemeinschaft der spirituellen Menschen. Sat bedeutet Sein, Ruhe, inneres Glück, Erleuchtung, im Licht leben. Wir treffen uns mit einem Menschen, der das Ziel des inneren Glücks aus eigener Erfahrung kennt. So ein Mensch wird in Indien Sat-Guru genannt. In einem weiteren Sinne wird jedes spirituelle Treffen als Satsang bezeichnet, wenn dort Meister-Yoga praktiziert wird. Es reicht, wenn bei dem Treffen die erleuchteten Meister geistig angerufen werden.

Satsang ist das Boot, mit dem man in das Land des Lichts gelangen kann. Das regelmäßige Zusammensein mit einem Sat-Guru erleuchtet auf die Dauer auch die Menschen um ihn herum. Erleuchtung färbt ab. Versäume nie einen Satsang, wenn ein Satsang in deiner Nähe angeboten wird. Praktiziere zuhause deinen eigenen Satsang, indem du jeden Tag fünf Minuten in dem Buch eines erleuchteten Meisters oder seiner engen Schüler liest. Swami Shivananda lehrte: "Eine Minute Satsang ist wertvoller als ein Königreich. Überall wo Satsang ist, sind die großen erleuchteten Meister anwesend."

Es war einmal in Indien ein reicher Mann. Der besaß große Ländereien und beutete seine Arbeiter aus. Er dachte immer nur an sich und seinen Vorteil. Das Glück oder Unglück seiner Mitmenschen interessierte ihn nicht. Manchmal tat er auch schlechte Dinge. Die Hölle wartete auf ihn.

Auf seinen vielen Geschäftsreisen traf der Reiche eines Tages einen Heiligen. Er erkannte den Heiligen nicht als heilig, aber er mochte ihn. Eine Stunde gingen sie zusammen des Weges. Sie sprachen einige Worte und der Reiche empfing den Segen des Heiligen.

Einige Jahre danach starb der reiche Mann. Der Gott des Todes, Yama, kam, um ihn in die Welt des Leidens zu führen. Da erinnerte sich der Reiche plötzlich an den Satsang mit dem erleuchteten Weisen. Er rief seinen Namen als Mantra. Der Gott des Todes verlor sofort die Gewalt über ihn. Vom Himmel kam eine Hand und zog ihn in die glückselige Welt. Durch eine Stunde Satsang konnte seine Seele gerettet werden.

## Die besten Übungen im Stehen

####################

### 1. Schüttelmeditation

---------------------------

Die Schüttelmeditation ist ein guter Weg, um schnell Stress abzubauen und sich mit positiver Energie aufzuladen. Eine Frau hatte in ihrem Beruf viel Stress. Im Laufe der Jahre zerstörte der Stress ihre Gesundheit, raubte ihr die innere Kraft und machte ihren Geist negativ. Ich riet ihr, jeden Tag nach der Arbeit zwanzig Minuten die Schüttelmeditation zu machen. Bereits nach einigen Wochen ging es ihr gesundheitlich wieder besser, und ihre innere Kraft nahm zu.

Mein Sohn hatte im Alter von zwölf Jahren in der Schule große Probleme. Der ständige Leistungsdruck wirkte sich negativ auf seine Psyche aus und beeinträchtigte seine Leistungsfähigkeit. Er praktizierte daraufhin vor dem Schlafengehen immer die Schüttelmeditation. Sie gab ihm die Kraft, gut durch die Schulzeit zu kommen . Er bestand sein Abitur und geht jetzt erfolgreich seinen Lebensweg.

Wir schalten eine schöne Musik ein, stellen uns aufrecht hin und bewegen uns dynamisch in den Knien auf und ab. Wir können auch tanzen oder auf der Stelle gehen. Das Schütteln ist eine schnelle Bewegung aus den Knien heraus. Die Knie schütteln den Körper. Die Bewegung in den Knien ist klein und schnell. Wir können die Schüttelmeditation aber völlig frei so gestalten, wie wir sie am liebsten machen.

1.1. Wut = Wir schütteln alle Wut und allen Stress des Alltags aus uns heraus. Wir denken das Mantra "Wut". Wir wandeln allen Stress, der in uns ist, in Bewegung um und befreien uns so davon.

1.2. Trauer = Wir lösen unsere aufgestaute Trauer. Wir denken den Satz: "Ich bin traurig, weil ...". Wir bewegen alle Trauer aus uns heraus. Was macht dich heute traurig? Denke den Grund mehrmals als Mantra.

1.3. Schultern = Wir kreisen mit den Schultern. Wir bewegen die Schultern so, wie es uns gut tut. Wir lösen die Verspannungen in den Schultern und im Nacken.

1.4. Wirbelsäulendrehen = Wir drehen uns beim Schütteln sanft so weit es geht in der Wirbelsäule hin und her. Wir lösen die Verspannungen in der Wirbelsäule. Der Kopf dreht sich dabei ebenfalls zu den Seiten.

1.5. Massage = Wir bestrahlen uns mit den Händen von allen Seiten beim Schütteln mit einer Heilfarbe. Wir hüllen uns in eine Wolke aus Heilenergie ein. Welche Heilfarbe tut dir heute gut? Denke den Namen als Mantra: " Gelb, Orange, Violett ...". Massiere dann die Heilfarbe vom Kopf bis zu den Füßen in den Körper ein. Denke weiter den Namen der Farbe als Mantra.

1.6. Erdung = Wir reiben die Heilfarbe kreisförmig erst mit dem rechten und dann mit dem linken Fuß auf den Fußboden. Wir malen einen Heilkreis um uns herum. Beim Malen spüren wir mit den Füßen die Erde. Wir denken den Namen unserer Farbe weiter als Mantra.

1.7. Positiver Satz = Wir schütteln uns weiter aus den Knien heraus und bewegen eine Hand in Herzhöhe segnend hin und her. Wir senden einem Menschen einen positiven Satz. Was wollen wir dem Menschen heute sagen? Wir wiederholen den Satz mehrmals als Mantra. Wir stellen uns vor, dass der Satz real bei dem Menschen ankommt. Wir senden allen Menschen Licht und hüllen die ganze Welt geistig mit Licht ein. Dabei denken wir das Mantra "Licht" und visualisieren den ganzen Kosmos.

1.8. Freies Schütteln = Bewege dich einige Minuten so, wie du Lust hast. Spüre, was du jetzt noch brauchst. Was möchtest du jetzt gerne tun?

Parvati und Shiva
-----------------------

Parvati war die Tochter des Königs im Himalaya-Gebirge. Sie war sehr schön. Deshalb wollte sie auch den besten Mann haben, den es auf der Welt gab. Ihr Vater sandte Kundschafter in alle vier Himmelsrichtungen. Sie brachten Parvati Bilder von vielen jungen Männern mit. Aber keiner der Männer gefiel Parvati so gut, dass sie sich in ihn verliebte.

Traurig ging sie in ihren kleinen Tempel, um zu beten. Als sie nach dem Gebet ihren Kopf hob, fiel ihr Blick auf ein Wandgemälde von einem wunderschönen jungen Mann. Sie erklärte ihrem Vater, dass sie nur diesen Mann und keinen anderen wollte.

Ihr Vater lachte sie aus und sagte: "Das ist Shiva. Er ist ein Yogi und lebt abgeschieden in einer Berghöhle. Er meditiert den ganzen Tag und interessiert sich nicht für Frauen." Parvati war aber sehr eigensinnig. Sie machte sich sofort auf den Weg in die Berge.

Shiva saß vor seiner Höhle und würdigte sie trotz ihrer Schönheit keines Blickes. Parvati überlegte, wie sie Shiva besiegen könnte. Sie meditierte zwölf Jahre zu seinen Füßen. Dann erwachte plötzlich die Erleuchtungsenergie in ihr. Die eigensinnige Parvati verwandelte sich in die goldene Gauri. Von ihr ging so ein starker Glanz aus, dass Shiva erstaunt über das Wunder in seiner Nähe seine Augen öffnete. Er sah Parvati und war verloren. Er bat sie in seine Höhle, und sie hatten jeden Tag Sex von morgens bis abends.

Shiva ist nicht nur der Meister der Meditation, sondern auch ein tantrischer Yogi. Nach einiger Zeit verschmolz Parvati völlig mit Shiva und gelangte zur vollständigen Erleuchtung. Dabei löste sich ihre Selbstsucht auf, und ihr Blick wandte sich zu der Welt um sie herum.

Sie sah die Schönheit der Welt. Sie erkannte aber auch, dass es viel Leid in der Welt gab. Wenn die Menschen den spirituellen Weg kennen und ihn jeden Tag konsequent gehen, können sie ihr persönliches Leid überwinden und ins große Glück gelangen. In Parvati entstand der Wunsch, dass alle Menschen glücklich sein sollen.

Sie reiste zurück nach Hause und arbeitete in ihrem Land als spirituelle Lehrerin. Sie zeigte den Menschen den Weg des inneren Glücks und vermittelte ihnen die Techniken, mit denen jeder auf seine Art in ein Leben im Glück, im inneren Frieden und in der umfassenden Liebe gelangen konnte. Shiva war in ihrem Geist stets präsent. Geistig blieb sie dauerhaft mit ihm verbunden. Und wenn sie Energie und Liebe auftanken musste, dann zog sie wieder für einige Zeit zu Shiva in die Einsamkeit der Berge.

2. Dampflokomotive
--------------------------

Die Dampflokomotive aktiviert unsere Kundalini-Energie. Sie gibt uns innere Kraft. Ich praktiziere sie jeden Tag. Statt im Laufen können wir sie auch im Gehen machen. Manche Menschen lieben sie eher schnell und manche langsam. Für die Dauer von Yogaübungen gibt es zwei Grundsätze: Wir machen jede Übung so lange, wie sie gut wirkt. Im Zweifel machen wir jede Yogaübung eine Minute.

2.1. Dampflokomotive = Wir laufen auf Zehenspitzen auf der Stelle. Wir spüren den Erdboden unter unseren Füßen. Die Arme bewegen wir wie zwei Dampfkolben vor und zurück. Die Hände sind zu Fäusten geballt. Wir atmen laut wie eine Dampflokomotive schnell und tief aus dem Bauch heraus. Wir atmen durch den Mund und machen Geräusche wie eine Dampflokomotive.

Wir laufen zuerst etwas auf der Stelle und drehen uns dann beim Laufen um die eigene Achse (die Wirbelsäule). Je nach unserer Intuition können wir uns rechts oder links herum drehen. Wir beginnen mit einem langsamen Drehen um uns selbst. Später drehen wir uns an der Schwindelgrenze. Dadurch zieht die Energie in unsere Mitte. Sie zieht in unser Zentrum und stärkt unser Selbst.

Wenn uns schwindelig wird, drehen wir uns langsamer. Wir sollten nicht schnell aufhören. Das verstärkt den Schwindel. Besser ist es, langsam auszudrehen und dann etwas auf der Stelle zu laufen. Beim Kreisen visualisieren wir eine Wolke aus blauer Energie um uns herum (Wasser, Licht) und denken das Wort "Licht" als Mantra.

2.2. Dreieck mit Fauststößen = Wir stehen aufrecht im Dreieckstand. Die Beine sind gegrätscht. Die Füße stehen breit auseinander. Der Rücken ist gerade. Was macht uns heute wütend? Wir nehmen Kontakt zu unserer Wut auf. Durch die Fauststöße lösen wir unser aufgestaute Wut und aktivieren unsere innere Kraft. Die Knie sind leicht eingeknickt. Wir stehen fest auf der Erde. Wir ballen die Hände zu Fäusten, strecken einen Arm nach vorne und ziehen gleichzeitig einen Arm nach hinten. Mit dem Ein- und Ausatmen machen wir zehn Fauststöße nach vorne, zehn nach links und zehn nach rechts. Dabei denken wir jeweils die Zahlen von 1 bis 10 als Mantra in unserem Körper.

2.3. Windmühle = Im Dreieckstand strecken wir die Arme seitlich aus, beugen uns vor und drehen uns zwanzig mal in der Wirbelsäule hin und her. Eine Hand zeigt dabei jeweils zu dem entgegengesetzten Fuß. Wir denken die Zahlen 1-10 als Mantra.

2.4. Seitendehnung = Wir stehen aufrecht im Dreieck und biegen den Körper in der Hüfte langsam mehrmals nach links und rechts. Der Außenarm zeigt über den Kopf zur gebeugten Seite. Wir spüren in die gedehnte Außenseite hinein. Diese Übung öffnet die Seitenenergiekanäle.

2.5. Vorbeugen mit Rückendehnung = Unsere Hände fassen sich hinter dem Rücken an. Die Arme sind gestreckt und werden hinter dem Rücken hochgezogen. Im Dreieckstand beugen wir uns mit dem Oberkörper nach vorne. Wir atmen entspannt in diese Position hinein. Die Knie dürfen etwas eingeknickt sein.

2.6. Kerze = Wir legen uns auf den Rücken und gehen in die Kerze. Wir strecken die Beine nach oben, bewegen die Zehen und denken das Mantra "Himmel". Wir visualisieren den Himmel über uns und nehmen die Himmelsenergie auf. Wir können auch eine Minute in Ruhe auf die Kerze meditieren.

2.7. Entspannung = Wir legen uns auf den Boden, stoppen eine Minute alle Gedanken und bewegen die Füße. Wir überlegen uns unseren positiven Tagessatz. Welcher Gedanke gibt uns heute die Kraft, gut durch den Tag zu kommen? Dann entspannen wir uns vollständig.

## Die Powergöttin Durga

Durga ist die Göttin der Kraft im Yoga. Eines Tages bedrohte ein böser Dämon die Menschen in Indien. Sie riefen Brahma an, den Gott der Weisheit. Aber Brahma konnte ihnen nicht helfen. Sie riefen Shiva an, den Gott der Kraft. Und sie riefen Vishnu an, den Gott der Liebe. Aber alle Götter einzelnd waren machtlos. Daraufhin dachten die Götter nach. Sie legten ihre Waffen zusammen und übergaben sie Durga. Diese vereinte die Macht von Liebe, Weisheit und Kraft und konnte so den Dämon überwinden.

Der Dämon ist unser Ego (unser übertriebenes Ich-Bewusstsein, unsere Anhaftung an die Welt, unsere spirituelle Schwäche). Wenn wir zu Durga werden, können wir unser Ego besiegen. Wir können unser inneres Glück entwickeln und in ein dauerhaftes Leben im Licht gelangen. Wir müssen nur unsere Fähigkeiten der Liebe, der Weisheit und der Selbstdisziplin bündeln.

Was ist heute dein Weg der Liebe? Was ist dein Weg der Weisheit? Was ist dein Weg der Selbstdisziplin? Gelingen durch die Verbindung von Liebe, Weisheit und Selbstdisziplin. Gehe geschickt durch deinen Tag und du bist am Ende ein Sieger.

## 3. Liegestütze

Die Liegestütze sind die Könige des Power-Yoga. Sie geben uns äußere und innere Kraft. Wer jeden Tag zehn bis zwanzig Liegestütze macht, wird zu einem Sieger in seinem Leben. Das Geheimnis des Yoga ist es, aus der inneren Entspannung (Gottüberlassenheit) aktiv zu handeln. Wir achten darauf, dass wir bei allen Yogaübungen insbesondere in unserem Bauch entspannt sind. Der Körper kann kämpfen, aber innerlich ist der Yogi immer entspannt. So lösen wir unsere Verspannungen und wachsen im Laufe des Lebens immer weiter ins Licht.

Die Kunst des Yoga besteht darin, unser persönliches Gleichgewicht von innerer Entspannung und äußerer Anspannung zu finden. Wir machen die Liegestütze auf unsere Art, so dass sie uns weder zu wenig noch zu viel anstrengen.

3.1. Dampflokomotive = Eine Minute auf der Stelle laufen, wie eine Lokomotive atmen, eine blaue Wolke visualisieren und sich um sich selbst drehen. Wir denken das Mantra "Licht (Wasser)".

3.2. Zwanzig Liegestütze = Wir können die Liegestütze im Vierfüßler (auf den Knien) oder in der schiefen Ebene (auf den Fußballen) machen. Die Hände sind zu Fäusten geballt oder liegen offen auf dem Boden. Wir praktizieren die Liegestütze schnell oder mit dem Atem. Wir zählen als Mantra im Körper die Zahlen von 1 bis 20.

3.3. Rückenmuskeln = Wir legen uns auf den Bauch und heben die Arme und das jeweils entgegen gesetzte gestreckte Bein an. Wir zählen die Zahlen von 1 bis 20 im Körper.

3.4. Beckendrehen = In der Bauchlage legen wir den Kopf auf die Hände und drehen mehrmals mit dem Atmen entspannt das Becken hin und her. Wir konzentrieren uns dabei auf die Wirbelsäule.

3.5. Bauchmuskeltraining = Wir drehen uns in die Rückenlage, legen die Hände hinter dem Kopf zusammen und ziehen zwanzig mal den Kopf zu den Knien. Die Knie sind angewinkelt und bewegen sich dabei zum Kopf. Wir bewegen den Oberkörper in der Mitte hoch, nach rechts und nach links. Wir zählen im Körper die Zahlen 1 bis 20.

3.6. Kerze = Wir strecken die Beine in der Kerze zum Himmel und atmen entspannt eine Minute in den Körper.

3.7. Meditationssitz = Wir rollen aus der Kerze sanft in den Meditationssitz (Schneidersitz oder gestreckt gegrätschte Beine) ab, legen die Hände auf die Beine und denken eine Minute ein positives Wort als Mantra. Welches Wort tut uns jetzt gut: "Kraft, Liebe, Frieden, Licht, Glück"?

3.8. Entspannung = Wir legen uns mit dem ganzen Körper auf den Boden. Wir stoppen eine Minute alle Gedanken und bewegen dabei sanft die Füße. Dann entspannen wir uns vollständig.

## Der Karma-Yogi Bhagiratha

Bhagiratha war ein indischer Königssohn. Alle seine Brüder und Schwestern lebten in der Hölle. Sie lebten in der Welt des Leidens. Sie waren innerlich unglücklich. Sie wurden von den sieben Dämonen Wut, Stolz, Neid, Habgier, Angst, Genußsucht und Unweisheit gequält.

Bhagiratha wusste, dass seine Brüder und Schwestern sich nicht alleine von ihrer spirituellen Unweisheit befreien konnten. Der Weg des inneren Glücks ist schwer zu begreifen. Das tägliche spirituelle Üben ist schwer zu erlernen. Und noch schwerer ist es den Weg des effektiven Übens zu finden. Die meisten Menschen verlieren sich im formalen Üben und kommen langfristig nicht voran. Ohne einen erleuchteten Meister kann kein normaler Mensch den Weg ins Licht erfolgreich gehen. Damit wir eine glückliche Welt aufbauen können, brauchen wir viele erleuchtete Weisheitslehrer.

Bhagiratha beschloss, seine Brüder und Schwestern aus der Hölle zu retten. Er wurde ein Yogi und brachte zuerst einmal sich selbst ins Licht. Nachdem er zwölf Jahre intensiv seine Yogaübungen praktiziert hatte, erschien ihm eines nachts der Gott Shiva im Traum und fragte ihn, was er wolle. Bhagiratha anwortete: „Ich möchte meine Brüder und Schwestern aus der Hölle befreien. Ich möchte allen Menschen in der Welt das Licht bringen. Ich wünsche eine blühende Welt voller glücklicher Menschen."

Daraufhin öffnete Shiva den Himmel und ließ das Wasser des Lebens auf die Erde fließen. Der Aufprall auf die Erde war so gewaltig, dass Shiva ihn abmildern musste. Er ließ das Wasser durch sein verfilztes Yogihaar rinnen, und es verteilte sich auf der Erde in viele kleine Bäche. Die Bäche plätscherten aus dem Himalaya-Gebirge in die indische Tiefebene und bewässerten das ganze Land. Ganz Indien begann zu blühen, die Menschen wurden glücklich und die Tiere froh. So entstand der heilige Fluß Ganges, der noch heute Nordindien mit Wasser versorgt.

Bhagiratha verwandelte sich in Shiva. Das Wasser wurde zur kosmischen Energie. Die Energie floss in sein Scheitelchakra hinein und außen über seinen Kopf und seine Haare an seinem Körper herunter. Nach einiger Zeit war Bhagiratha ganz voller Glücksenergie und umgeben von einer Wolke aus Licht. Wo seine Füße hintraten, begann die Erde zu blühen. Rote Rosen und weiße Lilien säumten seinen Weg. In seiner Nähe wurden die wilden Tiere zahm, und die Vögel begannen zu singen.

Als er wie ein Gott (Buddha) vor Glück strahlte, ging er zurück in die Welt des Leidens (die Hölle) und erzählte den Menschen vom inneren Glück. Da er es selbst verwirklicht hatte, glaubten sie ihm und eiferten ihm nach. Alle seine Brüder und Schwestern praktizieren jeden Tag auf ihre Art den spirituellen Weg. Sie übten sich im Yoga, in der Meditation und im Positiven Denken. Sie gingen konsequent den Weg der positiven Beziehungen. Sie lebten ihre Beziehungen nicht mehr aus dem Ego, sondern aus der Spiritualität heraus. So wurde das Paradies auf die Erde gebracht.

## 4. Niederwerfungen

Dazu schrieb mir eine Frau aus meiner Yogagruppe: "Lieber Nils, danke für die Yogastunden. Von deinem Yogakurs habe ich wieder viel mitgenommen, vor allem die Niederwerfungen. Sie gefallen mir so gut, dass ich sie jeden Abend nach meinen anderen Übungen vor dem Bild des Dalai Lama mache. Hört sich vielleicht verrückt an, tut mir aber sehr gut."

Die Niederwerfungen sind die Hauptreihe im tibetischen Buddhismus. Es gibt sie auch im indischen Yoga. Ihr großer Vorteil ist ihre Einfachheit. Man praktiziert sie dreimal oder öfter (5 bis 10 Minuten) hintereinander. Dadurch wird der Kreislauf trainiert. Alle wichtigen Chakren (Scheitel, Herz, Bauch, Wurzelchakra) werden energetisiert. Ihre Kraft bekommen sie aus der Verbindung von Körperübungen mit Mantras (Visualisierungen). Du kannst kreativ deine eigenen positiven Sätze und Visualisierungen entwickeln.

4.1. Kopf = Wir stehen aufrecht vor unserer Yogamatte und legen die Handflächen über dem Kopf zusammen. Wir konzentrieren uns auf das Scheitelchakra (Hypophyse, Zirbeldrüse) und denken: "Kopf".

4.2. Hals = Wir ziehen die Handflächen zum Hals herunter, konzentrieren uns auf das Kehlkopfchakra (Schilddrüse) und denken: "Hals".

4.3. Herz = Wir ziehen die Hände zum Herzchakra herunter, konzentrieren uns auf den Brustkorb (Thymusdrüse) und denken: "Herz".

4.4. Unterbauch = Wir bewegen die Hände weiter hinunter zum Bauch. Der Handrücken berührt den Unterbauch, und die Finger zeigen nach unten. Wir konzentrieren uns auf den Unterbauch (Keimdrüsen) und denken: "Unterbauch".

4.5. Vorbeuge = Wir beugen uns mit dem geraden Oberkörper vor und legen die Hände auf die Erde. Wir konzentrieren uns auf den Solarplexus (Bauchspeicheldrüse) und denken: "Solarplexus".

4.5. Knien = Wir knien uns nach vorne auf den Boden und legen die Hände auf die Yogamatte. Wir konzentrieren uns auf die Nieren (Nebennieren) und denken: "Nieren".

4.6. Erde = Wir legen den Körper auf die Erde und die Handflächen vor dem Scheitelchakra aneinander. Wir konzentrieren uns auf die Erde unter uns und denken: "Erde".

4.7. Hinterkopf = Wir bleiben auf der Erde liegen und bewegen nur die Handflächen kreisförmig vom Scheitelchakra zum Hinterkopfchakra. Wir konzentrieren uns auf den Hinterkopf und denken: "Hinterkopf".

4.8. Zurück = Wir bewegen den Körper wieder zurück in die Knieposition und stützen uns mit den Händen bei den Füßen auf dem Boden ab. Wir konzentrieren uns auf die Knie und denken: "Knie".

4.9. Hintern hoch = Wir bewegen den Hintern nach oben, die Hände liegen neben den Füßen, und der Kopf zeigt zur Erde. In der Vorbeuge konzentrieren wir uns auf die Füße und denken: "Füße".

4.10. Aufrichten = Wir richten uns wieder auf, legen die Hände vor dem Herzchakra zusammen und denken: "Om". Danach beginnen wir neu mit den Niederwerfungen.

Wenn wir die Körperwegungen gut gelernt haben, können wir die Mantras vertiefen. Wir können die tibetischen und die indischen Mantras bei den Niederwerfungen denken. Wir verbinden auf unsere Weise die einzelnen Wörter mit den zehn Körperhaltungen und konzentrieren uns dabei auf den geistigen Inhalt der Mantras. Folgende Mantras haben sich als hilfreich herausgestellt. Welches Mantra brauchst du heute?

Om Shanti, Shanti, Shanti. (Om Frieden, Frieden, Frieden)

Om Namo Narayanaya. (Ich verbinde mich mit der Energie der Liebe.)

Om Namah Shivaya. Shivo Ham. (Ich verbinde mich mit der Energie der Kraft. Ich bin Shiva.)

Om Amitabha im Himmel. Om goldener Buddha. Mögen alle Wesen im Licht leben. (Visualisiere zuerst einen goldenen Buddha im Himmel. Hülle dann alle deine Mitwesen in Licht ein. Denke dreimal das Mantra.)

Om Tare Tuttare Ture Svaha. (Om Göttin der Liebe, Tara. Om große Mutter aller Wesen. Beschütze mich. Bringe mich ins Licht.)

Om alle erleuchteten Meister. Ich bitte um Führung und Hilfe auf meinem Weg.

Möge ... (Name einer Person einfügen) glücklich sein. Mögen alle Wesen glücklich sein. Möge es eine glückliche Welt geben.

Zum Abschluß der Niederwerfungen setz dich fünf Minuten zur Meditation hin. Denke drei Minuten dein Mantra. Stoppe dann eine Minute alle Gedanken. Entspanne dich eine Minute.

## Der erleuchtete König Janaka

Vor vielen tausend Jahren lebte in Indien der weise König Janaka. Er wollte gerne wissen, wie es ist, erleuchtet zu sein. Doch keiner seiner Berater konnte ihm weiterhelfen. Ein kleiner Junge berichtete dem König von einem alten Yogi, der abgeschieden in einer Höhle in den Bergen lebte. Oft würden Menschen zu seiner Höhle pilgern und ihn um seinen Segen oder um einen Rat in einer schwierigen Lebenssituation bitten. Sie kämen immer sehr glücklich zurück.

Der König machte sich sofort auf den Weg zu dem Einsiedler. Der Alte empfing den König freundlich. Der König war ungeduldig und wollte sofort wissen, was die Erleuchtung ist. Der alte Yogi sprach zu ihm: "Komm erst einmal zur Ruhe. Setz dich zu meinen Füßen. Mach dich innerlich leer." Dann legte er dem König seine Hand auf den Kopf und übertrug ihm etwas Erleuchtungsenergie.

Der König spürte Frieden, Glück und Liebe in sich. Jetzt wollte er wissen, wie er immer in diesem glücklichen Zustand bleiben könnte. Der alte Yogi sprach: "Pflege jeden Tag dein Erleuchtungsbewusstsein. Verbeuge dich vor dem Willen des Kosmos. Nimm alles Leid an. Übergib alle deine Sorgen Gott. Bete jeden Tag zu einem erleuchteten Meistern deiner Wahl und lebe im Schwerpunkt als Diener aller Wesen. Vergiss dich selbst und konzentriere dich auf das spirituelle Wohl deiner Mitmenschen."

Das tat der König. Er verweilte beständig im Sein und arbeitete aus der inneren Ruhe heraus für das Glück seines Landes. Er lebte klug in seinem persönlichen Gleichgewicht aus Ruhe, Liebe und Lebensfreude. Er liebte das schöne Essen und hatte viel Sex mit seiner Königin. Aber er praktizierte auch jeden Tag drei Stunden seine spirituellen Übungen. Er meditierte und las in den heiligen Yoga-Büchern. Er handelte aus seiner inneren Stimme heraus und hatte immer klar das Ziel einer glücklichen Welt vor seinen Augen.

Er wurde zum Symbol eines erleuchteten Meisters, der in der Welt lebt, umgeben von großen weltlichen Genüssen, und trotzdem immer in seinem Erleuchtungsbewusstsein bleibt. Man kann auch bei einem weltlichen Leben sein inneres Glück bewahren, wenn man ausreichend seine spirituellen Übungen macht, sich beständig von den erleuchteten Meistern führen läßt und im Schwerpunkt als Karma-Yogi lebt.

## 5. Sonnengebet

Das Sonnengebet ist die bekannteste Yogareihe. Es gibt sie in vielen Formen. Mit dem Sonnengebet trainiert der Yogi seinen Kreislauf und aktiviert seine Chakren. Er bringt sich damit jeden Tag schnell ins Licht. Er gewinnt Kraft, inneren Frieden und eine positive Lebenssicht. Das Geheimnis seiner Wirkkraft ist die Verbindung von einfachen Körperbewegungen mit der starken Visualisierung von Licht. Wir stellen uns wirklich die Sonne am Himmel vor. Wir spüren, wie sie Licht, Liebe und Wärme auf uns herab strahlt und uns mit ihrer Kraft erfüllt.

Das Sonnengebet kann man langsam oder schnell machen. Normalerweise verbindet man die Bewegungen mit der Ein- und Ausatmung. Damit der Kreislauf in Schwung kommt, sollte man es am besten mehrmals (drei bis zwanzig mal) hintereinander machen. Ich schlage vor, jeden Tag fünf bis fünfzehn Minuten das Sonnengebet zu praktizieren und zum Abschluss fünf Minuten im Sitzen zu meditieren. Statt der Visualiserung der Sonne kannst du auch mit der Vorstellung arbeiten, dass du dich mit Gott (dem Kosmos, der Energie der erleuchteten Meister) verbindest.

5.1. Begrüßung = Wir stehen aufrecht auf unserer Yogamatte. Wir legen die Handflächen vor dem Herzchakra aneinander. Wir visualisieren vor uns die Sonne und denken (oder sprechen) das Mantra "Om". Wir begrüßen die Sonne, das Licht und das Leben. Wir stellen uns positiv auf unseren Tag ein.

5.2. Himmel = Wir strecken die Hände zum Himmel und denken: "Sonne". Wir atmen ein.

5.3. Erde = Wir beugen uns mit dem geraden Oberkörper vor, legen die Hände neben den Füßen auf die Erde und denken: "Om". Das Scheitelchakra zeigt zu den Füßen. Dadurch wird das Wurzelchakra (die Erdenergie) aktiviert. Wir atmen aus.

5.4. Schritt nach hinten = Wir setzen einen Fuß weit nach hinten ab und strecken das Gesicht wieder hoch zur Sonne. Das Knie des hinteren Beines liegt auf dem Boden. Der Rücken ist gerade. Wir atmen ein und denken:

"Sonne". Die Hände bleiben neben den Füßen.

5.5. Hund (Berg) = Wir setzen auch den anderen Fuß nach hinten. Wir atmen aus und drücken den Hintern nach oben zum Himmel. Der Körper bildet mit Armen, Erdboden und Beinen ein Dreieck. Der Rücken ist durchgedrückt. Die Schultern sind gedehnt. Der Kopf zeigt zu den Füßen: "Om".

5.6. Schiefe Ebene = Wir bewegen das Becken zum Erdboden und strecken den Kopf in den Nacken und zur Sonne nach oben. Die beiden Beine liegen auf dem Boden, wir drücken den Oberkörper mit den Armen nach oben, und der Rücken hängt entspannt nach unten. Wir atmen ein und denken: "Sonne".

5.7. Hund (Berg) = Wir drücken wieder den Hintern nach oben zum Himmel, der Kopf befindet sich zwischen den Armen und zeigt zu den Füßen. Wir atmen aus und denken: "Om".

5.8. Schritt nach vorne = Wir setzen den hinteren Fuß wieder nach vorne zu dem anderen Fuß zwischen die auf der Erde liegenden Hände. Der Kopf erhebt sich wieder zur Sonne. Wir atmen ein: "Sonne".

5.9. Erde = Wir gehen wieder in die Vorbeuge (Hintern zum Himmel, Füße zwischen den Händen, Kopf zur Erde), atmen aus und denken: "Om".

5.10. Armkreis = Wir richten uns langsam wieder auf und zeichnen dabei mit den Armen einen großen Kreis um uns herum. Die Hände bewegen sich seitlich ausgestreckt nach oben und dann herunter zum Herzchakra. Wir visualisieren uns in der Einheit des Kosmos, atmen ein und denken: "Sonne".

5.11. Meditation im Sitzen = Wir praktizieren das Sonnengebet und setzen uns dann fünf Minuten zum Meditieren hin (Schneidersitz, Fersensitz, Stuhl). Wir denken drei Minuten eine positive Eigenschaft als Mantra: "Licht, Liebe, Frieden, Kraft, Glück, Freude, Optimismus". Welches Wort brauchst du heute? Wiederhole das Mantra geistig immer wieder mit dem Ein- und Ausatmen. Stoppe dadurch alle anderen Gedanken. Spüre, wie das Wort die jeweilige Eigenschaft in dir erweckt und dich mit seiner Energie füllt.

Wenn das Wort allein nicht ausreicht, bilde positive Sätze: "Ich spüre Licht in mir und um mich herum. Ich gebe Liebe und werde geliebt. Ich nehme die Dinge so an, wie sie sind. Ich lasse meinen Eigenwillen los, bin gelassen und voller Frieden. Ich gehe mit Kraft und Selbstdisziplin meinen Weg. Ich lebe als Sieger. Ich erreiche meine Ziele. Ich bin voller Glück, Freude und Optimismus. Ich gehe optimistisch in meine Zukunft."

Zum Abschluss stoppen wir eine Minute alle Gedanken. Dann sitzen wir eine Minute einfach nur entspannt da. Danach gehen wir entspannt, erfüllt von innerem Frieden und positiv in unseren Tag.

## Die Göttin Yamuna

Die Yamuna ist einer der Quellflüsse des Ganges. Sie bringt das Wasser aus den Gletschern des Himalaya-Gebirges in die indische Tiefebene und vereinigt sich dort mit dem zweiten großen Quellfluss Ganga. An dem Ort der Vereinigung treffen sich regelmäßig Pilger aus ganz Indien und bitten für Licht, Glück und Fülle in ihrem Leben. Dabei visualisieren sie Ganga und Yamuna als hilfreiche Flussgöttinnen.

Ganga ist eine Gefährtin Shivas. Sie gibt uns die Kraft, damit wir jeden Tag unsere spirituellen Übungen (Yoga, Gebet, Mantra, Meditation) machen können. Wer jeden Tag mit Ausdauer spirituell übt, verwirklicht eines Tages das innere Glück. Er erreicht die Paradiessicht und erkennt die Fülle in seiner Welt.

Yamuna ist die Schwester des Todesgottes Yama. Sie ist die Göttin der Frömmigkeit. Sie weist uns darauf hin, dass wir alle einmal sterben müssen (von Yama besucht werden). Wir sollten die Zeit unseres Leben nutzen, um unser inneres Glück zu entwickeln und nach dem Tod ins Licht aufzusteigen. Wir sollten einen klugen spirituellen Lebensplan haben. Wir sollten unser Leben so organisieren, dass wir positiv sterben können.

Im Februar 2008 erschien die Göttin Yamuna Nils während der Meditation in einer Vision. Nils hatte gerade die Geschichte von Bhagiratha geschrieben und war noch ganz erfüllt von der Idee eines erleuchteten Karma-Yogis, der für das Glück aller Wesen arbeitet.

Nils sah sich in einer Gruppe von Menschen, die vor einer kleinen weißen Statue einer stehenden Göttin kniete. Neben der Göttin erblickte er ein Fruchtbarkeitssymbol (die Zeichnung einer Vagina mit Eierstöcken). Es war eine Göttin der Fülle. Nils fiel spontan der Name Yamuna ein. Wie unter einem Zwang legte er seine Stirn vor den Füßen der Göttin auf den Boden. Dabei dachte sein Geist immer wieder die Worte: "Beten, beten, beten...". Der Segen der Göttin ging auf ihn über. Nils spürte ihre Energie in sich.

Spannend war, dass Nils vor seiner Vision kaum etwas von der Göttin Yamuna wusste. Ihm war nur bekannt, dass die Yamuna ein Nebenfluss des Ganges ist und dass es eine westliche Yogini mit dem Namen Yamuna gibt. Erst einige Tage später las Nils "zufällig" in einem Buch, dass Yamuna die Göttin der Frömmigkeit ist und das tägliche Beten lehrt. Nils bekam in seiner Vision Informationen, die er vorher nicht gehabt hatte. Dass ist in der Spiritualität ein typisches Anzeichen dafür, dass es sich um eine echte von einem erleuchteten Wesen geleitete Vision handelt.

Die Worte "beten, beten, beten" interpretiert Nils als einen Hinweis auf den Weg des Meister-Yoga. Wer sich jeden Tag mit den erleuchteten Meistern verbindet, dem können sie aus der höheren Dimension heraus beständig auf seinem spirituellen Weg helfen. Wer jeden Tag "betet", der siegt eines Tages auf seinem spirituellen Weg.

Interessant ist, das die Göttin Yamuna Nils kein bestimmtes Gebet, sondern einfach nur die Worte "beten, beten, beten" gab. Jeder spirituelle Mensch darf auf seine Art beten. Er darf abstrakte Mantras sprechen, persönliche Gebete formulieren, regelmäßig in einem spirituellen Buch lesen oder Rituale (Yoga, Meditation, Singen, Pujas) ausführen. Heute ist ein Tag des Segens und des Gelingens. Finde deine tägliche spirituelle Praxis. Opfer dein Ego und ernte große Fülle.

## 6. Fitness-Yoga

Fitness-Yoga ist eine dynamische Form des Yoga. Wir können damit nach der Arbeit unseren Stress abbauen und uns mit positiver Energie aufladen. In 10 bis 20 Minuten sind wir wieder fit.

6.1. Schüttelmeditation = Wir machen fünf Minuten in Kurzform eine Schüttelmeditation und bewegen allen aufgestauten Stress heraus: Wut lösen. Trauer lösen ("Ich bin traurig, weil ..."). Schultern kreisen. Wirbelsäule drehen. Körper massieren. Eine Farbe geistig mit den Füßen auf die Erde malen. Einem Menschen einen positiven Satz senden.

6.2. Windmühle = Im Dreieckstand strecken wir die Arme seitlich aus, beugen uns vor und drehen uns zehn mal in der Wirbelsäule hin und her. Eine Hand zeigt dabei jeweils zu dem entgegengesetzten Fuß. Wir denken die Zahlen 1 bis 20 als Mantra.

6.3. Liegestütze = Wir praktizieren zehn Liegestütze schnell oder mit dem Atem. Wir zählen als Mantra im Körper die Zahlen von 1 bis 20.

6.4. Rückenmuskeln = Wir legen uns auf den Bauch und heben die Arme und das jeweils entgegesetzte gestreckte Bein an. Wir zählen die Zahlen von 1 bis 20 im Körper.

6.5. Beckendrehen = In der Bauchlage legen wir den Kopf auf die Hände und drehen mehrmals mit dem Atmen entspannt das Becken hin und her. Wir konzentrieren uns dabei auf die Wirbelsäule.

6.6. Beckenklopfen = Wir drehen uns in die Rückenlage, setzen die Füße beim Hintern auf der Erde ab und klopfen eine Minute mit dem Becken auf dem Boden. Wir konzentrieren uns dabei auf unseren Körper. Wir heben das Becken so weit an, dass auch die Verspannungen im Oberkörper gelöst werden.

6.7. Bauchmuskeltraining = Wir legen die Hände hinter dem Kopf zusammen und ziehen zwanzig mal den Kopf zu den Knien. Die Knie sind angewinkelt und bewegen sich dabei zum Kopf. Wir bewegen den Oberkörper in der Mitte hoch, nach rechts und nach links. Wir zählen im Körper die Zahlen 1 bis 20.

6.8. Kerze = Wir strecken die Beine in der Kerze zum Himmel. Wir stützen uns mit den Händen am Rücken ab und atmen entspannt eine Minute in den Körper.

6.9. Meditationssitz = Wir rollen aus der Kerze sanft in den Meditationssitz ab. Wir strecken die Hände nach oben, visualisieren eine Sonne am Himmel und atmen Licht ein. Wir füllen den Körper mit Licht. Wir strecken die Hände nach unten und atmen alle Sorgen zur Erde hin aus. Wir praktizieren die Übung mehrmals im Wechsel und denken dabei das Mantra "Licht einatmen" und das Mantra "Sorgen ausatmen". Was sind heute deine Sorgen? Gib sie an die Erde (Gott, den Kosmos, das Leben) ab.

6.10. Entspannung = Wir legen uns auf den Boden, stoppen eine Minute alle Gedanken und bewegen die Füße. Wir überlegen uns unseren uns unseren positiven Tagessatz. Welcher Gedanke gibt uns heute die Kraft, gut durch den Tag zu kommen? Dann entspannen wir uns vollständig.

Der ängstliche Yogi und die wilden Tiere
--------------------------------------------------

Es war einmal ein Mann, der war sehr ängstlich. Er liebte seine Angst nicht. Er wollte gerne seine Angst überwinden. Deshalb ging er zu einem erleuchteten Meister und fragte ihn um Rat. Der Meister empfahl dem Mann, als Yogi zu leben und mit seinen spirituellen Übungen seine neurotische Angst aufzulösen.

Der Mann zog in eine einsame Hütte in einem großen Wald. Im Wald gab es Tiger, Schlangen und Schakale. Vor allen diesen Tieren hatte der Yogi Angst. Deshalb las er in seinen klugen Büchern nach, was ein Yogi in einem solchen Fall zu tun hat.

Rat eins: Bei jeder Angst genau hinsehen. Wer bei der Angst genau hinsieht, kann die ursächlichen negativen Gedanken erkennen und sie mit geeigneten positiven Gedanken auflösen. Wer bei angsteinflößenden Situationen rechtzeitig hinsieht, kann sich vor ihnen schützen. Wer langfristig denkt, kann viele Schwierigkeiten vermeiden. Die größten Schwierigkeiten im Leben sind für die meisten Menschen die Einsamkeit des Alters, lebensbedrohende Krankheiten und der Tod. Als Yogi zu leben ist der beste Schutz vor dem Leid. Mir den Yogatechniken können wir uns über alles Leid der Welt erheben.

Rat zwei: Das Ego opfern. Unabänderbare Dinge nehmen wir so an wie sie sind. Wir lassen unsere falschen Wünsche los. Wir übergeben uns dem Willen des Lebens. Wir fließen positiv durch alles Leid hindurch. Wer sich in das Zentrum seiner Ängste hineinopfert, löst die Ängste dadurch auf. Alle Ängste sind nur Gedankenkonstruktionen, die auf einer übertriebenen Ablehnungshaltung beruhen. Wer seinen Eigenwillen in schwierigen Situationen dem Kosmos übergeben kann, kann gelassen und positiv seinen Lebensweg gehen.

Rat drei: Die großen Meister um Hilfe bitten, gründlich selbst nachdenken und mit Ausdauer den Weg der persönlichen Weisheit gehen. Wer so handelt, kann sich vertrauensvoll dem Leben überlassen. Er wird beständig von seiner inneren Stimme beschützt. Wer sich jeden Tag am Prinzip der Richtigkeit orientiert (Was ist jetzt richtig? Was sagen meine Vernunft und mein Gefühl?) und zu den erleuchteten Meistern/Gott betet, gewinnt daraus inneren Frieden und ein positives Leben.

Der Yogi sah genau hin. Schakale heulen nur, tun einem Menschen aber nichts. Schlangen beißen nur, wenn sie sich angegriffen fühlen. Wenn ein Yogi vorsichtig ist und sich langsam bewegt, tun ihm die Schlangen nichts.

Tiger fressen zwar Menschen, es ist aber eher selten. Einem solchen Tiger geht man am besten aus dem Weg. Und wenn das nicht möglich ist, opfert man sein Ego und nimmt die Situation an. Dann übt man im nächsten Leben weiter. Man muss das Leben auch loslassen können, wenn es die Situation erfordert.

Der Yogi kämpfte jeden Tag konsequent gegen seine Angstgedanken. Angstgedanken überwindet man mit den drei großen Techniken Nachdenken, Mantra (positive Sätze/Worte sprechen) und Gedankenstopp. Durch Yoga, Gehen, Lesen und Meditation löst man die Verspannungen im Körper und im Geist. Ein Mensch kann sich so im Laufe der Zeit durch tägliches konsequentes Üben von seinen Ängsten befreien.

Der Yogi ging mit Mut und Ausdauer seinen Weg. Und eines Tages war er erleuchtet, und alle Angst war verschwunden. Da freute sich der Yogi sehr.

## 7. Kinder-Yoga
-------------------

Das größte Geschenk, das wir unseren Kindern machen können, ist eine spirituelle Erziehung. Wenn wir unsere Kinder positive Werte lehren, werden sie ein glückliches und erfolgreiches Leben führen können. Wenn wir ihnen das innere Glück als das Zentrum des Lebens nahe bringen, werden sie eines Tages auf ihre Weise den Weg dorthin finden. In der heutigen Zeit ist es sehr schwierig, aus seinem Leben einen Weg ins Licht zu machen. Wir sollten unseren Kindern beibringen, jeden Tag zu einem erleuchteten Meister (spirituellen Vorbild, zu Gott) zu beten und die Eigenschaften Liebe, Weisheit, Selbstdisziplin und Lebensfreude zu entwickeln.

7.1. Die Sonne = Wir stehen im Kreis und legen die Hände vor dem Herzchakra aneinander. Wir verbeugen uns voreinander und denken: "Wir begrüßen die Sonne."

7.2. Der Himmel = Wir heben die Arme zum Himmel und strecken uns auf den Zehen nach oben: "Wir begrüßen den Himmel."

7.3. Der Mond = Wir beugen uns seitlich in der Hüfte nach links und rechts, bringen dabei den jeweiligen Außenarm über den Kopf und denken: "Wir begrüßen den Mond".

7.4. Die Sterne = Wir machen große Kreise mit den Armen, stellen uns den ganzen Kosmos voller Sterne vor und denken: " und die Sterne".

7.5. Alle Kinder = Wir drehen uns in der Wirbelsäule nach links und rechts, nehmen die Arme dabei mit und sagen: "Wir begrüßen alle Kinder". Wir sehen die Kinder um uns herum.

7.6. Das Gras = Wir beugen uns mit dem Oberkörper vor und reiben kreisend die Erde: "und das Gras".

7.7. Spaß = Wir stellen uns wieder aufrecht hin, legen einen Fuß an das entgegengesetzte Knie, stehen wie ein Yogi auf einem Bein und rufen laut: "Das bringt uns Spaß." Dazu klatschen wir kräftig in die Hände, bis wir alle gute Laune haben.

## Das kleine Schaf

Es war einmal ein kleines Schaf. Das lebte friedlich in einem schönen Land voller Blumen. Dem Schaf gefiel es gut in seinem Schafsleben. Wenn da nur nicht die Wölfe gewesen wären. Das Schafsland war ein freies Land. Und in jedem freien Land gibt es auch Wölfe. Es gibt Wesen, die andere Wesen fressen. Alle Schafe mussten immer gut aufpassen und sich beständig in der Nähe des Schäfers halten. Dann passierte ihnen nichts.

Eines Tages war das kleine Schaf etwas unachtsam und entfernte sich von der Herde. Die Wölfe erkannten sofort die gute Gelegenheit. Sie stellten sich zwischen das kleine Schaf und den Schäfer. Sie blockierten den rettenden Fluchtweg.

Das kleine Schaf blökte laut und sandte einen Hilfeschrei zum Schäfer. Der rief dem Schaf zu: "Komm' sofort zu mir!" Das kleine Schaf nahm seinen ganzen Mut zusammen und stürzte sich auf die Wölfe.

Diese waren von dem merkwürdigen Verhalten des kleinen Schafes so überrascht, dass sie zur Seite auswichen. So ein mutiges kleines Schaf hatten sie noch nie erlebt. Das kleine Schaf sprang durch die Lücke in der Wolfsreihe zum Schäfer. Der Schäfer schwang bedrohlich seinen Stock, und die Wölfe flüchteten. Das kleine Schaf war gerettet. Wer mutig im richtigen Moment das Richtige tut, kann selbst schwierige Situationen in seinem Leben meistern.

Gehe flexibel durch alle Schwierigkeiten hindurch. Bitte die erleuchteten Meister um Hilfe und überlege dann, was jetzt zu tun ist. Was ist dein Weg der Weisheit, Wahrheit und Kraft? Was sagt dir deine innere Stimme der Richtigkeit? Die großen Meister sprechen zu den Menschen durch die Stimme der eigenen inneren Wahrheit und Liebe. Großes Gelingen. Vorwärts auf dem Weg der Liebe, der Weisheit und der Kraft.

## 8. Vajra-Welle

Die Vaira-Welle ist eine grundlegende Heilübung aus dem tibetischen Buddhismus. Wir heilen damit die Energiestörungen im Körper. Der Vaira (ein Zepter, Donnerkeil, Blitzaussender) ist ein tibetischer Ritualgegenstand, der dem Yogi Kraft gibt. Er entspricht im Hatha-Yoga dem Dreizack (Speer) Shivas.

Denke gründlich über deine Probleme nach. Bitte die erleuchteten Meister (deine innere Weisheit) um Führung und Hilfe. Entwickle kreativ deinen persönlichen Heilungsweg. Nimm die Hilfe von Fachleuten (Ärzten, Heilpraktikern, Psychotherapeuten) in Anspruch, wenn du alleine nicht weiter weißt. Informiere dich gründlich in Fachbüchern. Mit Ausdauer auf dem Weg der Selbstheilung voran. Gelingen. Das Licht ist mit dir.

8.1. Hände nach oben = Wir strecken im Stehen die Hände zum Himmel und visualisieren Licht (Heilenergie). Wir denken mehrmals das Mantra "Licht".

8.2. Hände nach unten = Wir beugen uns langsam mit dem Oberkörper vor, bewegen die Hände zur Erde und denken weiter das Mantra "Licht".

8.3. Hände hinterm Rücken = Wir bewegen die Hände hinter dem Rücken hoch. Wir visualisieren Licht (Heilenergie) hinter unserem Rücken und denken das Mantra "Licht".

8.4. Wieder aufrichten = Beim Aufrichten bewegen wir die Hände rückwärts (erst zur Erde und dann an der Vorderseite hoch) und bringen dabei den Oberkörper langsam wieder nach oben. Wir machen die Übung mehrmals, bis wir überall um uns herum gute Energie (Licht) spüren.

8.5. Heilmassage = Wir denken das Mantra "Heilung" und massieren eine Heilsalbe vom Kopf bis zu den Füßen in unseren Körper ein. Welche Farbe hat deine Heilsalbe? Wir reiben die Erde mit den Händen und senden die Heilsalbe allen Wesen, die Heilung brauchen: "Ich sende Heilenergie zu ... Mögen alle Wesen gesund und glücklich sein. Möge es eine glückliche Welt geben."

8.6. Kerze = Wir legen uns auf den Boden und strecken die Beine in der Kerze zum Himmel. Wir stützen uns mit den Händen am Rücken ab und atmen entspannt eine Minute in den Körper.

8.7. Heilmantra = Wir rollen aus der Kerze sanft in den Meditationssitz (Schneidersitz oder gestreckt gegrätschte Beine) ab. Wir denken ein Heilmantra. Was ist dein heutiges Problem? Was ist dein Weg der Heilung? Was ist dein Satz der Heilung? Welche Worte stärken dich auf deinem Lebensweg?

"Ich gehe konsequent meinen Weg der Heilung und Gesundheit. Ich tue jeden Tag, was ich kann. Und überlasse mich ansonsten vertrauensvoll dem Leben und der Kraft des Yoga. Om Namah Shivaya. Shivo Ham. Prema Ham. Om alle erleuchteten Meister. Ich bitte um Führung und Hilfe auf meinem Weg. Mögen alle Wesen glücklich sein. Möge es eine glückliche Welt geben."

8.8. Entspannung = Wir legen uns auf den Boden, bewegen die Zehen und stoppen eine Minute alle Gedanken. Wir entspannen uns.

## Der Witwer Kankaripa

Es war einmal ein Mann, der hatte eine gute und schöne Frau. Die beiden liebten sich heiß und innig. Sie dachten positiv und konnten deshalb viele Jahre eine glückliche Beziehung führen. Der Mann hieß Kankaripa. Kankaripa hatte einen erfolgreichen Beruf und eine glückliche Beziehung. Er war sehr zufrieden mit seinem Leben.

Doch im äußeren Leben dauert nichts ewig. Eines Tages starb die Frau. Kankaripa war untröstlich. Er lernte viele neue Frauen kennen, doch keine konnte er wirklich lieben. Er hing vollständig an seiner verstorbenen Frau.

Er konnte sich nicht alleine aus der Anhaftung befreien. Deshalb ging er zu einem Meister (Sat-Guru) und fragte ihn um Rat. Der Meister erklärte, dass bei einer so großen Liebe die seelische Verbindung sehr stark ist. Sie kann nur durch spirituelle Übungen über einen langen Zeitraum hinweg gelöst werden.

Der Meister empfahl Kankaripa, jeden Tag drei Stunden spirituelle Übungen machen. Er sollte spazierengehen, Yoga machen, an seinen Gedanken arbeiten, in einem spirituellen Buch lesen und meditieren. Seinen Beruf sollte er im Schwerpunkt als Karma-Yogi für das Ziel einer glücklichen Welt praktizieren. Er sollte sich mehr auf das Glück seiner Mitmenschen als auf sein eigenes Glück konzentrieren.

Darüber hinaus sollte er jeden Tag geistig Tantra-Yoga praktizieren. Er sollte sich in einer sexuellen Vereinigung mit seiner Frau visualisieren, das Glück genießen, beide in Licht einhüllen, das Mantra "Licht" denken, seine Frau mit sich verschmelzen lassen und dann beide Personen in die Einheit des Kosmos auflösen. Er sollte den Kosmos voller Sterne um sich herum visualisieren, das Mantra "Sterne" denken, dann drei Minuten seine Gedanken stoppen und zum Abschluß etwas in einer entspannten Zen-Meditation (Gedanken fließen lassen) verweilen.

Das tat Kankaripa einige Jahre und war dann von seiner Beziehungssucht geheilt. Er konnte jetzt eine neue Beziehung leben und auch gut alleine sein, wie das Leben es gerade mit sich brachte. Seine feste Verankerung im Yoga ermöglichte es ihm, positiv mit allen Wandlungen des Lebens zu fließen und immer sein inneres Glück zu bewahren.

## 9. Yoga-Massage

9.1. Stehen = Wir visualisieren über uns eine Dusche. Wir denken das Mantra "Wasser" und massieren Wasser (oder Licht, Energie) vom Kopf bis zu den Füßen in unseren Körper ein. Wir reiben alle Verspannungen und allen Stress von unserem Körper ab. Wir laden uns mit positiver Energie (Heilwasser) auf. Es ist, als ob wir wirklich unter der Dusche stehen und uns duschen.

9.2. Vorbeugen = Wir beugen uns vor und reiben das Heilwasser auch in den Boden um uns herum ein. Wir stellen uns vor, dass der Erdboden um uns herum mit positiver Energie aufgeladen wird. Wir zeichnen einen Heilkreis mit einer Heilfarbe um uns herum. Was ist heute deine Heilfarbe (orange, violett, grün, braun, rosa)? Wir denken den Namen unserer Heilfarbe mehrmals als Mantra.

9.3. Freund = Wir gehen unter der Dusche auf der Stelle. Wir visualisieren einen Freund/eine Freundin. Wem möchtest du heute ein positives Wort sagen? Was ist dein positiver Satz? Stelle dir vor, dass der Satz wirklich bei deinem Menschen ankommt. Denke deinen Satz mehrmals als Mantra. Was antwortet dir dein Mensch?

9.4. Feind = Wir gehen weiter unter der Dusche auf der Stelle und sehen einen Feind (aggressiven Menschen) vor uns. Wen empfindest du heute als einen Feind? Wer ist heute emotional dein Gegner? Was sagst du ihm? Welcher Gedanke hilft dir, zum äußeren und inneren Frieden zu gelangen? Du kannst versuchen, deinen Gegner zu verstehen, du kannst Mitgefühl entwickeln oder du kannst wünschen, dass er sich bessert. Was ist deine Tat des Verzeihens und der Liebe?

9.5. Ein Satz für dich selbst = Wir untersuchen unseren eigenen Geist. Gibt es einen Gedanken, der uns am Frieden, am Glück und an einem Leben in der Liebe hindert? Wie lautet der Gedanke? Mit welchem positiven Satz können wir ihn überwinden? Finde deinen zentralen negativen Gedanken und überwinde ihn mit einem passenden Gegengedanken. "Mein Satz für mich selbst lautet heute ........".

Es gibt bei allen Menschen einen Gedanken, der sie an der Erleuchtung und am inneren Glück hindert. Dieser Gedanke hat meistens etwas mit Unbescheidenheit, Unweisheit und mangelnder Liebe zu tun. Er hat etwas mit der Egoopferung (Annehmen, Loslassen), der Weisheit (vom inneren Glück), der Liebe (im Schwerpunkt als Gebender leben), der Freude (sich der Freude öffnen) oder der Selbstdisziplin (konsequent den eigenen Weg der Wahrheit gehen) zu tun.

Eines dieser fünf Elemente mit einem bestimmten Gedanken brauchen wir zu einem weiteren Wachstum ins Licht. Ein Wort aus einem dieser fünf Eigenschaftsbereiche bringt unseren Geist zu einem Durchbruch ins innere Glück. Was ist heute dein inneres Zauberwort? Denke dein Erleuchtungswort als Mantra und gehe positiv durch deinen Tag.

## Der Räuber Ratnakar

Es war einmal ein großer Räuber. Der hieß Ratnakar und wütete schrecklich in Indien. Er war so klug, dass ihn keiner fangen konnte. Von weltlichen Menschen war er nicht zu überwinden. Nur ein spiritueller Mensch konnte ihn besiegen, indem er die Verwirrung im Kopf des Räubers auflöste.

Eines Tages kam der heilige Musikant Narada in den Wald des Räubers. Ratnakar sprang aus seinem Versteck hervor und rief: "Geld oder Leben." Er schwang bedrohlich sein Schwert. Aber Narada lebte im inneren Frieden und fürchtete sich nicht. Ruhig antwortete er: "Ich habe kein Geld. Ich besitze aber einen großen inneren Schatz. Wer diesen Schatz zueigen hat, ist reicher als der reichste König. Ich bin gerne bereit, dir diesen Schatz zu schenken."

Ratnakar wollte sofort den großen inneren Schatz haben. Narada erklärte daraufhin: "Der größte Schatz ist für jeden Menschen das Leben im Licht. Das Glück der inneren Selbstverwirklichung ist tausendmal größer als das Glück jeder äußeren Selbstverwirklichung. Der große innere Schatz heißt Sat-Chid-Ananda. Das bedeutet Leben im Sein, im kosmischen Bewusstsein und in der sich daraus ergebenden Glückseligkeit."

Vom Sat-Chid-Ananda hatte Ratnakar schon gehört. Aber wie sollte ein so großer Sünder wie er jemals zu einem Heiligen werden können? Narada meinte daraufhin: "Durch die Gnade eines erleuchteten Meisters ist alles möglich." Der Räuber Ratnakar war ein mutiger Mann. Er begriff, dass das Schicksal ihm hier eine große Chance eröffnete. Er sagte deshalb zu Narada: "Gut. Erleuchte mich. Ich bin bereit."

Narada legte seine Hand auf das Scheitelchakra des Räubers und übertrug ihm seine Erleuchtungsenergie. Ratnakar war völlig in Licht und Glück eingetaucht. Er erkannte seine Einheit mit allen Wesen und tat keinem Menschen jemals wieder etwas Böses. Er pries Gott für die große Gnade, dass er ihm Narada geschickt hatte. Er lebte von nun an als friedlicher Yogi und half auf seine Art allen Menschen, die ihn besuchten und um Hilfe baten.

Mit der Hilfe eines erleuchteten Meisters können auch große Sünder gerettet werden. Und wenn große Sünder gerettet werden können, dann können auch kleine Sünder gerettet werden, wenn sie die Weisheit und den Mut haben, sich der täglichen geistigen Führung durch die erleuchteten Meister anzuvertrauen.

## 10. Yoga-Walking

Yoga-Walking ist Erleuchtung beim Gehen. Das ist der ultimative Kick! Das ist Gesundheitstraining, Stressabbau und inneres Glück in einem. Yoga-Walking ist deine tägliche Pilgerfahrt ins Licht. Wenn du richtig pilgerst, verwandelst du dich beim Pilgern in eine Göttin des Glücks.

Yoga-Walking besteht aus 10 Punkten. Gehe jeden Tag 30 Minuten oder mindestens am Wochenende eine Stunde. Gehe am Anfang eher schnell (Power-Walking) und am Ende eher langsam (Slow-Walking). Mache alle 10 Punkte auf deine Art, so dass sie dir gut tun.

10.1. Stampfe deine Wut beim Gehen in den Boden. Lass alle aufgestaute Wut heraus. Denke das Mantra "Wut". Was ärgert dich heute? Befreie dich! Löse danach beim Gehen deine Trauer. Spüre in deine Trauer hinein. Was macht dich heute traurig? Denke mehrmals das Mantra: "Ich bin traurig, weil...".

10.2. Schultern kreisen. Löse die Verspannungen in deinen Schultern und im Nacken. Auf welche Art musst du die Schultern bewegen, damit du eine gute Wirkung erzielst?

10.3. Wirbelsäulendrehen. Drehe dich beim Gehen mehrmals in der Wirbelsäule nach rechts und links. Drehe auch den Kopf mit.

10.4. Massiere eine Heilfarbe vom Kopf bis zu den Füßen in deinen Körper ein und denke den Namen der Farbe als Mantra. Welche Farbe brauchst du heute? "Orange, blau, gold, rosa ...".

10.5. Konzentriere dich beim Gehen auf den Erdboden. Spüre die Erde. Denke das Mantra "Erde". Atme eine Minute in die Füße hinein.

10.6. Bewege eine Hand in Höhe des Herzchakras und sende einem Mitmenschen einen positiven Satz. Was möchtest du ihm heute sagen? Denke den Satz mehrmals als Mantra. Sende der ganzen Welt Licht und denke: "Mögen alle Wesen auf der Welt glücklich sein. Möge es eine glückliche Welt geben."

10.7. Denke die Zahlen von 1 bis 20 im Kopf, Brustkorb, Bauch, in den Beinen, Füßen und in der Erde (unter den Füßen). Löse so jeden Tag schnell und effektiv die Verspannungen in allen wichtigen Körperbereichen.

10.8. Visualisiere am Himmel eine schöne Sonne und hülle dich in einen goldenen Sonnenstrahl ein. Fülle dich mit Licht und denke mehrmals das Wort "Licht" als Mantra.

10.9. Stoppe fünf Minuten alle Gedanken und bewege beim Gehen allen Stress aus dir heraus, bis dein Geist ganz ruhig wird. Verweile einige Zeit in der Ruhe. Lass alle Gedanken kommen und gehen, wie sie wollen.

10.10. Freies Gehen. Gehe so, wie du gerade Lust hast. Genieße es. Beobachte, wie dein Geist langsam positiv wird. Du bist jetzt wieder ins Licht gepilgert. Du hast eine wichtige Tat für deine körperliche Gesundheit und dein seelisches Wohlgefühl getan. Lobe dich und freue dich. Das Licht wird dich durch deinen ganzen Tag begleiten.

## Die Frau mit den vielen Sorgen

Es war einmal eine Frau, die machte sich ständig Sorgen. Sie sorgte sich über alles. Sie sorgte sich über ihre Kinder, über ihre Freunde, über das Geld zum Leben und über ihre Gesundheit. Sie machte sich sogar Sorgen über ihre Sorgen. Sie hatte Angst, dass sie ihre Angst nicht mehr ausreichend kontrollieren könnte. Sie befürchtete, dass sie auf die Dauer nicht mehr genug innere Kraft haben könnte, die ständigen Sorgengedanken zu besiegen.

Da kam sie auf die Idee, jeden Tag ein halbe Stunde spazieren zu gehen. Sie überlegte sich eine für sie günstige Zeit. Sie suchte sich einen passenden Ort. Sie kaufte sich schönes Zeug zum Anziehen, für Sonnentage luftige Kleidung und für Regentage einen Regenschirm und feste Schuhe, für den Sommer leichte Sachen und für den Winter etwas Warmes. Dann begann sie mit dem täglichen Gehen.

Am Anfang fiel es ihr sehr schwer, sich jeden Tag zu einer bestimmten Stunde zum Gehen aufzuraffen. Aber nach etwa drei Monaten hatte sie sich daran gewöhnt. Das Gehen war zu einem festen Bestandteil ihres Lebens geworden. Sie merkte, dass ihr das Gehen viel innere Kraft gab. Sie wurde positiver, und ihre Sorgen wurden weniger. Ihre Gesundheit verbesserte sich, und im Laufe der Jahre wurde sie zu einer begeisterten Anhängerin des Yoga-Walking.

Die zehn besten Yogareihen
################
1. Yoga-Basisreihe
-----------------------

Heute ist ein Glückstag. Was du heute beginnst, wird langfristig gute Früchte tragen. Denke das Mantra: "Ich fließe positiv mit dem Leben. Ich gehe den Weg des Positiven. Ich lebe nach einem guten Plan der Gesundheit, des Glücks und der umfassenden Liebe. Ich lebe weise und ernte Gesundheit und dauerhaftes Glück."

Die Yoga-Basisreihe dauert etwa zwanzig Minuten. Du kannst sie aber auch kürzer oder länger machen. Entscheide, wieviel Zeit du jeden Tag in deinen Yogaweg investieren willst. Praktiziere die Yogareihe so, dass sie dir gut tut. Finde kreativ deinen Weg des effektiven Übens. Mache kleine Entspannungspausen zwischen den Übungen, wenn sie für dich hilfreich sind. In den Yogagruppen gibt es grundsätzlich nach jeder Übung eine kurze Pause. Zuhause entspanne ich mich normalerweise nur am Schluss einer Übungsreihe. Die Entspannung am Schluss ist wichtig, weil sich dort die meisten Verspannungen lösen und wir in einen guten Energiezustand kommen.

1.1. Radfahren = Das Radfahren ist eine beliebte Yogaübung in meinen Gruppen. Es stärkt die Bauchmuskeln. Es kräftigt die Hüft-, Knie- und Armgelenke. Es löst Verspannungen in den inneren Organen. Und es ist einfach auszuführen. Wir liegen auf dem Rücken auf unserer Yogamatte (Wolldecke). Wir heben den Kopf, die Arme und die Beine an. Wir bewegen die Arme und die Beine wie beim Radfahren (kreisend). Wir atmen tief und entspannt in den Bauch. Wir visualisieren ein großes Meer um uns herum und denken das Mantra "Meer". Wir verteilen mit den Armen und Beinen das Wasser um uns herum. Es ist, als ob wir wirklich in einem Meer baden.

1.2. Wirbelsäulendrehen = Wir legen uns in der Rückenlage ausgestreckt auf den Boden. Die Arme umfassen den Kopf. Wir drehen das Becken nach links und den Kopf nach rechts und umgekehrt. Dabei konzentrieren wir uns auf die Wirbelsäule. Wir drehen mehrmals sanft Wirbel für Wirbel bis an die Grenze, damit sich gut die Verspannungen in der Wirbelsäule lösen.

1.3. Kerze = Aus der Rückenlage strecken wir die Beine zum Himmel und stützen uns mit den Händen am Rücken ab. Wir bewegen die Beine wie beim Radfahren und verteilen dabei blaues Wasser um uns herum. Der Kopf dreht leicht nach links und rechts.

1.4. Schaukeln = Wir rollen sanft aus der Kerze in die Rückenlage ab und ziehen die Knie zur Brust. Wir umfassen unsere Beine und schaukeln entspannt seitlich hin und her. Es ist, als ob wir ein kleines Kind schaukeln.

1.5. Füße bewegen = Wir strecken die Beine aus, legen die Hände auf den Bauch und bewegen unsere Füße und Zehen. Wir konzentrieren uns auf die Füße und stoppen alle anderen Gedanken.

1.6. Arm-Beinheben = Wir drehen uns um auf den Bauch und heben den rechten Arm und das linke gestreckte Bein so weit wie möglich an. Danach heben wir den linken Arm und das rechte gestreckte Bein hoch. Das machen wir mehrmals und zählen dabei die Zahlen von 1 bis 20 im Körper.

1.7. Beckendrehen = Wir legen den Kopf in der Bauchlage entspannt auf die Hände und drehen mehrmals mit dem Atem das Becken nach links und nach rechts. Wir konzentrieren uns auf die Wirbelsäule und verdrehen Wirbel für Wirbel so weit wie möglich.

1.8. Füße bewegen = Wir bleiben entspannt in der Bauchlage. Der Kopf liegt auf den Händen. Wir konzentrieren uns auf die Füße und bewegen sie sanft auf unsere Art. Die Energie zieht in die Füße, und wir kommen in uns zur Ruhe.

1.9. Meditationssitz = Wir erheben uns in den Meditationssitz (Fersensitz, Schneidersitz) und legen die Hände in den Schoß (oder auf die Beine). Der Rücken ist gerade und der Bauch entspannt. Wir denken zwei Minuten mit dem Ein- und Ausatmen das Mantra "Om" in unserem Bauch. Wir zentrieren uns in uns selbst. Wir stoppen eine Minute alle Gedanken. Wenn Gedanken in unserem Geist auftauchen, schieben wir sie wieder weg.

1.10. Entspannung im Liegen = Wir legen uns bequem hin und stoppen wieder eine Minute alle Gedanken. Wir konzentrieren uns auf die Füße und bewegen sie sanft. Danach entspannen wir uns einige Minuten vollständig.

Das Wasser des Lebens
------------------------------

Es war einmal ein alter König, der war sehr krank. Die Ärzte erklärten, dass er nur wieder gesund werden könne, wenn er das Wasser des Lebens trinken würde. Der König hatte zwei Söhne und eine Tochter. Die Söhne waren zu egoistisch und zu faul, um sich auf eine langwierige und mühevolle Suche zu begeben. Sie hätten das Wasser des Lebens auch nicht finden können, weil sie nicht gut in Kontakt mit sich selbst waren. Sie lebten nur ihre körperlichen Bedürfnisse und konnten nicht begreifen, dass der Mensch hauptsächlich eine Seele hat und die Seele ist.

Nur die Tochter besaß Liebe und Weisheit. Sie war eine hochentwickelte Seele. Leider hatte sie nicht viel innere Kraft. Aber mit der Hilfe Gottes und seiner Geschöpfe würde sie ihr Ziel erreichen können. Sie hatte den festen Willen, ihren Vater zu retten und war bereit, dafür große Opfer zu bringen. Sie bat Gott um seinen Segen und machte sich auf den Weg.

Nach einigen Tagen traf sie eine alte Frau, die hatte nichts zu essen. Das Mädchen teilte ihren ganzen Proviant mit ihr. Darüber war die alte Frau so froh, dass sie dem Mädchen den Weg zum Wasser des Lebens zeigte. Die alte Frau war eine Wissende, eine weise Frau. Sie hatte die heiligen Bücher der Vorfahren genau studiert. Sie wusste, dass es in der Mitte der Welt einen großen Wald gab, in dessen Mitte sich ein tiefer Brunnen befand. In diesem Brunnen vermutete die alte Frau das Wasser des Lebens.

Das Mädchen brauchte einige Jahre, um bis zur Mitte der Welt zu gelangen. Sie war freundlich zu allen Wesen, und alle Wesen halfen ihr auf ihre Art auf dem langen Weg. Die Menschen gaben ihr Nahrung und Unterkunft. Die Rehe übertrugen ihr Liebe und Sanftmut. Die Mäuse wiesen sie darauf hin, sich ganz klein zu machen, das Ego aufzulösen, alle Dinge des Lebens anzunehmen und so positiv durch alle Schwierigkeiten hindurch zu fließen. Die Wildschweine schenkten ihr Mut und Tatkraft. Die Vögel sangen ihr schöne Lieder und brachten dadurch die Freude in ihr Herz.

Im Laufe der Jahre wurde das Mädchen zu einer Meisterin der fünf Eigenschaften Weisheit, Frieden, Liebe, Ausdauer und Lebensfreude. Sie entwickelte sich zu einer Meisterin des Lebens. Und genau in dem Moment, wo sie ausreichende Meisterschaft besaß, kam sie in dem großen Wald an. Dank ihrer inneren Fähigkeiten konnte sie sich durch den Wald hindurch kämpfen und bis zum tiefen Brunnen gelangen. Sie warf einen Schöpfeimer in den Brunnen und trank sich erst einmal selbst am Wasser des Lebens satt. Als sie vor Kraft, Frieden, Licht und Glückseligkeit strahlte, füllte sie die mitgebrachte Wasserflasche für ihren Vater.

Der Heimweg ging schnell und beschwingt. Ihre Liebe und Begeisterung trugen sie in kürzester Zeit zurück in das Schloss ihres Vaters. Aber es gab noch eine schwere Prüfung zu bestehen. Ihre Brüder schmeichelten sich bei ihr ein und wollten ihr das Wasser des Lebens entwenden. Sie wollten es selbst trinken und ein ewiges Leben in Gesundheit und Glück erhalten. Wenn das Wasser des Lebens in falsche Hände gerät, kann es aber zerstörerisch wirken. Wird es unweise benutzt, bringt es dem Besitzer Unglück. Wird es ohne Liebe verwendet, kann es die ganze Welt zerstören. Die egoistischen Brüder durften deshalb auf keinen Fall in den Besitz des Wassers des Lebens gelangen.

Zum Glück verrieten sie sich durch ihre Gier. Sie waren zu freundlich. Das Mädchen wurde mißtrauisch. Ihre innere Stimme warnte sie. Da sie gewohnt war, auf ihre innere Stimme zu hören, prüfte sie die Brüder. Sie stellte ihnen eine Flasche mit falschem Wasser hin und verbot ihnen, davon zu trinken. Ihrem Vater dagegen gab sie die richtige Flasche. Der alte König wurde wieder gesund und herrschte voller Weisheit und Liebe über sein Land. Die habgierigen Brüder besaßen keine Selbstbeherrschung und wurde entlarvt, als sie trotz des Verbotes die Flasche öffneten. Sie gewannen durch das Trinken des falschen Wassers keine energetische Macht und konnten aus dem Land gejagt werden.

Nach dem Tod des alten Königs erbte die Tochter den Thron. Sie pflegte jeden Tag in sich das Wasser des Lebens, regierte weise und brachte Glück und Fülle über das Land. Sie baute ein starkes Heer auf und schützte sich dadurch vor ihren Brüdern. Die Brüder versuchten mehrmals das Land anzugreifen. Aber wenn ihre Soldaten die gut geschulten Truppen der Königstochter sahen, ergriffen sie sofort die Flucht. So konnte die neue Königin dauerhaft den Frieden und Wohlstand in ihrem Land bewahren.

In der Welt gibt es das Gute und das Böse. Wenn man das Gute fördert und das Schlechte mit Weisheit kontrolliert, können einem Menschen innere und äußere Feinde nichts anhaben. So ein Mensch öffnet immer mehr seinen inneren Brunnen, die Kundalini-Energie. Wenn der Brunnen ganz geöffnet ist, kann er das Wasser des Lebens über seine Mitmenschen ausschütten. Er muss es aber mit Weisheit tun. Er muss die Richtigen fördern und die Falschen aussortieren oder ihnen zumindest das Wasser nur in der Dosierung verabreichen, die sie verkraften können, ohne sich und anderen zu schaden.

2. Yogareihe gegen Ängstlichkeit
----------------------------------------

Mit Kraft voran. Was sind deine Ziele? Wer ist dein Gegner (innerer oder äußerer Gegenspieler)? Wer sind deine

Helfer (geistige oder materielle Unterstützer)? Was ist dein Siegerweg? Auf welchem Weg kannst du deine Ziele erreichen? Sieh klar deine Gegner, verbinde dich mit deinen Helfern und lebe als Sieger. Wer einen festen Siegerwillen hat und klug seinen Weg geht, der siegt!

2.1. Hoch und runter im Wechsel = Wir knien uns auf unsere Yogadecke und strecken die Arme zum Himmel. Die Handflächen liegen aneinander. Dann beugen wir uns vor und legen in der Päckchenposition (im Fersensitz Oberkörper auf die Oberschenkel) die Stirn und die Hände auf den Boden. Diese Übung machen wir zwanzig mal und zählen dabei die Zahlen 1 bis 20 im Körper. Sie löst die Verspannungen im Bauch und gibt uns innere Kraft.

2.2. Vierfüßler= Wir gehen in den Vierfüßler (Hintern hoch, Knie und Hände auf dem Boden, Oberkörper waagerecht über dem Erdboden) und machen zwanzig Liegestütze. Wir denken die Zahlen von 1 bis 20 im Körper.

2.3 Bogen = Wir legen uns auf den Bauch und fassen die Füße an. Wir ziehen die Füße hinter dem Rücken sanft nach oben. Der Kopf beugt sich in den Nacken. Wir atmen entspannt in die Dehnung hinein.

2.4. Wut lösen= Wir drehen uns um auf den Rücken und setzen die Füße beim Hintern ab. Die Knie zeigen nach oben. Der Kopf liegt auf der Erde. Wir trommeln mit den Fäusten auf die Erde und stampfen dabei abwechselnd mit den Füßen auf den Boden. Wir lösen alle aufgestaute Wut. Auf wen oder was bist du heute wütend?

2.5. Beckenklopfen= Wir klopfen mit dem Becken schnell und kräftig auf den Boden. Wir heben beim Klopfen das Becken so weit an, dass auch die Verspannungen im Brustkorb gelöst werden. Es kann hilfreich sein, bei dieser Übung die Zehen zu bewegen.

2.6. Schulterbrücke= Wir legen die Arme in der Rückenlage um den Kopf herum und drücken das Becken so weit wie möglich nach oben. Die Schultern und der Kopf bleiben auf dem Boden. Wir machen Kreise mit dem Becken in der Luft links- und rechtsherum. Dabei visualisieren wir Wasser und denken das Mantra "Meer". Diese Übung löst die Verspannungen in den inneren Organen. Sie beruhigt und bringt uns schnell zum inneren Frieden.

2.7. Kerze = Wir strecken das Becken und die Füße nach oben zum Himmel. Wir stützen uns mit den Händen am Rücken ab. Wir bewegen die Füße und die Zehen. Wir atmen eine Minute entspannt in den Körper.

2.8. Meditationssitz = Wir rollen aus der Kerze in den Meditationssitz (Fersensitz, Schneidersitz). Wir bewegen eine Hand segnend in Höhe des Herzchakras und senden Licht a) zu unseren Freunden b) zu unseren Feinden c) zu uns selbst. Wir massieren das Licht in unseren Körper ein. Wir sagen uns einen positiven Satz, der uns Kraft für unseren Weg gibt. Was ist heute dein positiver Satz?

2.9. Zen-Meditation= Wir stoppen eine Minute alle Gedanken. Dann bleiben wir in der Meditation, die Gedanken können kommen und gehen, wie sie wollen. Wir lassen alle Gefühle von Wut, Angst und Trauer auftauchen, sich ausleben und sich selbst auflösen. Wir entspannen uns.

## Der Begründer des Hatha-Yoga

--------------------------------------

Der Begründer des Hatha-Yoga ist Goraksha. Er lebte vor etwa tausend Jahren als Yogi in Indien. Sein Meister war der Fischer Matsyendra. Er ist der eigentliche Entdecker des Hatha-Yoga. Beim Fischen langweilte er sich eines Tages. Er probierte verschiedene Sitzhaltungen aus. Dabei spürte er, dass bestimmte Haltungen ein inneres Wohlgefühl bewirkten. Er kombinierte intuitiv verschiedene Körperhaltungen miteinander und erreichte einen großen inneren Reinigungseffekt. Im Laufe der Zeit wurde sein inneres Glück immer größer, und er gelangte zur Erleuchtung.

In den Yogaschriften heißt es, dass Matsyendra den Hatha-Yoga als Fisch den Yoga-Göttern Shiva und Shakti (Parvati) bei einem Gespräch auf dem Meeresgrund abgelauscht habe. Der Fisch ist ein Symbol für den Kontakt zur eigenen intuitiven Weisheit. Matsyendra hat Shiva und Shakti in sich selbst gehört. Für uns bedeutet das, dass der Hatha-Yoga ein intuitives und kein dogmatisches spirituelles System ist. Jeder Mensch darf aus sich selbst heraus seinen eigenen optimalen Weg des Yogaübens entwickeln.

Matsyendra verließ sein Fischerdorf und ging in die Welt hinaus, um allen Menschen die wunderbare Entdeckung zu zeigen. In den Bergen traf er den jungen Kuhhirten Goraksha. Der Name Goraksha bedeutet "Beschützer der Kühe" (Go) vor bösen Geistern (Ängsten). Die Kuh ist ein Symbol der Liebe und der Mütterlichkeit.

Matsyendra erklärte Goraksha den Weg des Hatha-Yoga. Goraksha praktizierte intensiv und erreichte nach zwölf Jahren die Erleuchtung. Er spürte Liebe, Frieden und Glück in sich. Er beschloss, allen Menschen, die seine Lehre hören wollten, den Weg der spirituellen Selbstverwirklichung zu zeigen. Er reiste durch ganz Indien. Tausend

Jahre später kam der Hatha-Yoga dann durch Schüler von Goraksha in den Westen. Jetzt können auch wir uns an den positiven Wirkungen des Hatha-Yoga erfreuen.

3. Wut-Reihe
-----------------

Eine glückliche Welt wird es nur geben, wenn alle Menschen es lernen, in Weisheit, Liebe und Frieden miteinander zu leben. Das Hauptübungsfeld dafür ist die eigene Familie. Hier liegt zur Zeit viel im Argen. Das Fernsehen macht die Menschen egoistisch. Die Folgen sind ein ständiger Streit und Machtkampf in den westlichen Familien. Die Menschen im Westen müssen Liebe, Frieden und Weisheit lernen, damit sie in sich selbst glücklich werden und glückliche Beziehungen zu ihren Mitmenschen haben können.

3.1. Wut lösen= Wir legen uns auf den Rücken und setzen die Füße beim Hintern ab. Die Knie zeigen nach oben. Der Kopf liegt auf der Erde. Wir trommeln mit dem Fäusten auf die Erde und stampfen dabei abwechselnd mit den Füßen auf den Boden. Wir lösen alle aufgestaute Wut. Auf wen oder was bist du heute wütend?

3.2. Beckenklopfen= Wir klopfen mit dem Becken schnell und kräftig auf den Boden. Wir heben beim Klopfen das Becken so weit an, dass auch die Verspannungen im Brustkorb gelöst werden. Es kann hilfreich sein, bei dieser Übung die Zehen zu bewegen.

3.3. Arm-Beinheben = Wir heben in der Rückenlage das linke Bein und den rechten Arm an. Der Arm geht über den Kopf zum Boden. Das Gleiche machen wir mit dem rechten Bein und dem linken Arm. Wir bewegen Arme und Beine mit dem Atem und drehen dabei den Kopf hin und her.

3.4. Beineheben = Wir heben in der Rückenlage das rechte gestreckte Bein mit dem Ein- und Ausatmen so weit wie möglich an und legen es wieder ab. Das Gleiche machen wir mit dem linken Bein. Wir machen diese Übung mehrmals im Wechsel und kommen so langsam zur Ruhe.

3.5. Kerze = Wir strecken das Becken und die Füße nach oben zum Himmel. Wir stützen uns mit den Händen am Rücken ab. Wir bewegen die Füße und die Zehen. Wir atmen eine Minute entspannt in den Körper.

3.6. Schaukeln = Wir rollen aus der Kerze in die Rückenlage ab und ziehen die Knie zur Brust an. Wir umfassen die Beine und schaukeln uns sanft seitlich hin und her.

3.7. Wirbelsäulendrehen = Wir setzen uns in den Meditationssitz (Fersensitz, Schneidersitz). Wir drehen uns beim Sitzen in der geraden Wirbelsäule sanft so weit wie möglich nach rechts und nach links. Der Kopf dreht mit. Wir lösen die Verspannungen in der Wirbelsäule.

3.8. Segnende Hand = Wir bewegen eine Hand segnend in Höhe des Herzchakras und senden unseren Feinden (Gegner, Widersacher) Licht. Wer ist heute dein Feind (wer macht dich wütend)? Wir senden allen Wesen Licht und denken: "Ich sende Licht zu ... Mögen alle Wesen glücklich sein. Möge es eine glückliche Welt geben."

3.9. Zen-Meditation= Wir stoppen eine Minute alle Gedanken. Dann bleiben wir in der Meditation, die Gedanken können kommen und gehen, wie sie wollen. Wir lassen alle Gefühle von Wut, Angst und Trauer auftauchen, sich ausleben und sich selbst auflösen.

3.10. Entspannung = Wir entspannen uns im Liegen und denken dabei über unser Leben nach. Was sind die tieferen Ursachen deiner Wut? Was sind deine Lebensziele? Was ist dein Weg eines positiven Lebens? Welcher Gedanke macht deinen Geist positiv? "Mein positiver Satz ist heute...".

Die sexsüchtige Yogini
----------------------------

Maria war eine christliche Yogini. Sie lebte im 4. Jahrhundert nach Christus in der ägyptischen Wüste. Sie war eine schöne Frau. In ihren Jugend führte sie ein sehr weltliches Leben. Sie hatte Sex mit vielen Männern. Diese Lebensweise bewirkte eine starke Anhaftung an Männer und einen großen inneren Unfrieden. Maria sehnte sich nach innerer Hamonie. Sie wollte ihre Beziehungssucht gerne auflösen. Sie war auf der Suche nach einem tiefen dauerhaften Glück.

Im Alter von dreißig Jahren machte sie eine Pilgerfahrt nach Jerusalem und betete zur Mutter Maria. Plötzlich hörte sie eine Stimme, die zu ihr sprach: "Wenn du gerettet werden willst, musst du in der Wüste als Yogini leben."

Maria war eine konsequente Frau. Sie glaubte ihrer inneren Stimme. Sie überquerte den Jordan und baute sich abgeschieden von ihren Mitmenschen in der Wüste eine kleine Hütte. Dort lebte sie 47 Jahre als Yogini. Die ersten 17 Jahre fielen ihr sehr schwer, weil die Beziehungssehnsüchte stark an ihr zerrten. Aber dann brach sie ins Licht durch. Sie war aus sich selbst heraus glücklich und brauchte keine Beziehungen mehr.

Sie erklärte, dass sie als Yogini von drei Broten gelebt habe. Das erste Brot waren die täglichen Körperübungen (arbeiten, gehen, Yoga, meditieren). Das zweite Brot waren die täglichen geistigen Übungen (beten, lesen, Gedankenarbeit). Das dritte Brot war die tägliche Verbindung mit ihren erleuchteten Meistern (Jesus Christus und Mutter Maria). Alle drei Brote zusammen ließen sie auf ihrem spirituellen Weg siegen.

Am Ende ihres Lebens kam zufällig ein Priester vorbei. Er sah Maria vor ihrer Hütte sitzen und meditieren. Sie war vollständig in Licht eingehüllt. Sie hatte ihr Ziel erreicht.

## 4. Dehn-Yoga

------------------

Dehn-Yoga dient der Gelenkigkeit des Körpers. Durch die Dehnung, verbunden mit einer entspannten Konzentration auf den Körper, können gut die Verspannungen in den Muskeln gelöst werden.

4.1. Savasana = Wir liegen auf dem Rücken und strecken die Arme und Beine seitlich weit auseinander. Wir halten die Luft an, stoppen unsere Gedanken und bewegen die Füße. Wir greifen kräftig mit den Händen, um die Verspannungen in den Händen zu lösen. Wir machen die Übung mehrmals, bis unser Geist ganz zur Ruhe gekommen ist. Dann entspannen wir uns.

4.2. Radfahren = Wir heben den Kopf, die Arme und die Beine an. Wir bewegen die Arme und Beine wie beim Radfahren. Wir atmen tief in den Bauch. Wir visualisieren ein großes Meer um uns herum und denken das Mantra "Meer".

4.3. Kerze = Wir gehen in die Kerze, stützen uns mit den Händen am Rücken ab und bewegen die Füße. Wir konzentrieren uns auf den Körper und atmen entspannt eine Minute in den Körper hinein.

4.4. Zange = Wir rollen aus der Kerze in die Zange ab. Die Beine liegen nach vorne ausgestreckt auf dem Boden, die Hände umfassen die Füße, und wir ziehen den Kopf soweit wie möglich zu den Füßen. Wir dehnen uns im Bein-Beckenbereich. Die Knie können leicht angewinkelt sein. Wir bewegen die Füße wie beim Gehen sanft vor und zurück. Wir bestrahlen aus dem Kopf die Füße mit Licht und denken das Mantra "Licht".

4.5. Mahamudra = Wir bleiben in der Zange. Der Oberkörper richtet sich auf. Wir winkeln das rechte Bein seitlich ab. Das Knie liegt rechts auf dem Boden, und der rechte Fuß berührt das linke Bein. Wir fassen den linken Fuß mit der linken Hand, drehen uns in der Wirbelsäule nach rechts/oben und dehnen uns mit gerader Wirbelsäule leicht zum linken Bein. Wir drehen mehrmals den Kopf, hüllen dabei geistig den ganzen Körper mit Licht ein und denken das Mantra "Licht". Dann machen wir die gleiche Übung zur anderen Seite. Der linke Fuß berührt jetzt das rechte Bein, und wir fassen den rechten Fuß an.

4.6. Schmetterling = Wir ziehen im Meditationssitz die Füße an den Körper, legen die Fußsohlen aneinander, umfassen die Füße und bringen den Kopf zu den Füßen. Wir dehnen die Knie soweit wie möglich zum Boden und bewegen dann die Beine wie ein Schmetterling sanft auf und ab. Die gleiche Übung machen wir noch einmal mit einer geraden Wirbelsäule. Der Kopf zeigt jetzt nach oben. Wir denken die Zahlen von 1 bis 20 in den Beinen.

4.7. Wirbelsäulendrehen im Meditationssitz = Wir drehen uns mehrmals im Meditationssitz in der Wirbelsäule. Der Kopf dreht mit. Die Augen blicken nach links und rechts zum Horizont. Was sehen wir dort?

4.8. Segnende Hand = Wir bewegen im Meditationssitz segnend unsere Hand vor dem Herzchakra. Wir denken: "Ich sende Licht zu ... Mögen alle Wesen auf der Welt glücklich sein. Möge es eine glückliche Welt geben."

4.9. Muktasana = Die eine Ferse liegt vor dem Becken, der andere Fuß liegt davor. Das ist die optimale Meditationsfußhaltung. Der Rücken ist gerade, der Kopf aufrecht, der Bauch entspannt. Die Hände liegen auf den Knien. Wir lassen um den Körper, im Körper, in den Beinen und Füßen, in den Armen und Händen Licht kreisen. Wir denken dabei das Mantra "Licht". Dann legen wir die Hände in den Schoß und stoppen eine Minute alle Gedanken.

4.10. Entspannung im Liegen = Stelle dir eine große Wiese mit vielen bunten Blumen vor. Die Sonne scheint. Es ist Sommer. Alles ist gut, so wie es ist. Ein Schmetterling fliegt frei durch die Luft. Er lebt das Leben, die Freude und die Spontaneität. Er ist wie ein erleuchteter Meister. Er ruht im Frieden, im Licht, in Gott. Er entfaltet spontan und glücklich das genau zu ihm passende Leben.

Lebe heute dich selbst. Lebe von innen heraus. Lebe auf deine Art, so dass du dich wohl fühlst. Veranker dich in der Weisheit, Ruhe und Liebe. Und dann folge deinen spontanen inneren Impulsen. Frage dich immer wieder: "Wozu habe ich Lust? Was brauche ich jetzt?" Die Aufgabe für den heutigen Tag lautet genau dich selbst zu leben. Wer genau sich selbst lebt, findet zur Selbstverwirklichung. Er löst sein Ego auf und lebt frei in Gott.

Die Kuh, die alle Wünsche erfüllt
----------------------------------------

Es war einmal ein König, der hatte die Krankheit der Unzufriedenheit. Er war nie zufrieden. Kaum hatte er sich einen Wunsch erfüllt, entstand sofort ein neuer Wunsch in seinem Kopf. Der König war sehr reich, aber wegen seiner inneren Unruhe konnte er seinen Reichtum nicht wirklich genießen.

In seinem Königreich wohnte ein alter weiser Mann. Er hieß Vashishta und besaß eine Wunschkuh. Wenn man dieser Kuh einen Wunsch ins Ohr flüsterte, dann ging er in Erfüllung. Eines Tages hörte der König von der Wunschkuh und wollte sie sofort haben. Mit seinem Gefolge macht er sich auf zu Vashishta.

Der Weise empfing den König freundlich und fragte, was ihn zu einer so langen und beschwerlichen Reise in die Abgeschiedenheit der Berge veranlasst habe. Der König bat den Weisen, ihm die Wunschkuh zu verkaufen. Aber der Weise lachte ihn nur aus: "Diese Kuh kann man nur durch ein Leben als Yogi erlangen. Diese Kuh entsteht im erleuchteten Bewusstsein. Wer erleuchtet ist, der kann sich kraft seiner Gedanken alle Wünsche erfüllen. Er braucht nur etwas zu visualisieren, und schon verwirklicht es sich in der äußeren Welt. Diese Kuh kann man nicht kaufen. Man kann sie sich nur selbst erarbeiten."

Da der König die Wunschkuh unbedingt haben wollte, blieb ihm nichts anderes übrig, als ein Yogi zu werden. Er übergab sein Königreich seinen Ministern zur Verwaltung und baute sich neben dem Weisen Vashishta eine Yogihütte. Jeden Tag meditierte er von morgens bis abends. Er las in den heiligen Schriften, übte sich im Yoga und dachte Mantras. Wenn er auf seinem Yogaweg nicht weiterwusste, fragte er Vashishta um Rat.

Seine Minister schickten ihm regelmäßig etwas zu essen und im Winter Brennholz. Der König brauchte nicht zu hungern und zu frieren. Es ging ihm gut in seinem Leben als Yogi, obwohl er auf viele Dinge aus seinem weltlichen Leben verzichten musste. Der Verzicht fiel ihm am Anfang sehr schwer. Immer wenn ein weltlicher Wunsch in seinem Geist auftauchte, sagte der König sich, dass er für ein höheres Ziel jetzt ein Zeitlang darauf verzichten wollte. Das konnte sein Geist akzeptieren. Im Laufe der Zeit wurden seine weltlichen Wünsche immer kleiner.

So praktizierte der König viele Jahre als abgeschiedener Yogi. Eines Tages verwirklichte er das innere Glück. Da erkannte er, dass er nichts Äußeres mehr brauchte. Alle seine vielen Wünsche waren nur eine Ersatzbefriedigung für das Leben im Licht. Wer erleuchtet ist, der hat so viel Glück in sich, dass es durch äußere Genüsse nicht mehr zu steigern ist. Im Gegenteil verringern die äußeren Genüsse eher sein Glück, weil sie ihn aus dem inneren Glück herausfallen lassen.

Ein Erleuchteter lebt im inneren Frieden und im anhaftungslosen Sein. Daraus bildet sich das innere Glück. Ist der innere Frieden weg, weil ein Erleuchteter zu stark die weltlichen Genüsse lebt, verschwindet auch sein inneres Glück. Ein Erleuchteter muss im Schwerpunkt im anhaftungslosen Sein ruhen. Er kann etwas die weltlichen Genüsse leben, wenn er sich danach durch Yogaübungen wieder von den weltlichen Energien befreit.

Ein Erleuchteter kann sein inneres Glück durch den Weg der umfassenden Liebe vergrößern. Der König ging deshalb nach der Erleuchtung zurück in sein Königreich und diente seinem Volk als Karma-Yogi. Er besaß jetzt zwar die Wunschkuh. Was er sich wünschte, verwirklichte sich. Nur wünschte er sich nichts mehr. Er war mit dem zufrieden, was er hatte.

Seine Leute hatten zwar immer noch tausend Wünsche. Aber sie waren auch genauso unersättlich wie der König vor seiner Erleuchtung. Wenn der König alle ihre Wünsche erfüllt hätte, hätte er seine Leute immer stärker in die materielle Welt verstrickt. Er erfüllte deshalb ihre Wünsche, wenn diese sie auf dem spirituellen Weg voranbrachten und lehnte die Wunscherfüllung ab, wenn sie ihnen spirituell schadete.

Etwas äußerer Wohlstand war im Königreich erlaubt. Es wurden auch viele Feste gefeiert. Der König fand dank seiner Erleuchtung genau das richtige Maß zwischen weltlichem Genuß und spirituellem Üben und konnte sein Volk so erfolgreich ins Glück führen.

5. Mantra-Yoga
--------------------

Mantra-Yoga ist ein guter Weg, um innere Verspannungen aufzulösen. Mantra-Yoga besteht darin, sich zu entspannen, auf die einzelnen Yoga-Stellungen zu konzentrieren und dabei Mantras zu denken. Der Geist kommt gut zur Ruhe. Die Energie beginnt zu fließen.

Mantra-Yoga ist einer der wichtigsten Wege zur schnellen Erleuchtung. Wir dürfen das Mantra aber nie formal (ohne Gespür) verwenden. Das Geheimnis der Wirkung des Mantra-Yoga besteht in der sensiblen Verbindung eines Mantras mit einer geistigen Vorstellung (Visualisierung) und einer Yogastellung. Je mehr Gefühl in der Visualisierung liegt (emotionale Beteiligung), desto stärker wirkt das Mantra.

5.1. Savasana = Wir liegen auf dem Rücken und strecken die Arme und Beine seitlich weit auseinander. Wir halten die Luft an, stoppen unsere Gedanken und bewegen die Füße. Wir greifen kräftig mit den Händen, um die Verspannungen in den Händen zu lösen. Wir machen die Übung mehrmals, bis unser Geist ganz zur Ruhe gekommen ist. Dann entspannen wir uns.

5.2. Radfahren = Wir heben den Kopf, die Arme und die Beine an. Wir bewegen die Arme und Beine wie beim Radfahren. Wir atmen tief in den Bauch. Wir visualisieren ein großes Meer um uns herum und denken das Mantra "Meer".

5.3. Wirbelsäulendrehen = Wir legen uns in der Rückenlage ausgestreckt auf den Boden. Die Arme umfassen den Kopf. Wir drehen das Becken nach links und den Kopf nach rechts und umgekehrt. Dabei konzentrieren wir uns auf die Wirbelsäule. Wir drehen mehrmals sanft Wirbel für Wirbel bis an die Grenze, damit sich gut die Verspannungen in der Wirbelsäule lösen.

5.4. Kerze = Wir gehen in die Kerze, stützen uns mit den Händen am Rücken ab und bewegen die Füße. Wir konzentrieren uns auf den Körper und atmen entspannt eine Minute in den Körper hinein.

5.5. Schaukeln = Wir rollen aus der Kerze in die Rückenlage ab und ziehen die Knie zur Brust an. Wir umfassen die Beine und schaukeln uns sanft seitlich hin und her, als ob wir ein kleines Kind sind. Wir entspannen uns im Liegen.

5.6. Arm-Beinheben = Wir drehen uns um in die Bauchlage. Die Stirn ist auf dem Boden. Wir heben die Arme und die Beine mehrmals an und denken dabei die Zahlen von 1 bis 20 im Körper. Zuerst heben wir jeweils einen Arm und das entgegengesetzte Bein an . Dann heben wir Arme und Beine der jeweils gleichen Seite an.

5.7. Kopfaufstützen = Wir stützen in der Bauchlage den Kopf auf unsere Hände. Wir heben die Beine leicht an (die Knie sind über dem Boden) und pendeln mit den Füßen über dem Rücken hin und her. Wir konzentrieren uns (visualisieren) auf die Nieren (hinten am Rücken) und denken in den Nieren die Zahlen 1 bis 20. Dadurch lösen wir die Verspannungen in den Nieren.

5.8. Beckendrehen = Wir legen den Kopf auf die Hände und drehen das Becken mit dem Ein- und Ausatmen hin und her. Wir entspannen uns im Liegen.

5.9. Mantra-Meditation,= Wir setzen uns auf in den Meditationssitz. Wir denken mehrmals im Bauch das Mantra "Om", im Herzchakra das Mantra "Ja", im Kopf und in unserem ganzen Körper die Zahlen 1 bis 20. Dann stoppen wir eine Minute alle Gedanken. Wir entspannen uns.

5.10. Entspannung im Liegen = Wir legen uns in der Rückenlage hin. Wir bewegen nacheinander sanft alle Körperteile (Füße, Beine, Hände, Arme, Wirbelsäule, Kopf, ganzen Körper, Zehen). Wir entspannen uns.

Wir visualisieren über uns eine Sonne. Wir spüren ihr Licht und ihre Wärme auf unserer Haut. Wir hüllen uns mit Licht ein und füllen uns mit Licht. Dabei denken wir das Mantra "Licht". Wir senden Licht zu einem anderen Menschen und hüllen auch ihn mit Licht ein. Wir wünschen allen Wesen Glück. Dann entspannen wir uns vollständig.

## Der Schwarzmagier

In einer Stadt in Nordindien lebte ein böser Magier. Er besaß große spirituelle Kräfte und beherrschte damit seine Mitmenschen. Alle hatten Angst vor ihm und gaben ihm, was er wollte. Keiner wagte es, ihn auf sein böses Tun hinzuweisen. Keiner konnte seine Macht brechen. Der Magier war mit dem Maharaja (Fürst) seines Bezirks befreundet. Beide feierten oft ausschweifende Feste, bei denen es viel Alkohol und auch Drogen gab. Der weltliche und der spirituelle Machthaber des Bezirkes lebten in einer unheiligen Allianz zum Schaden der dortigen Bevölkerung.

Eines Tages jedoch ging der Maharaja auf Reisen und traf dabei den erleuchteten Meister Mahaprabhuji. Er war von Mahaprabhujis heiliger Ausstrahlung so beeindruckt, dass er sein Schüler wurde. Zuhause gab er sofort den Alkohol, die Drogen und das Fleischessen auf. Mahaprabhuji beschützte ihn mit seiner Energie vor dem Einfluss des Magiers.

Der Magier war wütend und wollte Mahaprabhuji mit seinen spirituellen Kräften vernichten. Um den Maharaja wieder in seine Gewalt zu bekommen, machte er sich auf den Weg zu Mahaprabhuji.

Unterwegs verletzte er sich schwer am Bein. Er hatte zwei Träume. In dem einen Traum sah er sich in der Hölle und litt unter großer Angst und großem Schmerz. In dem zweiten Traum sah er sich im Himmel. Seine Seele war voller Frieden, Liebe, Licht und Glück. Er genoß den ewigen Segen der befreiten Seelen.

Als er zu Mahaprabhuji kam, stellte er sich vor ihn hin und strahlte seine ganze negative Energie auf ihn. Doch Mahaprabhuji blieb völlig ruhig und unbeeindruckt. Die negativen Energien konnten ihm nichts anhaben. Er sagte zu dem Magier: "Das Licht ist stärker als die Dunkelheit. Es siegt durch die Liebe."

Der Magier wurde sich der spirituellen Größe Mahaprabhujis und seiner eigenen Schlechtigkeit bewußt. Ihm wurde klar, was die beiden Träume zu bedeuten hatten. Wenn er seinen Weg der schwarzen Magie weiter fortsetzen würde, würde er nach seinem Tod in die Hölle kommen. Wenn er dagegen vor Mahaprabhuji sein falsches Tun bereute und in Zukunft nur gute Dinge tun würde, würde er gerettet werden.

Er bat Mahaprabhuji um Verzeihung für seine Sünden. Er sei unwissend gewesen, und jetzt seien ihm die Augen für den wahren Weg geöffnet worden. Mahaprabhuji vergab dem Magier seine Schuld und nahm ihn als Schüler an. Er heilte das Bein des Magiers und übertrug ihm eine positive Lebensaufgabe.

## 6. Positiv Denken-Reihe

Yoga mit positiven Sätzen ist für viele Menschen sehr hilfreich. Wir können damit schnell negative Stimmungen überwinden und in eine positive Lebenssicht gelangen.

6.1. Gehen = Wir gehen auf der Stelle, bewegen die Arme wie bei der Dampflokomotive, drehen uns um uns selbst, visualisieren Licht um uns herum und denken: "Ich gehe den Weg des Positiven."

6.2. Windmühle = Wir grätschen die Beine auseinander, beugen uns in der Windmühle vor, drehen uns in der Wirbelsäule und denken: "Meine Ziele sind ...". Welche Ziele möchtest du in deinem Leben erreichen? Zähle drei Ziele auf.

6.3. Frosch = Wir beugen uns aus dem Stand mit dem Oberkörper vor. Wir stützen uns mit den Händen auf dem Boden ab und bewegen den Hintern nach unten in die Hocke und wieder nach oben in die Vorbeuge. Der Kopf geht dabei nach oben und wieder herunter zur Erde. Wir praktizieren mehrmals den Frosch und denken: "Ich habe Kraft und Ausdauer."

6.4. Arm-Beinheben = Wir legen uns auf den Bauch. Wir heben den linken Arm und das rechte gestreckte Bein an. Wir senken beides wieder ab und heben den rechten Arm und das linke Bein an. Das machen wir mehrmals. Beim entgegengesetzten Armbeinheben denken wir: "Ich nehme die Dinge so an, wie sie sind." Was willst du heute annehmen?

6.5. Oberkörperheben = Wir liegen auf dem Bauch, stützen die Hände seitlich auf den Boden und drücken mehrmals den Oberkörper hoch und runter. Das ist eine einfache Form des Liegestützes, bei der das Becken auf dem Boden bleibt. Beim Ein- und Ausatmen denken wir: "Ich lasse meine falschen Wünsche los." Was möchtest du heute loslassen?

6.6. Beckendrehen = In der Bauchlage drehen wir entspannt das Becken hin und her. Der Kopf liegt auf den Händen. Wir denken: "Ich bin traurig, weil ... ". Was ist heute dein Grund der Trauer?

6.7. Füßebewegen = Wir bewegen in der Bauchlage sanft die Füße und denken: "Ich verzeihe ... (Ich verzeihe meinem Partner/Eltern, dass er/sie .... Ich verzeihe dem Kosmos/Gott, dass mein Leben so schwer ist. Ich verzeihe mir, dass ich ...)". Wem möchtest du heute was verzeihen? Denken deine Worte so lange, bis in dir ein Gefühl der Trauer, des Loslassens und des Verzeihens entsteht.

6.8. Radfahren = Wir drehen uns auf den Rücken, heben den Kopf und fahren mit Armen und Beinen Rad. Dabei denken wir: "Ich gehe den Weg des Positiven. Mein positiver Satz ist heute ... ". Welcher Satz gibt dir Lebenskraft und Lebensmut? Was macht deinen Geist positiv? Denke an das Schöne im Leben. Was ist das Gute in deinem Leben?

6.9. Kerze = Wir strecken die Beine zum Himmel und stützen uns mit den Händen am Rücken ab. Wir visualisieren den Himmel, bewegen die Füße und denken mehrmals das Mantra "Himmel", bis die Energie des Himmels in uns hineinfließt.

6.10. Meditationssitz = Wir rollen aus der Kerze ab in den Meditationssitz (Schneidersitz, Fersensitz). Wir legen die Hände in den Schoß. Der Rücken ist gerade und der Bauch entspannt. Wir bewegen segnend eine Hand und senden allen Feinden und Schwierigkeiten Licht. Wir hüllen sie mit Licht ein und denken: "Ich sende Licht zu ... Ich gehe den Weg des inneren Glücks. Ich bin unabhängig von allen äußeren Dingen. Ich konzentriere mich auf meine Ziele. Die Aufgabe in meinem Leben ist ... . Mögen alle Wesen glücklich sein. Möge es eine glückliche Welt geben." Wir stoppen eine Minute alle Gedanken und entspannen uns.

## Der schlechte Meister und der gute Schüler

Es war einmal ein Yogi, der gelangte nach jahrzehntelanger intensiver Meditation zur Erleuchtung. Leider hatte er nur viel meditiert und nicht seinen Geist positiv geschult. Er hatte nicht die fünf Eigenschaften Weisheit, umfassende Liebe, Genügsamkeit in äußeren Dingen, Gleichmut bei Leid und Selbstdisziplin auf dem spirituellen Weg geübt. Er hatte nicht jeden Tag die heiligen Bücher studiert und einen Geist der Weisheit und des Sanftmutes entwickelt. Insbesondere hatte er nicht das Yoga-Sutra des Yogabegründers Patanjali gelesen. Er kannte nicht die zehn Yogagrundsätze und hielt sich auch nicht daran.

Die zehn obersten Gebote für jeden Hatha-Yogi sind: 1. nicht töten (Ahimsa, Gewaltlosigkeit) 2. nicht lügen (Satya, Wahrhaftigkeit) 3. nicht stehlen und betrügen (Asteya, Ehrlichkeit) 4. nicht nach äußerem Reichtum streben (Aparigraha, Anhaftungslosigkeit) 5. keine unklare Sexualität (Brahmacharya, auf das Wesentliche konzentrieren) 6. das spirituelle Ziel verehren (Gott, das Licht, das spirituelle Vorbild, die umfassende Liebe) 7. Selbstdisziplin (die täglichen Übungen) 8. Studium (Lesen, Meister-Yoga) 9. Reinheit und Heiligkeit (Verspannungen auflösen, inneres Glück) 10. Zufriedenheit (mit sich und seinem Weg).

Der Zustand der Erleuchtung befindet sich in einer Dimension über der materiellen Welt. Er befindet sich über der Einteilung aller Dinge in gut und schlecht, richtig und falsch. Der Geist eines Erleuchteten wird vor der Erleuchtung auf eine bestimmte Wesensart festgelegt. Nach der Erleuchtung bleibt diese Wesensart bestehen. Ein Erleuchteter empfindet alles im Kosmos als richtig, so wie es ist, also auch sich und seine Persönlichkeit mit allen Fehlern. Er lebt im großen Sein.

Ein erleuchteter Geist ist zwar voller Glück. Er hat deshalb eine Neigung zum Guten. Bei nicht vollkommen erleuchteten Menschen können aber auch nach der Erleuchtung noch viele negative Eigenschaften weiter bestehen. Und so war es bei unserem Yogi. Er wurde leicht wütend. Er war stolz auf seine Erleuchtung. Er täuschte Wunder vor, die er gar nicht tun konnte. Er haftete an äußerem Reichtum und an der Sexualität an. Er hatte kein Problem damit, zu lügen und zu betrügen.

Nach seiner Erleuchtung beschloss er, wieder in die Welt der Menschen zurück zu kehren. Er wollte gerne reich sein, eine schöne Frau besitzen und von seinen Mitmenschen verehrt werden. Zuerst versuchte es der Yogi mit ehrlicher Arbeit. Er musste feststellen, dass ehrliche Arbeit auf die Dauer ziemlich anstrengend sein kann und wenig Lohn einbringt.

Da er erleuchtet war, probierte er es danach, als spiritueller Lehrer zu leben und auf eine leichte Weise zu Ruhm und Reichtum zu kommen. Am Anfang ging auch alles gut. Durch seine starke Energie kamen viele Menschen zu ihm. Er gab ihnen Mantras und verlangte dafür eine hohe Einweihungsgebühr. Wenn ihm seine weiblichen Schülerinnen gefielen, schlief er mit ihnen. Er diente nicht seinen Schülern, sondern sie mussten ihm dienen. Er führte sie nicht zur Selbstverwirklichung, sondern machte sie abhängig von sich selbst.

Einige Menschen waren neidisch und stellten ihn zur Rede. Sie wiesen genüsslich auf seine Fehler als spiritueller Lehrer hin. Der Yogi versuchte, sich zu rechtfertigen und verstrickte sich dabei in ein Netz aus Lügen. Daraufhin wurde er mit Schimpf und Schande davon gejagt. Nirgends konnte er sich mehr sehen lassen. Überall galt er als abschreckendes Beispiel eines schlechten Gurus.

Traurig zog sich der Guru wieder in seinen Yogiwald zurück. Die Menschen wollten ihn nicht. Also lebte er allein. Aber einen jungen Mann gab es, der an ihn glaubte. Er sah vorwiegend das Gute in seinem Guru. Dessen Fehler störten ihn nicht. Er lernte von seinem Meister die guten Dinge, und die schlechten Dinge übernahm er nicht.

Der junge Mann zog mit seinem Guru in die Einsamkeit und praktizierte viele Jahre mit ihm zusammen Yoga und Meditation. Er erbettelte für seinen Meister Essen im Dorf, da die Leute dem Meister selbst nichts geben wollten. Den jungen Mann aber mochten sie, weil er eine gute Seele war.

Nach zehn Jahren gelangte der junge Mann ebenfalls zur Erleuchtung. Da er seine guten Eigenschaften gepflegt hatte, wurde er ein guter Erleuchteter. Als er zurück in die Welt der Menschen kehrte, wurde er sofort von allen geliebt. Die kleinen Fehler, die auch er hatte, übersahen sie. Seine Schüler akzeptierten alle berechtigte Kritik, verbesserten das ihnen Mögliche und betonten das Positive an ihrem Meister. Sie pflegten eine Kultur der positiven Kritik, und die Kritiker konnten ihnen nichts anhaben.

Der junge Mann strebte nicht nach Reichtum und wurde reich und berühmt. Was er von seinem Reichtum für sich und seine Schüler brauchte, behielt er. Mit dem restlichen Geld unterstützte er Hilfsprojekte in seinem Land. Viele Menschen kamen zu ihm, um von seiner Weisheit zu lernen und ein glückliches Leben zu führen.

Von einem schlechten Apfelbaum kann ein guter Apfel fallen. Ein schlechter Meister kann auch gute Schüler hervorbringen. Es gibt im Yoga gute und schlechte Meister. Wenn wir uns in der umfassenden Liebe und in der eigenen Weisheit verankern, verlaufen wir uns nicht auf dem spirituellen Weg. Selbst bei schlechten Meistern und in fehlerbehafteten spirituellen Gruppen wachsen wir ins Licht.

Wobei es natürlich besser ist, zu guten Lehrern und zu positiven spirituellen Organisationen zu gehen. Wir sollten zuerst unseren Meister und seine Lehre gut prüfen. Dann sollten wir vertrauensvoll von ihm lernen, unseren eigenen positiven Weg finden und vor allem mit Ausdauer auf unserem Weg der Weisheit bleiben.

## 7. Lach-Yoga

Nimm die Dinge nicht zu ernst. Konzentriere dich auf die witzigen Seiten des Lebens. Gehe gelassen und heiter durch den Tag. Praktiziere Lach-Yoga, lies in einem heiteren Buch und sieh einen humorvollen Film. Triff dich mit fröhlichen Menschen. Pflege das Lachen.

Lachen ist gesund. Früher waren die Menschen äußerlich viel ärmer als heute. Aber sie lachten dreimal so viel. An dem großen Verlust des Lachens kann man gut den Glücksverlust der heutigen Menschen erkennen. Kehren wir den Trend um, wenigstens bei uns selbst, in unseren Familien und unseren Gruppen. Was bringt dich heute zum Lachen: "Mein heutiger Witz ist ... ".

7.1. Händeklatschen = Wir klatschen mit den Händen vor dem Herzchakra. Wir konzentrieren uns auf den Bauch und lachen "Hoho". Wir konzentrieren uns auf den Brustkorb und lachen "Haha". Als Drittes wechseln wir beständig zwischen dem Bauch und dem Brustkorb hin und her und rufen: "Hoho, Haha, Hoho ...

7.2. Körperteile = Wir legen die Hände auf den Kopf und lachen im Kopf "Hihihi." So reinigen wir den Kopf von Verspannungen. Danach legen wir die Hände auf den Brustkorb und rufen "Hahaha". Wir legen die Hände auf den Bauch und brüllen "Hohoho". Wir konzentrieren uns auf die Beine, trampeln mit den Füßen auf die Erde: "Huhuhu."

7.3. Lachwelle = Wir beugen uns mit dem Oberkörper zur Erde. Die Hände zeigen nach unten. Wir richten uns langsam auf. Die Hände gehen zum Himmel. Dabei heulen wir wie eine Sirene:"Hahahaha." Wir machen die Lachwelle mehrmals. Wir verbinden durch unser Lachen Himmel und Erde miteinander.

7.4. Begrüßungslachen = Wir sehen in der Gruppe nacheinander alle Leute an, halten den Blickkontakt und lachen sie an, bis alle Menschen in der Gruppe fröhlich sind. Zuhause können wir uns selbst begrüßen, indem wir in den Spiegel sehen. Dann gibt es immer etwas zu lachen.
Nils jedenfalls hat einige Wochen lang jeden Tag in den Spiegel gesehen und dann lauthals über sich gelacht und über sein verrücktes Leben als abgeschiedener Yogi in der westlichen Konsumwelt.

7.5. Hände zum Himmel = Wir strecken die Hände zum Himmel und lachen aus dem Brustkorb heraus eine Minute "Hahaha."

7.6. Glücks-Mantra = Wir denken das Mantra: "Mögen alle Wesen glücklich sein. Möge es eine lachende Welt geben." Dabei stellen wir uns alle Menschen auf der Welt als lachende Buddhas, glückstrunkene Götter oder heitere Heilige vor. Om Dalai Lama, Patrul Rinpoche, Hotei (der dicke chinesische Buddha), Jesus und Anandamayi Ma (die lachende Yogini).

7.7. Om-Singen = Zum Abschluss unseres Lach-Yoga singen wir einige Zeit das Mantra "Om". Wir singen uns auf unsere Art in unserer Tonlage. Wir spüren in welchem Körperbereich unser Om am besten schwingt. Wir singen das Om so lange, bis wir in der Ruhe sind. Dann gehen wir optimistisch durch unser Leben. Es gibt keinen Grund zur Sorge.

## Der dümmste Priester

Jean-Baptiste-Marie Vianney lebte von 1786 bis 1859 in Frankreich. Er war der dümmste Priester seiner Zeit und zugleich der Erfolgreichste. Er wurde 1725 vom Pabst heilig gesprochen und 1929 zum Patron aller Pfarrer der Erde ernannt. Seine Eltern waren einfache Bauern. Bereits als Kind spielte er gerne "Kirche". Sein größter Wunsch war es, Priester zu werden. Doch es gab ein Problem. Seine Intelligenz reichte dazu nicht aus.

Aber Gott sah vor allem sein gutes Herz und weniger seinen schwachen Verstand. Und so fand sich ein Weg. Ein befreundeter Pfarrer unterrichtete ihn. Die französische Revolution hatte zu einem großen Priestermangel geführt. Man erließ ihm deshalb die Prüfung in Latein. Er bestand das Examen knapp beim zweiten Anlauf. Vianney sagte später von sich: "Wenn Gott einen unwürdigeren Priester als mich gefunden hätte, dann hätte er diesen ausgewählt, um die Größe seines Erbarmens zu zeigen."

Vianney empfand sich als den Dorftrottel unter seinen Priesterkollegen. Und das war seine große Stärke. Seine tiefe Bescheidenheit, verbunden mit einer großen Liebe zu seinen Mitmenschen, machte ihn zu einem Heiligen. Er sah sich als Nichts und gelangte dadurch in die Einheit des Kosmos. Er liebte alle und wurde dadurch irgendwann auch von allen geliebt.

Aufgrund seiner geringen Fähigkeiten wurde ihm die kleinste und unbedeutendste Gemeinde in Frankreich zugewiesen. Das kleine Bauerndorf hieß Ars. Auf Deutsch können wir es als "Arsch der Welt" bezeichnen. Die Menschen dort waren vollkommen weltlich eingestellt. Das Wirtshaus war voll, und die Kirche war leer.

Vianney änderte die Dinge. Er hatte eine große Vision. Er wollte, dass alle Menschen aus seiner Gemeinde nach ihrem Tod in den Himmel kommen: "Im Himmel werden wir glücklich sein. Welch ein Schmerz, wenn einer von uns nicht dabei wäre!" Er kümmerte sich um seine Leute, besuchte sie oft und half den Bedürftigen.

Er praktizierte seinen Glauben ernsthaft und radikal. Er betete beständig, fastete viel und lebte ansonsten nur für seine Mitmenschen. Durch seine spirituellen Übungen brach er nach einigen Jahren zur Erleuchtung durch.

Die Menschen spürten seine heilige Ausstrahlung. Der ganze Ort wurde von einer spirituellen Begeisterung erfasst. Die Kirche war ab jetzt immer voll. Aus ganz Frankreich kamen Menschen, um seine Predigten zu hören und von ihm Ratschläge zu bekommen. Er war kein guter Redner. Aber seine Worte kamen direkt aus der Wahrheit Gottes und berührten die Menschen im Innersten ihrer Seele.

Als Beichtvater wurde er zu einem erfolgreichen Therapeuten. Ihn interessierten weniger die Sünden seiner Mitmenschen als die Frage, wie er ihn helfen konnte. Als erleuchteter Meister konnte er die Gedanken seiner Klienten lesen und ihre Vergangenheit und Zukunft erahnen. Daraus entwickelte er dann intuitiv ein effektives Therapieprogramm.

Er brauchte oft nur ein Wort zu sagen und änderte dadurch die Menschen von Grund an. Einem Beichtenden erklärte er: "Ich weine, weil du nicht weinst." Und er löste dadurch die blockierte Trauer. Zu einem anderen sprach er nur die beiden Worte: "Wie schade." Und er brachte ihn dadurch zu einem tiefen Nachdenken über sich und sein Leben.

## 8. Meditations-Yoga

Meditations-Yoga ist langsam und ruhig. Durch die Atemübungen laden wir uns mit Energie auf. Durch den Gedankenstopp bringen wir unseren Geist zur Ruhe. Wir gehen nacheinander in verschiedene Yoga-Stellungen , verharren ruhig in den Stellungen und meditieren eine Zeitlang auf die jeweilige Yoga-Haltung (1 bis 3 Minuten). Wir spüren, wie sich durch jede Yoga-Haltung ein bestimmtes Energiefeld (Aurafeld) um den Körper herum bildet. Durch das Erzeugen bestimmter Energiefelder reinigen wir unseren Körper und unseren Geist von Verspannungen.

Es ist beim Meditations-Yoga hilfreich, wenn wir die Energie spüren können. Aber auch ohne Energiegespür können wir durch den Meditations-Yoga sehr gut unseren Geist schnell zur Ruhe bringen. Die verschiedenen Yoga-Stellungen aktivieren unsere Chakren (inneren Energiekanäle) und laden uns mit guter Energie (Kundalini-Energie, Glücksenergie) auf. Wir machen nach Bedarf Pausen zwischen den einzelnen Yoga-Übungen.

8.1. Ein-Beinheben = Wir liegen auf dem Rücken und heben eine Minute das gestreckte rechte Bein an. Wir konzentrieren uns entspannt auf das Bein. Die Zehen sind zum Kopf angezogen. Der Kopf liegt auf dem Boden. Wir setzen ab und heben das linke gestreckte Bein so weit wie möglich an. Die Zehen zeigen zum Kopf. Wir meditieren eine Minute auf das rechte Bein. Die Arme liegen entspannt neben dem Körper.

8.2. Zwei-Beineheben = Wir strecken eine Minute beide Beine in der Rückenlage nach oben. Die Zehen zeigen zum Kopf. Der Kopf ist zu den Füßen hin angehoben. Wir senden einen Lichtstrahl aus den Zehen zum Kopf. Wir atmen entspannt in den Bauch. Wir meditieren auf die Körperhaltung.

8.3. Kerze = Wir gehen in die Kerze, strecken beide Beine zum Himmel und stützen uns mit den Händen am Rücken ab. Wir atmen eine Minute entspannt in den Körper hinein.

8.4. Füße bewegen = Wir rollen aus der Kerze wieder in die Rückenlage ab, strecken die Beine aus, bewegen sanft die Füße und legen die Hände auf den Bauch. Wir konzentrieren uns eine Minute auf unseren Bauch.

8.5. Kobra = Wir drehen uns auf den Bauch und heben den Oberkörper mit den Rückenmuskeln eine Minute so weit wie möglich an. Der Kopf zeigt nach hinten, die Hände liegen seitlich vom Körper auf dem Boden. Wir atmen entspannt in die Kobra hinein. Wir senden aus dem Kopf einen Lichtstrahl den Rücken herunter und denken "Licht".

8.6. Heuschrecke = Wir legen den Kopf ab und heben das rechte gestreckte Bein eine Minute soweit wie möglich an. Wir meditieren auf das Bein. Wir heben das linke gestreckte Bein eine Minute an und konzentrieren uns entspannt darauf.

8.7. Einfacher Bogen = Wir heben wie in der Kobra den Oberkörper an und strecken den Kopf nach hinten. Die Hände liegen seitlich vom Körper auf dem Boden. Zusätzlich heben wir jetzt beide Beine an und bringen die Füße so nah wie möglich zum Hinterkopf. Wir atmen entspannt in den Bauch und halten den Bogen eine Minute. Wir senden aus den Füßen einen Lichtstrahl zum Kopf und denken das Mantra "Licht".

8.8. Beckendrehen = Wir legen den Kopf in der Bauchlage auf die Hände und drehen mehrmals mit dem Atem das Becken nach links und nach rechts. Wir konzentrieren uns auf die Wirbelsäule und verdrehen Wirbel für Wirbel so weit wie möglich.

8.9. Sternkreisen = Wir erheben uns in den Meditationssitz (Fersensitz, Schneidersitz) und legen die Hände in den Schoß (oder auf die Beine). Der Rücken ist gerade, und der Bauch ist entspannt. Wir visualisieren unter uns in der Erde einen kleinen Stern (Lichtpunkt). Der Stern kreist überall in der Erde und reinigt dadurch unser Wurzelchakra. Wir denken das Wort "Stern". Anschließend lassen wir den Stern noch im Himmel, um unseren Körper und in unserem Körper kreisen. Wenn der Stern in unserem Körper kreist, reiben wir zusätzlich mit einer Hand kreisend unseren Bauch. Wir stoppen eine Minute alle Gedanken und entspannen wir uns.

8.10. Entspannung = Wir legen uns bequem hin, konzentrieren uns auf die Füße, bewegen eine Minute sanft die Füße und die Zehen, und entspannen uns dann vollständig.

## Die Hunde-Yogini

Es war einmal eine Frau, die wollte gerne das innere Glück verwirklichen. Sie sehnte sich danach, dauerhaft im Licht und in der umfassenden Liebe zu leben. Sie hatte ein starkes Verlangen, nach ihrem Tod ins Paradies (in eine Energiedimension des großen Glücks) aufzusteigen. Es gab nur ein Problem. Die Frau mochte nicht gerne alleine sein. Um zur Erleuchtung zu kommen, musste sie aber viele Jahre in der Abgeschiedenheit leben.

Wer schnell das innere Glück erreichen will, der braucht normalerweise viel Ruhe, einen spirituellen Tagesplan und einen Weg der umfassenden Liebe. Diese drei Dinge garantieren ein schnelles Wachstum ins Licht. Es gibt Menschen, die gleichzeitig in der Welt leben und das innere Glück verwirklichen können. Aber für manche Menschen ist ein Leben als abgeschiedener Yogi notwendig, es sei denn, sie wollen den langsamen Weg über viele Leben gehen. Und das wollte die Frau nicht. Sie wollte die Erleuchtung sofort und noch in diesem Leben.

Die Frau löste ihr Problem, indem sie sich einen Hund kaufte. Mit dem Hund zusammen zog sie in eine abgelegene Hütte im Wald. Der Hund gab ihr jeden Tag Liebe, Anregung und Lebensfreude. Zweimal am Tag ging sie eine Stunde mit ihm spazieren. Wenn sie Yoga machte oder meditierte, lag der Hund friedlich neben ihr. So war sie nie einsam. Der Hund bewachte ihr Haus und beschützte sie vor aufdringlichen Männern. Die Menschen nannten sie die Hunde-Yogini.

Sie praktizierte viele Jahre zusammen mit dem Hund ihren Yogaweg. Sie ging sorgsam mit sich um und gab sich jeden Tag die Lebensfreude, die sie brauchte. Sie spielte viel mit ihrem Hund und hatte einen guten Kontakt zu einigen anderen Hundebesitzern.

Der Hund war ein positives Zentrum in ihrem Leben. Er gab ihr die Möglichkeit, ausreichend die Liebe in ihrem Leben zu leben. Da sie auch im Zusammenleben mit ihrem Hund das für ihr spirituelles Wachstum richtige Verhältnis von Ruhe und Aktivität fand, gelangte sie nach zwölf Jahren auf eine leichte Art zur Erleuchtung.

Sie machte aus ihrem Haus ein Heim für verlassene Hunde. Sie nahm viele Hunde auf, die von ihren Besitzern ausgesetzt oder schlecht behandelt worden waren. Sie ermöglichte ihnen ein glückliches Hundeleben und lehrte sie die Eigenschaften Disziplin, Gehorsam, Friedfertigkeit und Liebe.

Zwischen den Hunden und der Yogini entstand ein starkes energetisches Band aus Liebe. Als die Yogini starb, konnte sie durch dieses energetische Band alle ihre Hunde zu sich ins Paradies ziehen.

## 9. Totenstellung

Im Yoga wird gelehrt, dass man sein Leben aus der Perspektive des Todestages betrachten sollte. Dann entsteht Weisheit. Daraus ergibt sich die Kraft zu einem weisen Leben. Die christlichen Wüstenväter erklärten: "Wer an seinen Tod denkt, hat stets die Kraft zu einem positiven Leben."

Was möchtest du bei deinem Tod über dein Leben sagen? Wie würdest du aus der Perspektive deiner letzten Minuten dein Leben gestalten? Was wäre für dich dann wichtig? Bedenke, dass du alle äußeren Dinge zurücklassen musst. Du kannst nur die positiven und negativen Eigenschaften deines Bewusstseins mit in die geistige Welt nehmen. Dein inneres Glück oder Unglück folgt dir, dein äußeres Glück nicht.

9.1. Radfahren = Wir liegen auf dem Rücken. Wir heben den Kopf, die Arme und die Beine an. Wir bewegen die Arme und die Beine wie beim Radfahren. Wir atmen tief und entspannt in den Bauch. Wir visualisieren ein großes Meer um uns herum und denken das Mantra "Meer". Wir verteilen mit den Armen und Beinen das Wasser um uns herum. Es ist, als ob wir wirklich im Meer baden.

9.2. Boot = Wir strecken in der Rückenlage die Arme und Beine zum Himmel. Wir kreisen mit den Händen und Füßen in den Fuß- und Handgelenken und greifen mit den Fingern und Zehen. Der Kopf ist angehoben. Diese Übung darf anstrengend sein. Wir machen sie so lange, bis wir an unsere Grenze kommen. Wenn wir die Muskeln ausreichend auspowern, lösen sich alle Verspannungen im Körper.

9.3. Wirbelsäulendrehen = Wir legen die Beine ausgestreckt auf den Boden. Die Arme umfassen den Kopf. Wir drehen das Becken nach links und den Kopf nach rechts und umgekehrt. Dabei konzentrieren wir uns auf die Wirbelsäule. Wir drehen mehrmals sanft Wirbel für Wirbel bis an die Grenze, damit sich gut die Verspannungen in der Wirbelsäule lösen.

9.4. Kerze = Aus der Rückenlage strecken wir die Beine zum Himmel und stützen uns mit den Händen am Rücken ab. Wir bewegen die Beine wie beim Radfahren und verteilen dabei blaues Wasser um uns herum. Der Kopf dreht leicht nach links und rechts.

9.5. Schaukeln = Wir rollen sanft aus der Kerze in die Rückenlage ab und ziehen die Knie zur Brust. Wir umfassen unsere Beine und schaukeln entspannt seitlich hin und her. Es ist, als ob wir ein kleines Kind schaukeln.

9.6. Arm-Beinheben = Wir drehen uns um auf den Bauch und heben den rechten Arm und das linke gestreckte Bein so weit wie möglich an. Danach heben wir den linken Arm und das rechte gestreckte Bein hoch. Das machen wir mehrmals und zählen dabei die Zahlen von 1-20 im Körper.

9.7. Oberkörperheben = Wir stützen uns in der Bauchlage mit den Händen seitlich ab und drücken den Oberkörper mehrmals hoch und runter. Das Becken bleibt auf dem Boden. Der Kopf geht in den Nacken und mit der Stirn zum Boden. Wir denken im Brustkorb das Mantra "Ja". Wir lösen die Verspannungen im Brustkorb und kräftigen die Armmuskeln.

9.8. Beckendrehen = Wir legen den Kopf in der Bauchlage entspannt auf die Hände und drehen mehrmals mit dem Atem das Becken nach links und nach rechts. Wir konzentrieren uns auf die Wirbelsäule und verdrehen Wirbel für Wirbel so weit wie möglich.

9.9. Meditationssitz = Wir erheben uns in den Meditationssitz (Fersensitz, Schneidersitz) und legen die Hände in den Schoß (oder auf die Beine). Der Rücken ist gerade und der Bauch entspannt. Wir stoppen ein bis vier

Minuten alle Gedanken. Wenn Gedanken in unserem Geist auftauchen, schieben wir sie wieder weg. Wir bringen unseren Geist ganz zur Ruhe. Dann entspannen wir uns eine Minute.

1.10. Totenstellung = Wir legen uns auf den Rücken und stecken Arme und Beine seitlich gegrätscht aus. Wir halten zweimal so lange wie möglich die Luft an, stoppen alle Gedanken und bewegen die Hände und die Füße. Wir konzentrieren uns auf unseren Körper.

Danach entspannen wir uns einige Minuten. Jetzt lösen sich alle durch die Yogaübungen angesprochenen inneren Verspannungen. Es können Kälte- und Wärmegefühle auftreten. Unser Atem kann sich verändern. Es kann innere Unruhe oder Wohlgefühl entstehen. Wir bleiben so lange liegen, bis alle inneren Erscheinungen wieder abgeklungen sind.

## Der alte Weber

In Indien lebte einmal ein alter Mann, der hieß Tantipa. Von Beruf war er ein Weber gewesen. Er hatte viele schöne Teppiche und Tücher in seinem Leben gewebt. Aber jetzt im Alter waren seine Hände steif geworden. Er konnte seinen Beruf nicht mehr ausüben. Ihm fehlte jetzt eine Aufgabe.

Tantipa saß einsam in seiner Hütte. Seine Frau war vor einigen Jahren gestorben. Sein Beruf und seine Frau waren sein Lebenssinn gewesen. Er hatte zwar Kinder, aber die Kinder gingen ihre eigenen Wege und wollten nichts mehr von ihm wissen. Das Einzige, was sie für ihren alten Vater taten, war, ihm jeden Tag etwas zu essen zu bringen. Äußerlich hatte Tantipa genug zum Leben, und innerlich langweilte er sich. So lebte Tantipa viele Jahre traurig vor sich hin. Lauthals beklagte er sein grausames Schicksal.

Da kam eines Tages ein Yogi vorbei und hörte Tantipa klagen. Er sprach zu ihm: "Du bist ein Dummkopf. Du siehst den großen Schatz in deinem Leben nicht. Du könntest gut als Yogi leben und dein inneres Glück entwickeln. Durch deine täglichen Yoga-Übungen könntest du ein sinnerfülltes Alter erhalten. Statt die große Chance zu nutzen, die dir ein gütiges Schicksal gegeben hat, verbringst du deine Tage damit zu jammern und dein Leid immer weiter zu vergrößern."

Tantipa wußte, dass es das innere Glück gibt. Das Lebensideal des Hinduismus besteht darin, in der Jugend fleißig zu lernen, als Erwachsener einen guten Beruf zu ergreifen, eine Familie zu gründen, und am Ende seines Lebens als Yogi zur Erleuchtung zu gelangen. Tantipa begriff, dass der Yogi recht hatte. Er fragte den Yogi nach den zu ihm passenden Übungen, entwickelte einen guten Tagesplan und begann sofort mit einer intensiven spirituellen Praxis.

In seinem Beruf als Weber war Tantipa sehr fleißig gewesen. Er hatte sein Leben lang Fleiß und Ausdauer trainiert. Diese Eigenschaften brachten ihn jetzt auf seinem Yogaweg schnell voran. Tantipa praktizierte jeden Tag fleißig Lesen, Gehen, Gedankenarbeit, Yoga und Meditation. Und er erreichte nach zwölf Jahren die Erleuchtung. Alle inneren Verspannungen lösten sich auf, und seine Kundalini-Energie begann zu fließen. In ihm und um ihn herum war eine starke Erleuchtungsenergie.

Sein Körper war voller Kraft und sein Geist voller Glück. Er strahlte Liebe und Licht aus. Alle Leute kamen, um ihn zu sehen, seine Weisheit zu hören und etwas von seiner guten Energie abzubekommen. Tantipa gab gerne und wurde dadurch noch glücklicher. Er hatte nie mehr Langeweile. Nach seinem Tod stieg er ins Paradies auf und freut sich dort über sein gut genutztes Erdenleben.

## 10. Kreativ-Yoga

Kreativ-Yoga beginnt mit einer Anrufung der erleuchteten Meister. Wir konzentrieren uns auf die innere Stimme und fragen uns, welche spirituellen Übungen wir jetzt brauchen. Entwickle heute kreativ deine eigene Yoga-Reihe. Wozu hast du Lust? Was tut dir gut? Wie löst du am besten deine inneren Verspannungen und bringst dich in eine gute Energie?

10.1. Meister-Yoga = Wir setzen uns in unseren Meditationssitz (Schneidersitz, Fersensitz, Stuhl), reiben die Handflächen vor dem Herzchakra und denken: "Om ... (Name des persönlichen Vorbildes). Om alle erleuchteten Meister. Ich bitte um Führung und Hilfe auf meinem Weg."

10.2. Glückliche Welt = Wir reiben mit den Füßen (erst rechts, dann links) oder Händen die Erde und denken: "Ich sende Licht zu ... Mögen alle Wesen glücklich sein. Möge es eine glückliche Welt geben."

10.3. Om Kosmos = Wir machen große Kreise mit den Armen, visualisieren den Kosmos voller Sterne und denken: "Om Kosmos. Ich nehme die Dinge so an, wie sie sind. Ich fließe positiv mit dem Leben."

10.4. Innere Stimme = Wir strecken eine Hand (einen Finger) seitlich neben dem Kopf zum Himmel, bewegen die Zehen und denken: "Ich gehe mit innerem Gespür meinen Weg. Meine innere Weisheit sagt heute ...". Wie ist deine Situation? Was sind deine Ziele? Was ist dein Siegerweg?

10.5. Kreativ-Yoga = Welche spirituellen Übungen brauchst du jetzt? Yoga im Stehen, Sitzen oder Liegen? Meditieren? Laufen, Radfahren oder Gehen? In einem spirituellen Buch lesen? Mit welchem Vorbild möchtest du dich heute geistig verbinden? Welches Vorbild stärkt dich auf deinem spirituellen Weg? Visualisiere dein Vorbild und denke den Namen so lange als Mantra, bis du die Energie deines Vorbildes in dir spürst.

Die schwarze Göttin Kali mit dem Schwert opfert kraftvoll ihr Ego (Ängste und Anhaftungen). Die Blumengöttin Lakshmi (Tara, Kuan Yin) genießt ihr inneres Glück und gibt ihren spirituellen Reichtum an ihre Mitmenschen weiter.

## Die Prinzessin Lakshmi

----------------------------

Vor etwa tausend Jahren lebte in Indien eine schöne Prinzessin. Man nannte sie Lakshmi, die Göttin des Glücks. Lakshmi war eine sanfte und liebevolle junge Frau. Gemäß der Tradition im damaligen Indien wurde sie von ihren Eltern mit dem Sohn eines befreundeten Königs verheiratet. Mit großem Gefolge reiste die Prinzessin daraufhin zu ihrem zukünftigen Ehegatten.

Als sie die Tore der Stadt erreichte, kam der Sohn des Königs gerade von der Jagd. Er war ein rauher Geselle. Er war umgeben von wilden Kriegern. Am Sattel seines Pferdes hingen getötete Tiere. Als die Prinzessin ihren Bräutigam sah, war sie entsetzt. So einen groben und unspirituellen Menschen wollte sie nicht heiraten. Sie wartete die Nacht ab, schlich sich aus dem Palast und versteckte sich in einer Höhle im Wald. Freundliche Menschen gaben ihr etwas zu essen.

Lakshmi hatte jetzt plötzlich viel Zeit. Vorher war sie beständig beschäftigt. Als Prinzessin musste sie alle heiligen Texte auswendig lernen, täglich religiöse Rituale praktizieren und viele oberflächliche Feste feiern. In der abgeschiedenen Höhle im Wald war es sehr ruhig. Dank ihrer spirituellen Ausbildung wußte die Prinzessin aber, was man in einem solchen Fall tut. Man nutzt sein Leben für die spirituelle Selbstverwirklichung.

Die Prinzessin Lakshmi verbrachte ihre Zeit mit Yoga und Meditation. Sie entwickelte kreativ ihren optimalen Weg des spirituellen Übens. Nach sieben Jahren erwachte ihre Kundalini-Energie. Sie brach zur Erleuchtung durch. Sie lebte im Licht und strahlte Licht aus. Sie war jetzt zu einer echten Göttin des Glücks geworden.

Das merkten die Menschen um sie herum. Viele Frauen aus den umliegenden Dörfern kamen regelmäßig und besuchten sie. Lakshmi verbrachte ihr Leben glücklich in Gott und im großen Geben. Und auch hierbei war sie sehr kreativ. Sie fand für jeden ihrer Besucher kreativ einen Weg, wie sie ihm am besten spirituell helfen konnte.

Dem Prinzen war klar, dass sie vor der Hochzeit mit ihm geflüchtet war. Er erklärte die Prinzessin für verrückt und heiratete eine andere Frau. Mit ihr konnte er sein weltliches Leben gut fortsetzen. Sie war genauso wie er und glaubte an das große Glück durch die weltlichen Genüsse. Insofern war es auch für den Prinzen glücklich, dass aus der Hochzeit mit Lakshmi nichts wurde. Mit seiner neuen Frau konnte er den Weg gehen, der für ihn richtig war. Der Prinz machte deshalb auch keinen Versuch, Lakshmi zu finden.

Eines Tages verirrte sich aber der Vater des Prinzen, der alte König, auf der Jagd in dem Wald und entdeckte Lakshmi in ihrer Höhle. Er erkannte sofort, dass sie zur Erleuchtung gelangt war. Er beugte sich vor ihr nieder und bat sie um eine Belehrung. Lakshmi sprach: "Das Leben in der Welt ist überwiegend Leid. Dauerhaft glücklich ist nur der Erleuchtete. Jeder weise Mensch sollte als Yogi leben, wenn es ihm möglich ist." Der König nahm sich die Worte zu Herzen, dankte ab und wurde auch ein Yogi.

# Die zehn besten Übungen im Sitzen

######################

## 1. Büro-Yoga

-----------------

Der heutige Berufsalltag ist geprägt von viel Stress und Überforderung. Der Büro-Yoga hilft uns auch im Beruf unsere Gesundheit und unser inneres Glück zu bewahren.

1.1. Wir falten die Hände zusammen, drehen die Handflächen nach oben und strecken uns genußvoll. Wir lassen die Hände über dem Kopf und atmen mehrmals tief ein und aus.

1.2. Wir dehnen uns zur rechten und zur linken Körperseite. Wir halten die Hände weiter über dem Kopf und atmen mehrmals in die jeweilige Außenseite unseres Körpers hinein.

1.3. Wir drehen uns in der geraden Wirbelsäule mehrmals nach rechts und links.

1.4. Wir legen die Hände auf die Schultern und machen dynamische Kreise mit den Ellenbogen. Wir lösen die Verspannungen in den Schultern und im Nacken. Wir spüren, welche Bewegung wir brauchen und was uns gut tut. Wir machen kleine und große Kreise.

1.5. Wir legen die Hände auf die Beine. Wir dehnen den Kopf nach hinten, zur rechten Seite, zur linken Seite und lassen ihn nach vorne hängen. Wir atmen mehrmals entspannt ein und aus.

1.6. Wir reiben die Augen und das Gesicht, damit wir wieder klar sehen können. Wir visualisieren eine Heilfarbe und massieren sie vom Kopf bis zu den Füßen in den Körper ein. Dabei beugen wir uns ganz vor und reiben auch die Erde. Wir denken den Namen der Farbe als Mantra: "Orange, blau, gold, rosa ...". Was ist heute deine Heilfarbe?

1.7. Wir legen die Hände in den Schoß und denken das Mantra: "Ich bin ein Buddha (eine Göttin) der Ruhe. Ich lebe in der Ruhe. Ich gehe den Weg der Ruhe." Dann bewegen wir segnend eine Hand und senden allen Wesen Licht: "Ich sende Licht zu ... Mögen alle Wesen glücklich sein. Möge es eine glückliche Welt geben."

1.8. Wir reiben mit unseren Füßen die Erde, visualisieren uns als Baum und denken das Mantra: "Wurzeln, Baumstamm, Blätter, Krone." Wir lassen die Wurzeln tief in die Erde wachsen und denken das Mantra so lange, bis wir gut in der Erde verwurzelt sind. Ein kleiner Vogel kommt geflogen, setzt sich auf den Baum und gibt uns einen positiven Satz. Wie sieht dein Vogel aus? Was sagt er dir heute? "Mit Optimismus voran. Du wirst siegen! Das Licht ist mit dir."

## Camaripa, der Schuster

Camaripa war ein Schuster. Er und seine Frau mussten von morgens bis abends arbeiten, um ihren Lebensunterhalt zu verdienen. Nach vielen Jahren täglicher Mühe hatte Camaripa keine Lust mehr zu seinem Leben als Berufstätiger. Er sehnte sich nach einem ruhigen, entspannten und glücklichen Leben.

Da kam ein Yogi vorbei und bat ihn um eine kleine Spende. Camaripa gab ihm Geld, damit der Yogi sich etwas zu essen kaufen konnte. Dabei fragte er ihn, ob er einen Yoga-Weg kenne, den er mit seiner Frau gehen könne. Der Yogi riet Camaripa, seinen Beruf zu seinem spirituellen Weg zu machen.

Da Camaripa seine Familie und sich ernähren musste, konnte er nicht als freier Yogi leben. Er konnte aber die Freiräume in seinem Beruf nutzen, um sein inneres Glück zu entwickeln. Äußerlich sollte er so weiter leben wie bisher. Aber innerlich sollten seine Frau und er als Yogis leben.

Camaripa fragte, wie er das machen sollte. Der Yogi antwortete, dass er als erstes seine Lebensziele neu definieren müsse. Ein normaler Mensch arbeitet für das Ego. Er arbeitet für den Genuss, seine Sicherheit, seine Familie, für weltlichen Reichtum, Karriere und Anerkennung. Auf diesem Weg verstärkt er sein Ego, verspannt sich immer mehr durch den allgemeinen Lebensstress und verbraucht im Laufe seines Lebens seine innere Energie.

Ein spiritueller Mensch arbeitet für sein inneres Glück und die Liebe auf der Welt. Er sorgt gut für seinen Körper und seine Gesundheit. Aber sein Geist ist hauptsächlich mit dem Glück seiner Mitmenschen beschäftigt. Dadurch löst sich das Ego auf, und der Yogi wächst immer weiter ins Licht.

Camaripa und seine Frau übten sich von jetzt an von morgens bis abends im positiven Denken. Sie begannen den Tag mit einem Gebet zu ihrem spirituellen Meister und einer positiven Tageseinstellung. Sie beendeten den Tag mit einem Gebet und einer Meditation. Tagsüber machten sie so viele kleine Pausen, dass ihr Geist nicht in Stress geriet. Sie bauten geschickt so viele spirituelle Übungen in ihren Alltag ein, dass ihre Verspannungen immer weniger wurden.

Sie lebten im Schwerpunkt als Karma-Yogis für das Ziel einer glücklichen Welt. Sie arbeiten aus der Ruhe und der

Liebe heraus. Nach zwölf Jahren erwachte ihre Kundalini-Energie und erfüllte sie mit Licht. Jetzt hatten sie so viel Kraft, dass sich ihre Arbeit fast von alleine tat. Ihr Körper arbeitete, der Geist dachte und die Seele ruhte im Glück. Sie lebten in der Einheit von Ruhe und Liebe, von Meditation und Aktion. Arbeit ist Glück, wenn sie aus der Ruhe und der Liebe heraus geschieht.

## 2. Mitgefühl

In jedem Leben gibt es Leid. Leid gehört zum Leben dazu. Selbst wenn wir sehr weise leben, können wir das Leid manchmal nicht vermeiden. Was wir aber vermeiden können, ist, uns innerlich bei äußerem Leid zu verspannen. Die Verspannungen sind das Hauptproblem. Sie können uns körperlich krank machen, seelisch schädigen und sogar zu Depressionen führen.

Verspannungen können bewirken, dass wir innerlich an äußerem Leid zerbrechen. Ohne Verspannungen können wir uns nach jedem Leid meistens schnell erholen. Sogar wenn das äußere Leid andauert, können wir durch Yoga-Übungen inneren Frieden, umfassende Liebe und seelisches Wohlbefinden erreichen.

Vor inneren Verspannungen können wir uns schützen, wenn wir in Leidsituationen negative Gedanken vermeiden (Gedankenstopp, Mantras, Meister-Anrufung), uns auf positive Gedanken konzentrieren (positive Sätze bilden, spirituelle Bücher lesen), das Leid geistig verarbeiten (nachdenken, sich auf den tieferen Sinn des Lebens besinnen), Yoga machen, spazierengehen, meditieren und viele schöne Dinge tun. Wir sollten unsere Priorität auf die Verarbeitung der Probleme und auf die positive Neuorientierung legen.

Indem wir uns mit dem Leid unserer Mitwesen verbinden, lernen wir, mit unserem eigenen Leid umzugehen und es anzunehmen. Indem wir das Leid unserer Mitwesen nicht verdrängen, sondern voll Mitgefühl an sie denken und ihnen energetisch helfen, heilen wir uns selbst durch die Energie der Liebe.

2.1. Ausstrecken = Wir falten die Hände zusammen, drehen die Handflächen nach oben und strecken uns genussvoll. Wir lassen die Hände über dem Kopf und atmen mehrmals tief ein und aus. Wir dehnen uns zur rechten und zur linken Körperseite. Wir halten die Hände weiter über dem Kopf und atmen mehrmals in die jeweilige Außenseite unseres Körpers hinein.

2.2. Wirbelsäulendrehen = Wir drehen uns in der geraden Wirbelsäule mehrmals nach rechts und links. Der Kopf dreht mit. Wir blicken zum Horizont. Was können wir uns dort geistig vorstellen? Eine Sonne, eine Linie, entfernte Länder? Wie können wir am besten unser kosmisches Bewusstsein öffnen?

2.3. Schulternkreisen = Wir kreisen auf unsere Art mit den Schultern. Wir lösen die Verspannungen in den Schultern und im Nacken. Wir spüren, welche Bewegungen wir brauchen und was uns gut tut.

2.4. Kopfmassage = Wir massieren das Gesicht und den Kopf. Wir visualisieren dabei eine schöne Heilfarbe und denken den Namen als Mantra. Wir legen die Hände auf die Augen/Nase/Ohren/Mund, bewegen die Zehen und denken mehrmals die Zahlen von 1 bis 20 im Kopf, bis sich alle Verspannungen gelöst haben, wir im Bauch ruhen und unser Kopf wieder frei ist.

2.5. Leid bewusst machen= Wir legen die Hände in den Schoß, bewegen die Zehen und denken das Mantra: "Ich verbinde mich mit dem Leid auf der Welt." Wir visualisieren ein leidendes Wesen, dessen Leid uns gerade emotional berührt. Dieses Wesen kann ein leidender Freund, ein Tier, ein Mensch aus unserer Nachbarschaft oder ein Mensch aus den Nachrichten sein.

2.6. Leid abgeben= Wir reiben abwechselnd rechts und links mit den Füßen die Erde und denken: "Ich gebe das Leid an die Erde (an Gott) weiter." Wir spüren die Erde und visualisieren die ganze Erdkugel unter uns. Wir konzentrieren uns beim Mantra vollständig auf die Erde unter uns. Wir denken das Mantra so lange, bis alles Leid durch uns hindurch geflossen ist und wir es vollständig an die Erde (oder an Gott) abgegeben haben.

2.7. An etwas Schönes denken = Auf der Welt gibt es neben dem Leid auch immer das Schöne. Unser Leid darf bei uns nicht zu einer verzerrten Realitätssicht führen, sonst geraten wir aus dem inneren Gleichgewicht. Wir machen uns deshalb jetzt die Existenz des Schönen bewusst. Wir reiben die Hände vor dem Herzchakra und denken mehrmals: "Das Schöne auf der Welt ist ...". Wir ergänzen den Satz auf unsere Art.

2.8. Kraft entstehen lassen= Wir besinnen uns auf unseren spirituellen Weg. Nur der spirituelle Weg kann uns letztlich vor dem Leid schützen. Wenn wir jeden Tag konsequent unsere spirituellen Übungen machen (positives Denken üben, in einem spirituellen Buch lesen, meditieren), entsteht ein großes Potential an Kraft und Frieden in uns. Wir sind in der Lage, unser Leben zu meistern und das Positive zu entwickeln. Wir reiben die Hände waagerecht vor dem Unterbauch und denken mehrmals: "Ich bin eine Meisterin (Meister) des Lebens. Ich meister mein Leben. Mein Weg der Lebensmeisterung ist heute ..."

2.9. In der Wahrheit leben= Wenn wir uns als Teil im Gesamtsystem des Kosmos begreifen, können wir unsere Ich-Wichtigkeit loslassen. Wir können alles Geschehen, von einer höheren Ebene aus gesehen, als richtig erkennen. Wenn wir diese Sichtweise konsequent üben, erfahren wir uns als geborgen in der großen Ordnung der Natur, in den Gesetzen des Lebens, in der Einheit des Kosmos, in Gott.

Wenn wir ein Leben in der Wahrheit und in der Richtigkeit führen, gelangen wir eines Tages zu dem Bewusstsein der Einheit des Kosmos. Es entstehen innere Entspannung und inneres Glück. In uns wächst die Zuversicht. Wir spüren die Allgegenwart des Positiven. Wir machen große Kreise mit den Armen, visualisieren den ganzen Kosmos und denken: "Ich lebe in der Wahrheit, in der Einheit des Kosmos und im Licht. Ich gehe den Weg des Positiven."

2.10. Gedankenstopp= Wir bewegen die Füße. Wir stoppen eine Minute unsere Gedanken. Dann entspannen wir uns.

## Der lachende Zen-Meister

Wir sollten das Lachen nicht vergessen. Das Lachen gehört zum Yogaweg dazu. Wer im Glück ruht, lacht gerne. Wer erleuchtet ist, hat das Lachen in sich. Bei einem Buddha entsteht das Lachen spontan aus seinem Bauch heraus. Dazu bedarf es keiner großen Anlässe. Ein Buddha kann auch über kleine Witze lachen. Er hat deshalb beständig etwas zu lachen, weil das Leben voller kleiner Witze ist.

Es war einmal ein Zen-Meister, der meditierte alleine hoch oben auf einem Berg. Plötzlich brach der Mond hinter den Wolken hervor. Der Zen-Meister lachte darüber so laut, dass die Menschen unten im Tal es hören konnten. Sie nannten ihn den lachenden Zen-Meister.

Als der kleine Yogi Nils 2006 ein Sommertreffen mit seinen Leuten veranstaltete, waren alle sehr traurig, weil eine Frau schwer an Krebs erkrankt war. Ihr Leben neigte sich dem Ende zu. Sie starb kurze Zeit später. An allen vier Abenden lehrte Nils deshalb den Lach-Yoga. Sie lachten in diesem Sommer so viel, dass alle ihr Leid vergaßen. Sie transformierten sich durch das Lachen ins Licht. Sie erhoben sich durch das regelmäßige Lachen über das Leid des Lebens.

Übe jeden Tag das Lachen. Mach Lach-Yoga, lies in einem heiteren Buch, triff fröhliche Menschen, sieh einen heiteren Film im Fernsehen. Entdecke den Humor im Kosmos. Gott hat in jedem Tag einen Witz versteckt. Praktiziere Lachen als Weg zur Erleuchtung. Was ist heute der Witz in deinem Leben? Über was kannst du heute lachen?

## 3. Yoga-Tiger

In meinen Yoga-Gruppen sehnen sich viele Menschen nach mehr Kraft. Um innere Kraft zu erhalten, ist es wichtig, regelmäßig Sport (Gehen, Laufen, Radfahren, Schwimmen) zu treiben. Wir müssen ausreichende Entspannungszeiten (Pausen, Yoga, Meditation) in unseren Alltag einbauen. Auch geistige Techniken (positives Denken, Lesen, Vorsatzbildung) können uns helfen, innere Kraft zu entwickeln. Eine beliebte und wirksame Technik ist die Arbeit mit Krafttieren.

3.1. Gorilla = Wir sitzen auf einem Stuhl im Fersensitz oder im Schneidersitz. Wir ballen unsere Hände zu Fäusten und trommeln damit wie ein Gorilla auf unserem Brustkorb. Wir rufen wie ein wütender Gorilla: "Uaahh!" Wir sind der Gorilla. Wir haben ganz viel Kraft in uns. Wir könnten jetzt alle Bäume im Urwald ausreißen. Wir sehen uns als Sieger. Wir beklopfen den ganzen Körper mit unseren Händen und erwecken so unsere innere Energie.

3.2. Wirbelsäulendrehen = Wir atmen in die Wirbelsäule und drehen uns mehrmals so weit wie möglich nach links und rechts. Wir stützen uns dabei mit den Händen am Körper ab. Wir verdrehen Wirbel für Wirbel so weit wie möglich und bringen dadurch die Kundalini-Energie in der Wirbelsäule zum Fließen. Der Kopf dreht mit und blickt nach links und recht zum Horizont. Wir denken dabei das Mantra: "Ja".

3.3. Tiger = Wir beugen uns nach vorne und stützen uns mit den Händen vor uns ab. Die Hände sind weit auseinander. Wir machen zwanzig Liegestütze aus der Vorbeuge und denken die Zahlen von 1 bis 20 als Mantra. Wir gehen mit dem Oberkörper nach unten und wieder nach oben. Wir beugen uns im ständigen Wechsel nach links (zur linken Hand), in die Mitte (zwischen den Händen) und nach rechts (zur rechten Hand). Wir können die Liegestütze dynamisch (schnell) oder mit dem Atem (langsam) machen.

3.4. Löwe = Wir stützen uns mit den Händen auf den Knien (oder auf dem Boden) ab. Wir machen den Rücken gerade, ziehen den Kopf in den Nacken und brüllen unseren Siegersatz. Was sind deine Ziele? Was ist dein Siegerweg? Was ist dein heutiger Siegersatz? Denke ihn mehrmals als Mantra, und die Kraft des Sieger-Tigers ist mit dir: "Meine Ziele sind ... Mein Siegersatz ist ...".

3.5. Gebet = Wir legen die Hände vor dem Herzchakra zusammen, visualisieren über uns unseren erleuchteten Meister: "Om ... (Buddha, Shiva, Jesus, Name des persönlichen Meisters/Vorbildes). Om alle erleuchteten Meister. Ich bitte um Führung und Hilfe auf meinem Weg."

3.6. Hahn = Wir drücken uns mehrmals mit den Händen vom Boden ab. Wir visualisieren ein großes Meer um uns herum und bewegen den Hintern im Meer auf und ab. Wir denken das Mantra "Meer". Der Hahn reinigt das Wurzelchakra.

3.7. Segnende Hand = Wir bewegen eine Hand segnend vor unserem Herzchakra und senden allen Wesen Licht: "Ich sende Licht zu ... Mögen alle Wesen glücklich sein. Möge es eine glückliche Welt geben."

3.8. Meditation = Dein Weg ist im Moment schwer. Du siegst mit einem klaren Siegerwillen. Was sind deine Ziele? Was sind dein innerer Gegner (Schwäche, Unklarheit) und dein äußerer Gegner (Hindernisse, Schwierigkeiten, Probleme)?

Was ist dein Siegerweg? Bitte die erleuchteten Meister um Führung und Hilfe. Und dann gehe mit Entschlossenheit, Klugheit und Ausdauer voran. Du wirst siegen. Sieh dich stark. Lebe deine Visionen. Was ist dein Siegersatz (Siegermantra, Schlachtruf)? Wir denken eine Minute unseren Siegersatz als Mantra. Dabei bewegen wir die Füße. Wir stoppen eine Minute alle Gedanken. Dann entspannen wir uns.

## Der starke Krieger

Es war einmal ein starker Krieger, der fragte seinen Meister nach dem schnellsten Weg zur Erleuchtung. Der Meister antwortete: "Der schnellste Weg ist der spirituelle Weg, den ein Mensch persönlich erfolgreich gehen kann. Da du große innere Kraft besitzt, kannst du durch den Weg des ununterbrochenen Gehens das innere Glück verwirklichen."

Der Meister wies den Krieger an, 21 Tage und Nächte pausenlos um eine große Shivastatue herumzugehen und dabei immer das Mantra: "Om Nama Shivaya" (Ich verbinde mich mit Shiva. Ich bitte Shiva um seine Energie) zu denken.

Am zwanzigsten Tag spürte der Krieger eine große innere Erschöpfung. Aber er ging eisern weiter und bat Shiva um seine Hilfe. Am einundzwanzigsten Tag hatte er die Vision einer großen Schlange, die in seinen Körper floss. Daraufhin erwachte seine Kundalini-Energie. Seine Kraft war wieder da. Er war jetzt selbst Shiva.

Shiva bedeutet: der "Gütige". Shiva hat kein Ego. Er sieht sich in seinen Mitwesen. Er hilft ihnen, wenn sie ihn darum bitten. Das innere Glück hatte die Güte im Krieger erweckt und aus ihm einen guten Menschen, einen Shiva der umfassenden Liebe, gemacht. Er benutzte seine Kraft jetzt nicht mehr dazu, andere Menschen zu töten, sondern um den Frieden und das Glück auf der Erde zu vergrößern.

## 4. Blasebalg-Atmung

Mit der Blasebalgatmung können wir uns schnell mit Energie (Prana) aufladen. Immer wenn wir Ruhe, Kraft und Positivität brauchen, machen wir fünf Minuten diese Übungsreihe.

4.1. Blasebalgatmung = Wir legen eine Hand auf den Bauch und finden unsere optimale Form des schnellen Atmens mit den Bauchmuskeln. Die Blasebalgatmung ist eine Bauchatmung. Wir bewegen die Luft mit den Bauchmuskeln aus unserem Körper heraus und wieder hinein. Der Atemimpuls geht nicht wie gewohnt von der Lunge (Zwergfell) aus, sondern von den Bauchmuskeln. Wir bewegen aktiv die Bauchmuskeln in den Bauch rein und wieder heraus. Wir atmen durch den Mund.

Die Atemgeschwindigkeit ist bei der Blasebalgatmung erhöht. Dadurch ergibt sich ein Problem. Wenn wir schnell und tief atmen, nehmen wir zu viel Sauerstoff auf. Dann wird uns schwindlig. Wir müssen eher flach atmen, damit wir viel Energie (Licht) und wenig Sauerstoff aufnehmen. Finde bei der Blasebalgatmung als erstes deine persönlich optimale Atemtiefe und als zweites die für dich richtige Atemgeschwindigkeit.

4.2. Wechselatmung = Wir drücken mit dem Daumen das rechte Nasenloch zu, atmen mit der Blasebalgatmung durch das linke Nasenloch, bewegen die linken Zehen und zählen von 1 bis 20 im Körper. Wir drücken mit dem Zeigefinger (Mittelfinger, Ringfinger) das rechte Nasenloch zu, atmen mit der Blasebalgatmung durch das rechte Nasenloch, bewegen die rechten Zehen und zählen wieder von 1 bis 20 im Körper. Wir wechseln mehrmals zwischen dem linken und dem rechten Nasenloch hin und her, bis ein Gefühl der inneren Ruhe und Harmonie entsteht.

4.3. Beckenboden = Wir legen die Hände in den Schoß, spannen den Beckenboden an, zählen dort die Zahlen 1 bis 20 und bewegen die Zehen beider Füße. Dabei können wir die Luft anhalten. Das machen wir zweimal. Zwischendurch entspannen wir uns.

4.4. Gedankenstopp = Wir stoppen eine Minute alle Gedanken. Wenn Gedanken kommen, schieben wir sie wieder weg. Wir entspannen uns. Wir genießen unsere Ruhe und unser inneres Wohlgefühl.

4.5. Positiver Satz = Was ist jetzt dein positiver Gedanke (Tagesvorsatz, Leitsatz)? "Ich bin ein Buddha/eine Göttin der Ruhe. Ich lebe in der Ruhe. Ich gehe den Weg der Ruhe. Ich meister mein Leben. Meine Ziele sind ... Mein Siegerweg ist ... Ich bitte die erleuchteten Meister/Gott um Hilfe und überlasse mich vertrauensvoll dem Leben. Ich gehe optimistisch in meine Zukunft."

Origenes schafft den Teufel ab
------------------------------------

Origenes wurde um 185 nach Christus in Ägypten geboren und christlich erzogen. In Palästina wurde er zum Priester geweiht und gründete eine theologische Hochschule. Origenes war in erster Linie ein Wissenschaftler. Er lehrte es, der Vernunft zu folgen und den eigenen Weg der Wahrheit zu suchen. Er gab wenig fertige Antworten vor. Er stellte eher Fragen und ließ die Menschen ihre eigenen Antworten finden.

Origenes war ein begnadeter Redner. Im ganzen Mittelmeerraum wurde er zu Vorträgen eingeladen. Sein Schüler Gregor berichtete: "Wir waren wie von einem Pfeil getroffen von seiner Rede. Wir liebten nichts mehr als die Philosophie und ihren Führer, diesen göttlichen Menschen." Origenes war der spirituelle Superstar seiner Zeit.

Origenes hatte viele Gegner, besonders unter den dogmatischen Christen. Ihnen erschienen seine Aussagen zu gewagt, obwohl Origenes seine Thesen meistens als Fragen formulierte. Das galt insbesondere für die Lehre von der Wiedergeburt. Origenes glaubte an die Wiedergeburt, aber er deutete es nur vorsichtig an, um nicht zu große Angriffsflächen zu bieten.

Am meisten regten sich einige Christen darüber auf, dass Origenes den Teufel abschaffen wollte. Origenes meinte, dass Gott letztlich die Rettung aller Seelen wünsche. Auch der Teufel würde eines Tages befreit werden. Nach Origenes war der Teufel nur eine gefallene Seele wie viele andere auch. Und alle gefallenen Seelen könnten gerettet werden und ins Paradies gelangen.

Das ist auch meine Meinung. Es gibt nicht den Teufel an sich. Es gibt nur sehr egoistische Seelen, die radikal ihren Genuß über die Interessen ihrer Mitwesen stellen. Das ist unweise, weil eine starke Egoenergie das innere Glück blockiert. Glücklich wird eine Seele vor allem durch den Weg der umfassenden Liebe und der Genügsamkeit in äußeren Dingen. Durch Weisheit, Liebe und spirituelle Übungen kann der Teufel (das überstarke Ego in uns) überwunden werden.

Origenes verband sich jeden Tag mit Jesus Christus, sah Jesus als real anwesend an und wuchs dadurch in die Heiligkeit. Durch die tägliche Praxis des Meister-Yoga gelangte er im Laufe seines Lebens zur Erleuchtung.

249 nach Christus bekam das römische Reich einen neuen Kaiser. Dieser Kaiser setzte sich zum Ziel, die Christen auszurotten, um den römischen Staat zu stärken. Wer nicht die römischen Götter verehrte, wurde getötet. Fast alle Christen gaben deshalb ihren Glauben auf oder führten ihn im Geheimen weiter. Nur einige wenige Christen blieben standhaft und bekannten sich in der Öffentlichkeit zu Jesus Christus. Zu ihnen gehörte Origenes. Er wurde schwer gefoltert. Das war seine härteste Prüfung. Er bestand sie erfolgreich. Die römischen Soldaten konnten seinen Körper zerstören, aber nicht seinen Geist. Origenes starb als Märtyrer für seine Überzeugung.

Jeder spirituelle Mensch wird in seinem Leben auf die eine oder andere Art in der Festigkeit seines Glaubens geprüft. Besteht er die Prüfung, steigt er in eine höhere Lichtdimension auf. Jeder Mensch bekommt die Prüfungen in seinem Leben, die ihn fordern, die er aber auch bestehen kann. Die Prüfungen scheinen oft äußerlich zu sein. In Wirklichkeit sind sie aber vorwiegend innerlich. Es gibt Prüfungen in der Ausdauer, im Gleichmut und in der Liebe. Mögen wir alle unsere Prüfungen bestehen.

## 5. Wechselatmung

Die Wechselatmung ist eine wichtige Yogatechnik. Sie bringt uns ins innere Gleichgewicht. Im Körper gibt es drei wichtige Energiekanäle: den linken (Ida, Mond, Ruhe), den rechten (Pingala, Sonne, Aktivität) und den mittleren Energiekanal (Sushumna, Kundalini-Kanal). Wenn wir den linken und den rechten Kanal durch die Wechselatmung mit Energie (Prana) gefüllt haben, steigt die Energie von alleine im mittleren Kanal auf. Dann entstehen Ruhe und innere Kraft. Wir können etwas nachhelfen, indem wir unseren Oberkörper kreisen und "Om" im Bauch denken.

5.1. Blasebalgatmung = Wir legen eine Hand auf den Bauch und praktizieren eine Minute die Blasebalgatmumg. Wir atmen in erhöhter Geschwindigkeit mit den Bauchmuskeln und füllen unseren ganzen Körper bewusst mit Energie (Prana, Licht).

5.2. Wechselatmung = Wir drücken mit dem Daumen das rechte Nasenloch zu, atmen mit der Blasebalgatmung durch das linke Nasenloch, bewegen die linken Zehen und zählen von 1 bis 20 im Körper. Wir drücken mit dem Zeigefinger (Mittelfinger, Ringfinger) das rechte Nasenloch zu, atmen mit der Blasebalgatmung durch das rechte Nasenloch, bewegen die rechten Zehen und zählen wieder von 1 bis 20 im Körper. Wir wechseln mehrmals zwischen dem linken und dem rechten Nasenloch hin und her, bis ein Gefühl der inneren Ruhe und Harmonie entsteht.

5.3. Beckenboden = Wir spannen den Beckenboden an, zählen dort die Zahlen 1 bis 20 und bewegen die Zehen beider Füße. Wir entspannen uns.

5.4. Oberkörperkreisen = Wir legen die Hände auf die Knie und kreisen mit geradem Oberkörper mehrmals links herum. Wir ziehen den Beckenboden an und visualisieren ein großes Meer um uns herum. Wir denken das Mantra "Meer". Dann kreisen wir mehrmals rechts herum und denken wieder das Mantra "Meer". Wir entspannen den Beckenboden.

5.5. "Om" im Bauch = Wir legen die Hände im Schoß zusammen, denken eine Minute das Mantra "Om" im Bauch, atmen in den Bauch und bewegen die Zehen. Wir stoppen eine Minute alle Gedanken. Wir entspannen uns.

Eine Zeit der Schwierigkeiten und der Veränderungen. Mache fünfmal über den Tag verteilt spirituelle Übungen (Selbstbesinnung, Lesen, Gehen, Yoga, Meditation). Der Yoga-Meister rettet sich in jeder Situation mit seinen Yogaübungen. Mache im richtigen Moment die richtige spirituelle Übung. Gehe mit deinen Übungen durch den Tag. Lade dich immer wieder mit innerer Kraft auf. Welche Übungen helfen dir? Welche Gedanken geben dir inneren Frieden und Optimismus?

## Augustinus und die Sexualneurose

Augustinus (354-430) ist der gemeinsame Kirchenvater der katholischen und der evangelischen Kirche. Er lehrte den Weg des ehrlichen Nachdenkens, der konsequenten Gottessuche und des Vertrauens auf die göttliche Gnade. Sein Vater war ein lebensfroher Heide und seine Mutter eine strenge Christin. In seiner Jugend folgte Augustinus eher dem Vater. Mit 16 lernte er seine erste Freundin kennen. Er lebte unverheiratet mit ihr zusammen und bekam einen Sohn. Er studierte und wurde nach seinem Studium Rhetorikprofessor.

Als er einmal verzweifelt über den Sinn des Lebens nachdachte, hörte er plötzlich eine Kinderstimme rufen: "Nimm und lies!" Vor ihm auf dem Tisch lag eine Bibel. Er verwendete sie als Orakelbuch und schlug intuitiv eine Seite auf. Sein Blick fiel auf einen Satz des Apostel Paulus: "Das wahre Leben besteht nicht aus Sex und Saufen, sondern aus dem Wandeln im Licht Christi!"

Augustinus trennte sich von seiner Freundin, gab seinen Beruf auf und wurde im Alter von 32 ein christlicher Einsiedler. Mit Freunden zusammen gründete er eine spirituelle Übungsgemeinschaft. Die Zeit des Rückzugs dauerte aber nicht lange. Einige Jahre später wählten ihn die Christen der Stadt Hippo (Algerien) zum Bischof. Sie brauchten dringend einen guten Prediger, der die Christen einigen und ihre Gegner rhetorisch besiegen konnte.

Als Einsiedler war Augustinus einige Male kurz zur Erleuchtung durchgedrungen. Er tat daraufhin seinen berühmten Ausspruch: "Ruhelos ist das Herz, bis es ruht in Gott." Die dauerhafte Erleuchtung erreichte Augustinus nicht und litt deshalb sehr unter seiner inneren Zerrissenheit. Er konnte die Sehnsucht nach seiner Freundin nicht überwinden. Er wußte keinen anderen Ausweg für sich, als seine Sexualität stark zu verdrängen.

Er kannte nicht den Weg der sensiblen Auflösung von sexuellen Anhaftungen. Er beschehrte dem Christentum eine mehr als tausendjährige Sexualneurose, die erst Martin Luther mit dem Satz auflöste: "In der Woche zwier, schadet weder dir noch mir."

## 6. Chakrenatmung

Ein guter Weg ins Licht ist die tägliche Chakren-Meditation. Chakren sind Energietore im Körper, durch die die kosmische Energie in uns hineinfließen kann. Wenn alle Chakren aktiviert sind, entfaltet sich der mittlere Energiekanal (die Kundalini-Schlange). Es entstehen Frieden, Harmonie und Glück.

6.1. Chakren = Wir sitzen in unserem Meditationssitz. Der Rücken ist gerade, der Bauch entspannt und die Hände liegen im Schoß. Wir denken das Mantra "Licht" und atmen nacheinander jeweils mehrmals durch die Füße, den Beckenboden (Wurzelchakra), das Unterbauchchakra, das Nabelchakra, den Solarplexus, das Herzchakra (in der Mitte des Brustkorbs), das Kehlkopfchakra (Hals), das Stirnchakra (Stirn) und das Scheitelchakra (Kopfdecke).

6.2. Himmel = Wir visualisieren über uns den Himmel und atmen in den Himmel. Wir reiben die Handflächen über unserem Kopf. Wir denken das Mantra "Himmel". Wir atmen so lange in den Himmel, bis die Himmelsenergie spürbar in unseren Körper fließt.

6.3. Erde = Wir atmen in die Erde hinein. Wir bewegen die Füße und die Zehen. Wir füllen die ganze Erdkugel mit Licht und denken dabei das Mantra "Erde".

6.4. Bauch = Wir reiben kreisend den Bauch, bewegen die Zehen und denken das Mantra "Bauch". Wir zentrieren uns in uns selbst.

6.5. Gedankenstopp = Wir stoppen eine Minute alle Gedanken.

6.6. Verweilen = Wir verweilen entspannt in der Meditation. Wir genießen die Ruhe, den Frieden und das Wohlgefühl. Gedanken und Gefühle dürfen kommen und gehen, wie sie wollen. Je länger wir sitzen, um so mehr entfaltet sich die Glücksenergie in uns. Sie reinigt von alleine alle Verspannungen.

6.7. Zurückkommen = Nach einiger Zeit kommt die Glücksenergie von allein zur Ruhe. Unser inneres Glück nimmt ab. Uns wird in der Meditation langweilig. Jetzt ist es Zeit, die Meditation zu beenden. Wir bewegen die Füße, reiben die Hände und strecken und räkeln uns. Wir machen die Augen wieder auf und sind wieder da. Wir gehen friedvoll in unser Leben zurück.

## Die 24 Orte der Kraft

Ein junger Mann in Indien wollte gerne das Ziel der Erleuchtung erreichen. Er sehnte sich danach, sein inneres Glück zu entwickeln, dauerhaften inneren Frieden zu haben und in der umfassenden Liebe zu leben. Leider hatte er viele Verspannungen in seinem Körper und seinem Geist. Er war innerlich sehr unruhig. Er wechselte beständig seine Wohnorte, seine Beziehungen und seine Berufe. Er konnte nicht längere Zeit im Sitzen meditieren und auch nicht über Jahre hinweg an einem Ort Yoga machen. Sein Meister gab ihm deshalb als Übung das Pilgern zu den 24 Orten der Kraft.

Zwölf Jahre wanderte der junge Mann von einem Ort zum anderen. Er blieb immer mit innerem Gespür auf dem für ihn persönlich richtigen Grat zwischen zu viel Ruhe und zu viel Handeln. Während des Gehens sprach er Mantras oder dachte über das Leben nach. Während des Sitzens betete oder meditierte er. Er verehrte alle heiligen Statuen am Wegesrand. Er verbeugte sich vor Shiva, Buddha und Jesus. Er erkannte in ihnen sein höheres Selbst und identifizierte sich mit ihnen.

Die vielen leidenden Menschen in seinem Land berührten ihn. Er sah nicht weg, sondern half ihnen, soweit er konnte. Er teilte sein Essen mit ihnen und seine Weisheit. Er stärkte sie materiell und geistig. Er wurde eins mit der Freude und dem Leid seiner Mitmenschen. So wuchs er langsam immer mehr in ein kosmisches Bewusstsein.

Damit er an den Schwierigkeiten auf seinem Weg nicht zerbrach, übte er sich beständig im positiven Denken. Nach zwölf Jahren ausdauernder Pilgerschaft erwachte in ihm das Licht. Das kluge Pilgern zu den 24 äußeren Orten der Kraft hatte seine 24 inneren Kraftquellen geöffnet.

Pilgern ist für viele Menschen eine hilfreiche Übung. In Indien existieren 24 offizielle Orte der Kraft. Viele liegen am heiligen Fluss Ganges, wie Benares, Allahabad und Rishikesh. Es gibt den heiligen Berg Kailash und den Geburtsort Buddhas.

Auch im Inneren eines Menschen befinden sich nach der Yogalehre 24 Orte der Kraft. Je weiter man spirituell entwickelt ist, desto besser kann man sie spüren. Versuche sie in deinem Körper zu finden. Wenn aus einem Punkt Energie sprudelt, ist es eine innere Kraftquelle. Wenn du sie regelmäßig alle besuchst, versorgen sie dich jeden Tag mit Glücksenergie und bringen dich eines Tages ins dauerhafte Licht.

Die bekanntesten Orte der Kraft sind die sieben Chakren (Scheitel, Stirn, Kehle, Herz, Solarplexus/Nabel, Unterbauch, Beckenboden/Wurzelchakra). Es gibt aber auch Chakren am Hinterkopf, auf dem Rücken entlang der Wirbelsäule, im mittleren Energie-Kanal, in den Händen und in den Fußsohlen.

Es gibt sogar Chakren außerhalb des Körpers über dem Kopf, im Himmel, direkt unter den Füßen, einen halben Meter unter dem Sitz und tief in der Erde. Das größte Chakra ist Gott. Wer auf die Gesamtheit des Kosmos meditiert, erweckt am schnellsten seine innere Kraft. Finde deinen Weg des täglichen Pilgerns und wachse daran ins Licht.

## 7. Bauchhochziehen

-------------------------

Viele Menschen im Westen sind im Becken, im Bauch und im Brustkorb stark verspannt. Wenn Organe stark verspannt sind, führt das zu vielfältigen Krankheiten. Wenn die Verspannungen in den kranken Körperbereichen aufgelöst werden, kann der Körper seine Selbstheilungskräfte entfalten. Es ist gut, regelmäßig die Verspannungen in Becken, Bauch und Brustkorb zu lösen.

7.1. Beckenanspannen = Im Meditationssitz legen wir die Hände auf die Beine. Der Rücken ist gerade. Wir spannen die Beckenmuskeln an, halten die Luft an, denken das Mantra "1 bis 20" im Becken und bewegen die Zehen. Dann entspannen wir das Becken.

7.2. Bauchanziehen = Wir pressen die Bauchmuskeln an die Wirbelsäule, atmen aus, halten die Luft an, denken im Bauch "1 bis 20" und bewegen die Zehen. Dann entspannen wir.

7.3. Bauchhochziehen = Wir ziehen den Bauch in den Brustkorb, atmen aus, halten die Luft an, denken im Brustkorb "1 bis 20" und bewegen die Zehen. Dann entspannen wir. Wer möchte, kann bei dieser Übung den Kopf vorbeugen.

7.4. Wirbelsäulendrehen = Im Meditationssitz spannen wir die Beckenmuskeln an, ziehen den Bauch in den Brustkorb, halten die Luft an und drehen uns mehrmals in der Wirbelsäule nach rechts und links. Der Kopf dreht mit. Dabei denken wir die Zahlen 1 bis 20 im Körper. Wir bewegen die Füße. Wir entspannen uns.

7.5. Oberkörper runter und hoch = Mit dem Aus- und Einatmen beugen wir mehrmals den Oberkörper runter zu den Knien und hoch in die aufrechte Position. Dabei denken wir die Zahlen 1 bis 20 im Körper. Wir entspannen uns.

7.6. Anrufung = Wir reiben die Hände vor dem Herzchakra und bitten die erleuchteten Meister um Hilfe: "Om ... (persönliches Vorbild). Om alle erleuchteten Meister. Ich bitte um Führung und Hilfe auf meinem Weg." Visualisiere deinen Meister (dein spirituelles Vorbild) vor dir oder über dir am Himmel. Fühle dich real mit ihm verbunden.

7.7. Heilfrage = Wir stellen unsere Heilfrage und hören innerlich die Antwort. Was sagt dir deine innere Weisheit (Wahrheit)? Was ist heute dein Problem? Was ist dein Weg der Selbstheilung? Heile dich mit deinen spirituellen Übungen und den fünf Grundsätzen der Gesundheit (gesunde Ernährung, Spazierengehen, Yoga, Meditation und positives Denken).

7.8. Heilsalbe = Wir visualisieren eine Heilsalbe in unseren Händen, denken den Namen der Farbe als Mantra und reiben damit unseren ganzen Körper ein. Welche Farbe hat deine Heilsalbe? Wir massieren die Heilsalbe besonders in unsere kranken Körperbereiche ein.

7.9. Heilung weitergeben = Wir bewegen segnend eine Hand und senden der ganzen Welt Heilung: "Ich sende Heilung zu ... Mögen alle Wesen gesund sein. Möge der ganze Weltorganismus in Gesundheit und Harmonie sein."

7.10. Gedankenstopp = Wir legen die Hände in den Schoß und denken mehrmals das Mantra "Om" im Bauch. Wir atmen in den Bauch hinein. Wir stoppen eine Minute alle Gedanken. Dann entspannen wir uns. Wir gehen optimistisch in unser Leben. Wir werden auf unserem Weg der Selbstheilung siegen.

## Der Blumenkönig

Es war einmal in Indien ein König, der wollte gerne als Yogi leben. Er wollte gerne sein inneres Glück verwirklichen. Er wollte gerne zur Erleuchtung gelangen, dauerhaft im Licht (in Gott) leben und nach seinem Tod ins Paradies aufsteigen. Der König wusste, dass das Ziel der spirituellen Selbstverwirklichung schwer zu erreichen ist. Er war bereit, viel spirituell zu üben.

Was er sich aber nicht zutraute, war das Alleineleben über einen langen Zeitraum. Er brauchte zum Glücklichsein eine Partnerin. Er hatte auch bereits eine Frau. Seine Königin liebte ihn, und er liebte sie. Der König konnte es nicht über das Herz bringen, sich dauerhaft oder auch nur für eine lange Zeit von ihr zu trennen.

Der König ging zu einem erleuchteten Meister und fragte ihn um Rat. Der Meister erklärte: "Für ein schnelles Wachstum ins Licht brauchst du viel Ruhe. Du musst abgeschieden leben. Aber du kannst deine Frau in die Abgeschiedenheit mitnehmen. Wenn ihr beide intensiv spirituell übt, könnt ihr gemeinsam den Weg zur Erleuchtung gehen."

Also nahm der König seine Frau mit in seine Yogi-Hütte. Sie beteten jeden Tag zu ihrem erleuchteten Meister, damit er sie auf ihrem spirituellen Weg führte. Sie praktizierten manchmal gemeinsam und manchmal jeder für sich Yoga und Meditation. Sie sahen sich beide als Karma-Yogis, die für das Glück aller Wesen arbeiteten. Sie hatten oft Sex zusammen. Sie genossen auch ihr Leben und ihr intensives Zusammensein. Es gab viele Blumen der Freude in ihrem Leben. Man nannte sie deshalb den Blumenkönig und die Blumenkönigin. Nach zwölf Jahren erreichten beide die Erleuchtung.

Der spirituelle Weg ist nicht leicht zu gehen. Es ist gut, wenn es einen Menschen gibt, der uns dabei unterstützt. Es kann sehr hilfreich sein, wenn wir in einer Beziehung gemeinsam den spirituellen Weg gehen. Viel streiten ist ungünstig. Beide Partner sollten die Eigenschaften Ruhe, Frieden, Weisheit und Liebe üben. Wichtig ist, dass wir im Schwerpunkt ein spirituelles Leben führen.

Ein wesentlicher Punkt in allen spirituellen Beziehungen ist die Sexualität. In den einzelnen Religionen werden hier verschiedene Ansichten vertreten. Wichtig ist es, dass beide Partner über ihre Vorstellungen sprechen und einen guten gemeinsamen Weg finden. Es ist eine große Kunst, Spiritualität und Sexualität so miteinander zu verbinden, dass beide Partner immer weiter ins Licht wachsen.

## 8. Jungbrunnen

Dr. Shioya war in seiner Jugend schwächlich und oft krank. Er suchte verzweifelt nach einem für ihn wirksamen Weg der Gesundheit. Er las viele Bücher, probierte viele Wege aus, studierte Medizin und wurde Arzt in Japan. Eines Tages entdeckte er das Geheimnis des Jungbrunnens.

Der erste Schritt besteht darin, jeden Tag konsequent gesund zu leben. Dr. Shioya machte jeden Tag Sport, ernährte sich gesund, vermied Schadstoffe (Rauchen, Alkohol, Drogen), entspannte sich ausreichend und dachte positiv. Auf seine Art verwirklichte er die fünf Grundsätze der Gesundheit.

Der zweite Schritt ist schwieriger zu verstehen. Es gibt eine spezielle Energie der Heilung und der Gesundheit im Körper. Das ist die Kundalini-Energie. Wenn man diese Energie durch spirituelle Übungen erweckt, heilt sie Krankheiten, macht den Geist positiv und gibt anhaltende Lebenskraft. Man fühlt sich wieder jung. Man besitzt dann auch als alter Mensch die Energie eines Jugendlichen.

Dr. Shioya hörte von der Kundalini-Energie und erweckte sie durch eine spezielle Atem- und Heilmeditation. Er praktizierte seine Heilmeditation mehrere Jahre lang jeden Tag konsequent. Dann erwachte seine Kundalini-Energie und heilte seine Krankheitsanfälligkeit. Noch im Alter von über hundert Jahren reiste Dr. Shioya durch Japan und hielt begeistert Vorträge über seine Methode der Gesunderhaltung. Im Jahre 2003 erschien in Deutschland sein Buch: "Der Jungbrunnen des Dr. Shioya".

8.1. Licht einatmen = Wir strecken die Arme seitlich hoch, visualisieren eine schöne Sonne über uns am Himmel, denken das Mantra: "Licht einatmen" und atmen Licht ein. Wir füllen den Körper mit Licht.

8.2. Luft anhalten = Wir legen unsere Hände auf den Bauch. Die eine Hand ist eine Faust, und die andere Hand umkrallt kräftig die Faust. Wir halten die Luft an, solange es möglich ist, denken mehrmals das Mantra: "Luft anhalten", spannen die Beckenmuskeln an und bewegen die Zehen.

8.3. Sorgen ausatmen = Wir strecken die Hände zur Erde und atmen alle unsere Sorgen zur Erde hin aus. Wir denken das Mantra: "Sorgen ausatmen". Was sind heute deine Sorgen? Visualisiere, wie du deine Sorgen an die Erde (Gott, den Kosmos, das Leben) abgibst.

Das Lichteinatmen, Luftanhalten und Sorgenausatmen (die Punkte 1-3) praktizieren wir dreimal nacheinander. Zwischendurch entspannen wir uns jeweils kurz.

8.4. Heilsalbe = Wir bilden mit den Händen eine Schale, strecken sie nach vorne und visualisieren, wie eine Heilsalbe (Heilenergie) vom Himmel in unsere Hände fließt. Welche Farbe hat deine Heilsalbe? Nenne den Namen mehrmals als Mantra, bis du die Salbe deutlich in deinen Händen siehst.

8.5. Bitte = Wir legen die Hände zum Gebet zusammen und ziehen sie zum Herzchakra. Wir bitten die erleuchteten Meister (Gott) um Heilung, Gesundheit und Glück. Wir denken: "Om ... (Buddha, Jesus, Shiva, Kuan Yin). Om alle Meister. Ich bitte um Heilung, Gesundheit und Glück."

8.6. Heilmassage = Wir massieren die Heilsalbe vom Kopf bis zu den Füßen in unseren Körper ein. Wir reiben sie insbesondere in die Körperbereiche ein, die einer Heilung bedürfen. Dabei denken wir das Mantra "Heilung". Wir stellen uns vor, wie unser Körper gesund und unser Geist positiv wird.

8.7. Meditation = Wir legen die Hände in den Schoß, bewegen die Füße, stoppen eine Minute alle Gedanken und entspannen uns dann. Wir gehen optimistisch in unseren Tag. Heile dich selbst. Gelingen.

## Rama und Sita

Vor einigen tausend Jahren lebte auf der Insel Sri Lanka der mächtige Dämon Ravana. Er unterdrückte seine Mitmenschen und wollte die ganze Welt erobern. Keiner war in der Lage, Ravana zu besiegen. Deshalb inkarnierten sich der Gott der Liebe, Vishnu, und seine Frau Lakshmi als Rama und Sita auf der Erde.

Rama wurde als Sohn des indischen Königs Dasaratha und Sita als Tochter des Königs Janaka geboren. Damals gab es viele kleine Königreiche in Indien. Bevor Rama die Nachfolge seines Vaters als König antrat, lebte er vierzehn Jahre als Yogi im Wald. Vierzehn Jahre sind ein guter Zeitraum zur spirituellen Selbstverwirklichung. Rama wollte als erleuchteter König sein Volk ins Glück führen.

Damit es ihm als Yogi nicht zu langweilig wurde, heiratete er die schöne Sita und nahm sie mit in seine Yogi-Hütte. Als Yogis hatten sie viel Zeit füreinander. Sie genossen sich, ihr Leben und ihre Körper. Sie bekamen zwei Kinder.

Rama und Sita lebten im Wald als glückliche kleine Familie. Rama ging tagsüber jagen. Sita versorgte die Kinder. Wenn sie miteinander schliefen, praktizierten sie Tantra-Yoga. Dadurch gelangten sie jeden Tag ins Licht. Beide wuchsen immer weiter im inneren Glück und in der Liebe zueinander.

Ravana hörte von der schönen Sita und wollte sie besitzen. Er wollte auch so glücklich sein wie Rama. Er verkleidete sich als Bettler und wanderte zum Yogi-Wald. Als Rama auf der Jagd war, entführte Ravana Sita und brachte sie in sein Schloss auf Sri Lanka. Sita wehrte sich verzweifelt, konnte aber nichts gegen den starken Ravana tun.

Als Rama zurückkam, entdeckte er den Raub seiner Frau. Er beschloss, sie zurück zu erobern. Doch wie sollte er den mächtigen Ravana besiegen? Traurig und mutlos saß er vor seiner Hütte. Zum Glück hatte er einen guten Freund, den Affen Hanuman. Hanuman war sehr schlau. Er schlich sich in die Burg von Ravana und erkundete dessen Stärken und Schwächen. Gemeinsam mit Rama entwickelte er einen Schlachtplan. Ravana war durch die Strategie der kleinen Schritte zu besiegen.

Rama und Hanuman warfen viele Steine in das Meer zwischen Indien und Sri Lanka. So entstand im Laufe der Zeit eine Landverbindung. Über diese Landverbindung gelangten sie mit ihren Armeen nach Sri Lanka, besiegten Ravana in einem gewaltigen Kampf und befreiten Sita. Rama kehrte zurück nach Indien, wurde König und regierte gemeinsam mit Sita glücklich bis an sein Lebensende. Ravana steht für das Ego, Sita für das innere Glück und Hanuman für eine kluge Erleuchtungsstrategie. Wer jeden Tag einen kleinen Schritt auf dem richtigen Weg voran geht, kommt eines Tages im Licht an.

9. Die vier Göttinnen
--------------------------

Der Gottheiten-Yoga (Vorbild-Yoga) ist die höchste Form des Yoga. Mit ihm können wir die Kundalini-Energie (das innere Glück) erwecken. Wir können schnell in ein Leben im Licht, in der Liebe und der Kraft gelangen.

Die Kundalini-Energie kann durch zwei Formen des Gottheiten-Yoga aktiviert werden. Wir können uns als erleuchtetes Wesen (Buddha, Engel, Göttin) sehen. Und wir können den Kosmos um uns herum visualisieren (Natur, Himmel, Sterne, Unendlichkeit). Zur Kosmos-Visualisierung (Brahma-Yoga) gehört auch das Senden von Licht zu allen Wesen. Auch dadurch kommen wir in die Einheit des Kosmos und in das kosmische Bewusstsein.

Wichtig beim Gottheiten-Yoga ist es, dass wir immer gut in Kontakt mit uns selbst und unserer inneren Weisheit sind. Wir sollten nie formal (rein äußerlich, ohne innere Beteiligung) geistige Bilder aufbauen und die dazugehörigen Mantras (positive Sätze) denken. Wir sollten eher kreativ und spielerisch damit umgehen. Wir sollten unsere persönliche Form des Gottheiten-Yoga finden und mit Ausdauer praktizieren.

Die vier Hauptgöttinnen im Yoga sind Durga (die Power-Göttin auf dem Tiger), Kali (die schwarze Göttin mit dem Schwert) , Sarasvati (die weiße Göttin mit dem Buch) und Lakshmi (die Glücksgöttin mit den gebenden Händen). Sie verkörpern die vier Eigenschaften Kraft, Frieden, Weisheit und Liebe. Damit wir in unserem Leben glücklich werden, brauchen wir alle diese vier Eigenschaften.

9.1. Durga = Durga ist die Göttin der Kraft. Sie reitet auf einem Tiger (oder Löwen). Sie hat die Kraft eines Tigers. Was sie sich vornimmt, erreicht sie. Sie ist eine Siegerin. Wir strecken beide Fäuste hoch, schütteln sie und denken mehrmals das Wort "Kraft", bis wir die Kraft Durgas in uns spüren.

9.2. Kali = Kali ist die schwarze Göttin mit dem Schwert. Sie schlägt Shiva (sich selbst) den Kopf ab. Sie opfert ihr Ego und gewinnt dadurch inneren Frieden. Sie bringt sich durch die Überwindung aller Anhaftungen an sich selbst, ihren Körper und ihr Leben ins Licht.

Opfer dein Ego. Lege deine Hände in den Schoß. Reibe immer abwechselnd mit den rechten und mit dem linken Fuß kreisend die Erde, visualisiere (spüre) den Boden unter dir und denke: "Ich lasse meine falschen Wünsche los. Ich nehme das Leid in meinem Leben an. Ich fließe positiv mit dem Leben." Was musst du heute loslassen? Was möchtest du heute annehmen? Was ist heute dein Weg der Ego-Opferung und des inneren Friedens?

9.3. Sarasvati = Sarasvati ist die Göttin der Weisheit und der Kreativität. Sie hält ein Buch und eine Gebetskette in ihren Händen. Sie glaubt den Aussagen der erleuchteten Meister. Sie verankert sich in den heiligen Büchern und im spirituellen Üben. Was ist heute dein Gedanke der Weisheit? Strecke den Zeigefinger neben dem Kopf zum Himmel, bewege ihn etwas und denke: "Mein Weg eines weisen Lebens ist ...".

9.4. Lakshmi= Lakshmi ist die Göttin des Glücks. Neben ihrem Kopf befinden sich zwei Blumen. Sie sieht die Schönheit in ihrem Leben. Sie erkennt ihre Welt als Paradies. In ihrem Schoß vor ihrem Bauch hält sie einen Krug voller Goldstücke. Sie ist innerlich und äußerlich reich. Sie besitzt innere und äußere Fülle.

Welche Fülle hast du? Welche besonderen Fähigkeiten besitzt du? Welche äußeren Möglichkeiten sind dir gegeben? Erkenne dich als Göttin der Fülle. Reibe kreisend mit deinen Händen deinen Bauch und denke das Mantra: "Die Fülle in meinem Leben ist ... Meine besonderen Fähigkeiten sind ... Gut in meinem Leben ist ... Ich bin zufrieden, weil ... Ich bin dankbar für ...". Denke deinen Satz der Fülle so lange, bis du Glück und Zufriedenheit in dir spürst.

9.5. Umfassende Liebe = Sieh dich als Mutter aller Wesen. Betrachte alle Wesen auf der Erde als deine Kinder. Identifiziere dich mit ihnen. Wünsche ihnen Glück. Du bist jetzt Lakshmi mit den gebenden Händen. Bringe deine Hände neben das Becken, öffne sie nach vorne zur Erde, bewege sie leicht hin und her, visualisiere alle Wesen auf der Erde und sende ihnen Licht: "Ich sende Licht zu ... Mögen alle Wesen glücklich sein." Wem möchtest du heute besonders Licht senden?

Was kannst du real für eine glückliche Welt tun? Lebe deine Aufgabe. Erbringe deinen Teil. Sieh dich als Göttin, sorge gut für dich und lebe im Schwerpunkt das große Geben. Nimm das Licht von den erleuchteten Meistern/dem Kosmos (ihre Energie) auf, lasse es durch dich hindurchfließen und gib es an alle Wesen auf der Welt weiter. Mache diese Übung jeden Tag, und du wirst eines Tages wirklich eine Göttin sein: "Ich verbinde mich mit den erleuchteten Meistern (Gott, dem Kosmos). Ich sende ihr Licht zu ... Mögen alle Wesen glücklich sein. Möge es eine glückliche Welt geben."

## Die Froschfamilie

----------------------

Es war einmal eine Froschfamilie. Die Froschmutter zeigte ihren Kindern die Welt: "Das ist das Wasser. Das hat der liebe Gott gemacht, damit wir schön schwimmen können." Die Froschkinder sprangen in das Wasser, schwammen darin herum und jubelten: "Wunderbar. Das hat der liebe Gott gut gemacht."

Daraufhin deutete die Froschmutter auf die vielen Insekten, die über dem Teich flogen: "Die Insekten hat der liebe Gott gemacht, damit wir jeden Tag etwas zu essen haben. Sonst müssten wir hungern." Die Froschkinder hüpften vor Freude in die Luft: "Das hat der liebe Gott gut gemacht. Gelobt sei der liebe Gott. Er ist unser großer Vater und Ernährer."

Die Froschmutter ging mit ihren Kindern zu den bunten Blumen am Ufer: "Die Blumen hat der liebe Gott gemacht, damit es die Schönheit in unserem Leben gibt." Die Froschkinder bewunderten jede einzelne Blume, rochen ihren lieblichen Duft und sangen gemeinsam ein Lied zur Ehre des großen Vaters.

Die Froschmutter setzte sich mit ihren Kindern in das grüne Gras. Alle ließen sich die Sonne auf den Bauch scheinen. Die Froschmutter sprach: "Die Sonne hat der liebe Gott gemacht, damit es das Licht auf der Welt gibt. Sonst müssten wir alle ewig in der Dunkelheit leben." Die Froschkinder dankten dem lieben Gott für das große Licht aus ganzem Herzen.

Da kam die Schlange und fraß eines der Froschkinder. Die Froschkinder waren entsetzt: "Und was ist mit der Schlange?" Die Froschmutter erklärte: "Auch die Schlange hat der liebe Gott gemacht. Durch die Schlange sollen wir begreifen, dass das Zentrum des Lebens das innere und nicht das äußere Glück ist."

Auf der Welt gibt es Freude und Leid. Durch spirituelle Übungen kann der Mensch sein inneres Glück so weit entwickeln, dass ihm alles äußere Leid nichts mehr anhaben kann. Er kann sich durch Yoga, Meditation und positives Denken in eine Dimension des Lichts erheben.

Die erste Aufgabe eines Menschen besteht darin, das äußere Leben gut zu meistern. Wir sollten die Freude vermehren und das Leid in unserem Leben so weit wie möglich vermeiden. Wenn das Leid nicht vermeidbar ist, sollten wir es annehmen.

Die zweite Aufgabe eines Menschen ist es, sich über den Tanz aus Freude und Leid zu erheben. Dann verwandelt sich der Frosch in einen Buddha. Dann wird aus der Fröschin eine Göttin.

Ein Yogi lebt in zwei Welten. Er lebt in der Welt des Lichts, um sich von dem Tanz der Gegensätze zu erholen und eine Zeitlang das große Glück zu genießen. Er lebt in der Welt der Materie, um spirituell daran zu wachsen und um seinen leidenden Mitwesen gut helfen zu können. Er erbringt das Opfer des Leidens aus Liebe zu seinen Mitwesen.

Er überfordert sich aber nicht. Er lebt in der richtigen Mischung aus Licht, Liebe, Leid, Freude und Glück. Er versöhnt sich innerlich mit der Schlange, versteht sie in ihrer Lebensaufgabe, sendet ihr und allen Wesen Licht. So kommt er selbst immer wieder ins Licht, in den großen Frieden und in die umfasssende Liebe.

## 10. Buddha der Freude

-----------------------------

Gehe den Weg der fünf Freuden: etwas Genuss (Kekse, Schokolade, Pralinen ... ), etwas Kontakt (Lesen, Fernsehen, Freunde treffen), etwas Gemächlichkeit (langsam voran, in der Ruhe leben), etwas Lustprinzip (wozu hast du jetzt Lust?) und etwas Liebe (tu etwas Gutes für die Welt). Bringe so viel Freude wie möglich in dein Leben. Denke positiv. Was ist heute deine Tat der Freude?

10.1. Sonne = Wir visualisieren über uns eine schöne Sonne am Himmel. Wir reiben die Handflächen über dem Kopf aneinander, bewegen die Zehen und denken mehrmals das Wort "Sonne" als Mantra. Wir füllen unseren Körper und unsere Seele mit Sonnenlicht.

10.2. Massage = Wir visualisieren das Sonnenlicht um uns herum und massieren es von oben bis unten in unseren Körper ein. Dabei denken wir weiter das Mantra "Sonne".

10.3. Kosmos = Wir machen große Kreise mit den Armen, visualisieren den Kosmos voller Sterne und denken: "Der Kosmos ist voller Sonne und Licht. Ich fließe positiv mit dem Leben."

10.4. Buddha der Freude = Wir legen die Hände in den Schoß. Die Handflächen zeigen nach oben zum Gesicht.

Wir visualisieren uns als einen Buddha (Göttin, Engel) der Freude, bewegen die Füße und denken: "Ich bin ein Buddha/eine Göttin der Freude. Ich gehe den Weg des Glücks. Mein heutiger Satz des Glücks ist ...". Welcher Gedanke bringt heute Freude in dein Herz? Denke ihn so lange als Mantra, bis du voller Optimismus bist.

10.5. Lachen in allen Körperbereichen = Wir legen die Hände an den Kopf und lachen im Kopf das Mantra "Hihi". Wir legen die Hände auf den Brustkorb und reinigen unseren Brustkorb mit dem Mantra "Haha". Wir reiben mit den Händen den Bauch und rufen im Bauch: "Hohoho". Wir massieren die Freude in die Beine und Füße und lachen: "Huhuhu." Wir legen die Hände auf die Erde und strecken uns dann mit dem Lachen "Hahahaha" zum Himmel. Wir bewegen uns mehrmals mit dem "Haha-Lachen" von der Erde zum Himmel.

10.6. Ashvini-Mudra = Ashvini-Mudra ist der Arsch-Yoga. So kann man sich den Begriff leicht merken. Wir lösen die Verspannungen im Hintern, Beckenboden und in den Geschlechtsorganen. Wir spannen den Hintern (Arschloch, Ashvini) an, halten die Anspannung, bis sich die Verspannungen in den Muskeln lösen, bewegen die Zehen und entspannen. Danach spannen wir den Beckenboden in der Mitte (Wurzelchakra) an, halten die Anspannung, bewegen die Zehen und entspannen. Als Drittes spannen wir die Muskeln im Bereich der Geschlechtsorgane (Vairoli) an, halten die Anspannung, bewegen die Zehen und entspannen.

10.7. Ashvini-Zwei = Die zweite Ashvini-Übung besteht darin, den Hintern (Ashvini) und die Geschlechtsorgane (Vairoli) zueinander zu ziehen, die Anspannung der Muskeln zu halten, die Zahlen 1 bis 20 im Beckenboden zu denken und die Zehen zu bewegen.

10.8. Ashvini-Drei = Die Hauptübung (das Ashvini-Mudra) ist das Hochdrücken der Energie (des Lichts) aus der Analöffnung (dem Enddarm) in der Wirbelsäule zum Kopf. Wir beugen dabei den Kopf vor, halten die Luft an, drücken die Energie in der Wirbelsäule hoch und zählen von 1 bis 20 im Körper und bewegen die Zehen. Dann entspannen wir uns.

10.9. Muktasana = Wir hüllen uns geistig mit Licht ein. Wir denken das Mantra "Licht", bewegen die Zehen und kreisen mit dem Licht um den Körper, im Körper, in den Beinen/Füßen und in den Armen/Händen. Wir bewegen segnend eine Hand und senden allen Wesen Licht: "Ich sende Licht zu ... Mögen alle Wesen glücklich sein. Möge es eine glückliche Welt geben." Zu wem möchtest du heute Licht senden?

10.10. Gedankenstopp = Wir legen die Hände wieder in den Schoß, halten den Körper ruhig und stoppen eine Minute alle Gedanken. Wir entspannen uns eine Minute. Wir gehen als glücklicher Buddha/Göttin positiv durch unser Leben. Wir erinnern uns immer wieder an unseren Glückssatz: "Mein heutiger Glückssatz ist ...".

## Anandamayi Ma

---------------------

Ananda bedeutet Glück. Anandamayi Ma ist die Mutter des Glücks. Sie lebte von 1896 bis 1982 als Yogini in Indien. Von ihrer Wesensart her war sie freundlich, ruhig und heiter. Sie war eine schöne Frau. Sie konnte wunderbare Geschichten erzählen und wunderschön singen. Sie tanzte gerne. Und sie lehrte das Lachen: "Wann immer ihr die Gelegenheit habt, lacht so viel ihr könnt."

Wir können Anandamayi Ma als eine Verkörperung der Glücksgöttin Lakshmi ansehen. Wie Lakshmi war sie in sich glücklich und schenkte beständig Glück an ihre Mitmenschen. Als spirituelle Haupttechnik gab sie den Menschen die 15 Minuten-Übung. Wer jeden Tag fünfzehn Minuten spirituell übt, erhält ihren Segen. Er wird ins Glück wachsen. Das hat sie versprochen. Und was ein großer erleuchteter Meister verspricht, das wird mit Sicherheit geschehen.

Welche spirituellen Übungen wir jeden Tag machen, ist uns überlassen. Wir können jeden Tag fünfzehn Minuten in einem spirituellen Buch lesen, Yoga machen oder meditieren. Wir können jeden Tag fünfzehn Minuten für das Glück der Welt oder einzelner Menschen beten.

Anandamayi Ma lehrte die Einheit aller Religionen. Wir können spirituelle Übungen aus allen Religionen machen. Wir müssen spüren, was uns persönlich gut tut. Welche Übung brauchen wir heute? Was bringt uns auf unserem spirituellen Weg voran? Was löst die Verspannungen in unserem Körper und unserem Geist? Was läßt Glücksenergie in uns entstehen? Wichtig ist nur, dass wir konsequent jeden Tag fünfzehn Minuten üben.

Anandamayi Ma war eine große Meisterin des Hatha-Yoga. Sie schenkte der Welt den Weg des umfassenden Hatha-Yoga. Der umfassende Hatha-Yoga besteht aus Körperübungen, geistigen Übungen, Meditation und dem Weg der umfassenden Liebe (Karma-Yoga). Als junge Frau praktizierte Anandamayi Ma nacheinander einige Jahre die Körperübungen des Yoga, visualisierte verschiedene Gottheiten (Gottheiten-Yoga) und lebte dann drei Jahre in großer Ruhe (Ruhe-Yoga, Raja-Yoga).

Danach erwachte das große innere Glück in ihr. Die Menschen spürten das Licht und wollten ihren Segen. Deshalb lebte Anandamayi Ma ab jetzt als Karma-Yogini und reiste durch Indien. Sie gab allen Menschen ihren Darshan und inspirierte sie dazu, ein glückliches Leben zu führen und jeden Tag spirituell zu praktizieren. Das war die vierte Stufe des umfassenden Hatha-Yoga.

Ihre Körperstellungen (Asanas) übte Anandamayi Ma aus dem Gefühl heraus. Sie praktizierte den Weg des kreativen und intuitiven Hatha-Yoga. Auch ihre geistigen Übungen machte sie kreativ und intuitiv. Sie übte jeweils die positiven Eigenschaften und die Vorbilder (Gottheiten, Buddhas), die sie in dem jeweiligen Moment gerade brauchte. Nacheinander flossen die verschiedensten Gottheiten durch ihren Geist. Sie visualisierte ihre Formen, identifizierte sich mit ihnen, dachte ihre Namen als Mantra und aktivierte dadurch die Kundalini-Energie in sich.

Nachdem Anandamayi Ma ihren Körper und ihren Geist mit spiritueller Energie aufgeladen hatte, verweilte sie drei Jahre in der großen Ruhe. Sie sprach kaum, handelte wenig und saß überwiegend einfach nur da. Sie brauchte jetzt keine Übungen mehr. Die erwachte Kundalini-Energie reinigte von alleine ihren Körper, ihren Geist und ihre ganze Seele. Sie brauchte jetzt einfach nur viel Ruhe. Sie musste verhindern, dass die Kundalini-Energie sich in äußeren Aktivitäten auslebte. Sie musste so ruhig leben, dass sich ihre Energie nach innen wendete und von alleine alle Verspannungen auflöste.

Die Phase der großen Ruhe ist für einen Yogi sehr schwierig. Die Energie drängt nach außen. Er muss sein Aktivitätsbedürfnis radikal blockieren. Erst entsteht ein Gefühl der großen Langeweile, und danach beginnt es in seinem Körper intensiv zu arbeiten. Der wichtigste Punkt im Yoga ist es, genau herauszufinden, wieviel man handeln darf und wieviel Ruhe sein muss.

## Die zehn besten Meditationen im Sitzen

########################

### 1. Basis-Meditation

------------------------

Wir sitzen in unserem Meditationssitz (Schneidersitz, Fersensitz, Stuhl) und in unserer Meditationshaltung (Hände auf den Beinen oder im Schoß). Die Augen sind offen oder geschlossen. Die meisten Menschen können mit geschlossenen Augen am besten meditieren.

1.1. Gedankenstopp = Wir stoppen eine bis drei Minuten alle Gedanken und kommen zur Ruhe. Wir entspannen uns.

1.2. Licht = Wir senden der Welt Licht. Wir visualisieren die Erde, bewegen segnend eine Hand und denken: "Ich sende Licht zu ... Mögen alle Wesen glücklich sein. Möge es eine glückliche Welt geben." Wir schicken insbesondere den leidenden Menschen Licht. Wir benutzen unseren Fernseher als Fenster zur Welt und hüllen alle von Krieg, Krankheit, Hunger und Unglück betroffenen Menschen mit Licht ein. Wir schenken ihnen einen positiven Satz.

1.3. Vorbild-Yoga = Wir visualisieren uns als Buddha, Göttin oder Yogini und legen die Hände in den Schoß. Wir bewegen die Zehen, kreisen mit den Daumen und denken das Mantra: "Ich bin eine Göttin (Buddha, Engel, Yogini). Ich lebe in der Ruhe. Ich gehe den Weg der Ruhe."

1.4. Kosmos = Wir visualisieren um uns herum den Kosmos voller Sterne, machen große Kreise mit den Armen und denken: "Ich nehme die Dinge so an, wie sie sind. Ich lasse meine falschen Wünsche los. Ich fließe positiv mit dem Leben." Was willst du heute loslassen oder annehmen? Was ist dein Weg des positiven Lebens?

1.5. Meister = Wir reiben die Handflächen vor dem Herzchakra, visualisieren vor uns oder über uns im Himmel unseren erleuchteten Meister und denken: "Om ...(Name des Vorbildes). Om alle erleuchteten Meister. Ich bitte um Führung und Hilfe auf meinem Weg. "

1.6. Mantra = Wir legen die Hände in den Schoß. Der Rücken ist gerade und der Bauch ist entspannt. Wir atmen in den Bauch und denken im Bauch beim Ein- und Ausatmen das Mantra "Om". Wir bringen mit dem Mantra unseren Geist zur Ruhe.

1.7. Gedankenstopp = Wir stoppen eine Minute alle Gedanken. Dann entspannen wir uns. Wir haben uns in eine Göttin (einen Buddha) verwandelt. Wir gehen positiv und optimistisch in unseren Alltag. Wir werden auf dem Weg unseres Lebens siegen.

Die Fröschin
----------------

Es war einmal eine Fröschin, die wohnte mit vielen anderen Fröschen in einem kleinen Brunnen. Einmal zur Mittagszeit schien kurz die Sonne in den Brunnen. Ansonsten war es in dem Leben der Frösche eher dunkel und traurig. Die Fröschin wollte immer im Licht leben. Sie wollte immer Liebe und Glück in sich spüren.

Eines Tages zur Mittagszeit sprang die Fröschin aus dem Brunnen und folgte der Sonne. Sie folgte dem Licht im ihrem Herzen. Nach einiger Zeit kam sie zu einem großen Meer. Sie sprang hinein und war verwandelt. Die Fröschin hatte ihr spirituelles Selbst verwirklicht. Sie war in das große Nichts der Egolosigkeit eingetaucht. Sie hatte alle Anhaftungen an äußere Genüsse und alle innere Ablehnung von Leid losgelassen.

Sie hatte ihre Suche nach dem Märchenprinzen aufgegeben und war den Weg der Selbstrettung gegangen. Sie war durch das Gefühl der Einsamkeit und Langeweile hindurchgegangen. Durch ihre spirituellen Übungen hatte sich ihre geistige Verspannungsstruktur aufgelöst, und das Licht in ihr selbst war erwacht. Aus ihren Chakren sprudelten Lebenskraft und Energie.

Die Fröschin hatte die Sonne in sich selbst gefunden. Sie lebte jetzt dauerhaft im Glück. Es war egal, ob es draußen regnete oder nicht. Die Fröschin war so glücklich über ihren neuen Zustand des Friedens, des Einheitsbewusstseins und des Glücks, dass sie allen Mitfröschen davon erzählte.

Die meisten Frösche glaubten ihr nicht. Sie glaubten eher an das große Glück im kleinen Froschteich. Sie glaubten, dass sie glücklicher wären, wenn sie noch mehr Fliegen fangen würden. Aber einige Frösche vertrauten ihr und machten sich auch auf den Weg ins Licht. Mögen wir alle Lichtfrösche werden und dauerhaft im Licht, im Glück und in der Liebe leben.

2. Zen-Meditation
----------------------

Wir sitzen in unserem Meditationssitz (Fersensitz, Schneidersitz, an der Wand oder auf dem Stuhl). Der Rücken ist gerade, und der Bauch ist entspannt. Wir ruhen in uns selbst.

Die Hände liegen im Schoß. Wenn wir wollen, können wir sie in der Zen-Handhaltung verbinden. Dabei berühren sich die Daumenspitzen, und die Finger beider Hände liegen schalenförmig aufeinander. Die Handhaltung ist wie eine liegende Schale. Die Daumen bilden eine gerade Brücke über diese Schale.

Die Augen sind bei der Zen-Meditation halboffen oder geschlossen. Der Blick ruht bei den halboffenen Augen auf dem Fußboden oder auf der Wand gegenüber.

2.1. Erster Schritt = Wir stoppen eine bis drei Minuten alle Gedanken völlig. Wenn Gedanken auftauchen, schieben wir sie mit Kraft wieder weg. Durch das radikale Gedankenstoppen bringen wir unseren Geist schnell zur Ruhe. Wir kommen schnell in eine meditative Stimmung.

2.2. Zweiter Schritt = Wir bringen unseren Geist mit einer Atem-Meditation weiter zur Ruhe. Wir konzentrieren uns auf unseren Atem und stoppen alle anderen Gedanken. Wir können tief in den Bauch atmen oder den Atem in der Nase beobachten. Beim Atmen können wir die Zahlen von 1 bis 10 als Mantra denken.

2.3. Dritter Schritt = Wir lassen eine bis zehn Minuten die Gedanken etwas lockerer. Wir bleiben in der Meditation. Aber die Gedanken können kommen und gehen, wie sie wollen. Wir denken nicht bewusst. Aber wir unterdrücken unsere Gedanken auch nicht. Wir beobachten einfach nur unser inneres Geschehen. Wir sind ein unbeteiligter Beobachter.

Wenn wir die Meditationskraft etwas locker lassen, können sich unsere inneren Verspannungen lösen. Unser Körper und unser Geist reinigen sich von selbst. Verspannungen entstehen durch Stresssituationen. Wenn sie sich auflösen, tauchen die Stresssituationen alle kurz noch einmal auf. Gefühle der Wut, Trauer und Angst entfalten sich und lösen sich auf.

Wenn sich nichts entfaltet, löst sich auch nichts auf. In dieser Stufe der Meditation müssen die Gedanken fließen. Wenn sie nicht fließen, findet kein Reinigungsprozess statt. Notfalls können wir bei den Lösungsprozessen etwas nachhelfen. Wir denken bewusst an eine stressreiche Situation (Angst, Wut, Trauer, Sucht). Wir bringen den Lösungsprozess durch ein gezieltes Denken in Gang und lassen dann das bewusste Denken los. Wir lassen sich die Gedanken und Gefühle von alleine weiter entwickeln und sich irgendwann beruhigen.

Bei der Zen-Meditation gibt es zwei große Fehler. Der erste Fehler besteht darin, dass wir zu stark meditieren. Dann tauchen keine Probleme auf, und es lösen sich keine inneren Verspannungen. Der zweite Fehler ist das bewusste Denken. Wir lösen gezielt unsere Probleme oder verfallen in Tagträume. Der richtige Weg ist es, nur ein passiver Beobachter der eigenen Emotionen zu sein. Wir steuern die Dinge nicht bewusst. Wir beobachten interessiert, was alles aus unserem Inneren auftaucht. Wir lassen im Zustand der Ruhe alle inneren Prozesse geschehen, und alles löst sich von alleine.

2.4. Vierter Schritt = Wir visualisieren uns als Buddha der Ruhe, als Amitabha im Licht oder als Göttin Kuan Yin voller Liebe. Wir gehen als Avalokiteshvara (Helfer aller Wesen) oder Tara (Mutter aller Wesen) kraftvoll unseren Weg der Weisheit und des positiven Lebens.

Im Zen-Buddhismus werden traditionell jeden Tag die vier Gelöbnisse gesprochen: "Es gibt unendlich viele Wesen. Ich gelobe, sie alle zu retten. Der spirituelle Weg ist unendlich schwer. Ich gelobe, ihn ganz zu gehen. Ich habe unendlich viele Fehler. Ich gelobe, sie alle zu überwinden. Es ist unendlich schwierig, ein Buddha zu werden. Ich gelobe, meine Ziele zu erreichen."

Was sind deine Ziele? Was ist dein Weg? Was sind deine Fehler? Was ist dein positiver Satz für den heutigen Tag? Beende deine Meditation mit einem positiven Gedanken. Stimme dich positv auf die Zeit nach der Meditation ein. Bewahre auch im Alltag deinen inneren Frieden, dein inneres Glück und deine umfassende Liebe.

2.5. Fünfter Schritt = Wir bewegen die Füße, reiben die Hände, öffnen die Augen und kommen aus der Meditation ins Leben zurück. Wir stehen auf, wenn wir wieder ganz wach sind.

## Der Segen des Karmapa

------------------------------

Es gibt im tibetischen Buddhismus mehrere Unterrichtungen. Padmasambhava ist der Hauptmeister der Nyingmapa, der Schule der undogmatischen Buddhisten. Atisha und sein Nachfolger Tsongkhapa betonen die umfassende Liebe. Sie gründeten die Gelugpa. Die dritte große Richtung sind die Kagyüpa mit dem Karmapa. Heute lebt der 17. Karmapa, der gleichzeitig der Stellvertreter des Dalai Lama ist. Der Dalai Lama ist das Oberhaupt aller Schulen.

Die Kagyüpa berufen sich auf den indischen Yogi Naropa als ihren Grundmeister. Naropa lehrte die Verbindung von Hatha-Yoga (Kundalini-Yoga) und Zen-Meditation. Naropa erweckte durch bestimmte Yogaübungen seine Kundalini-Energie (das innere Licht) und verweilte dann entspannt in der Erleuchtung (im Glück, in Gott). Er ließ seinen Geist von alleine immer mehr zur Ruhe kommen (Zen-Meditation), bis er ganz im Licht war.

Die Verbindung von Hatha-Yoga und Zen-Meditation ist auch der Hauptübungsweg von Nils. Im Jahr 2003 reiste sein Sohn Florian nach Dharamsala in Nordindien, dem Sitz der tibetischen Exilregierung. Er wurde vom Dalai Lama in den Weg der umfassenden Liebe (Karma-Yoga) initiiert und bekam den Darshan des Karmapa. Er erhielt sogar die besondere Gnade der körperlichen Berührung. Aus der Sicht Florians geschah es aus Versehen, aus der Sicht seines Vater durch den Willen des Kosmos.

Alle Verehrer des Karmapa zogen in der Darshanhalle an dem Thron des Karmapa vorbei und verbeugten sich. Florian wußte nicht, wie man sich respektvoll verhält und gab dem Karmapa einfach die Hand. So ist es in Europa üblich, aber nicht in der Gegenwart eines großen erleuchteten Meisters. Der Karmapa sah die Dinge locker und schüttelte Florian ebenfalls freundlich die Hand.

Für seinen Vater hatte Florian ein kostbares gesticktes Meditationsbild (Thanka) mit Avalokiteshva (dem Karma-Yogi) und Amitabha (dem Buddha des Lichts) vor dem Hintergrund einer Gebirgslandschaft gekauft. Er bat den Karmapa, das Meditationsbild zu segnen. Der Karmapa warf einige Reiskörner darauf. Als Nils zuhause das Wandgemälde auspackte, rollten die Reiskörner heraus.

Als Nils später auf den Thanka meditierte, kam aus dem Wandbild die Erleuchtungsenergie des Karmapa heraus. Nils spürte, wie spontan die Energie des Bildes auf ihn überging. Er wurde eins mit den Gottheiten und aktivierte dadurch seine Kundalini-Energie. Der Segen des 17. Karmapa, von Avalokiteshvara und Amitabha war bei ihm angekommen.

Das Wandbild hängt jetzt in der Yogahalle von Nils. Und es ist im Internet auf seiner Homepage zu sehen. Nils hat sich vor dem Wandbild photographiert und dieses Foto dann zu dem zentralen Eingangsbild für seine Webseite gemacht. Hinter seinem rechten Ohr können wir die weiße Aura und die tausend Arme von Avalokiteshva (tibetisch Chenrezi) erkennen. Nils hört, was seine Freunde zu ihm sagen.

Oben beim Kopf können wir den goldenen Buddha Amitabha (roter Umhang mit goldenen Punkten) erkennen und links daneben den Begründer der Richtung des undogmatischen Buddhismus, Padmasambhava. Padmasambhava verkörpert die erleuchteten Meister von Nils. Sie wachen darüber, dass alles den richtigen Weg geht. Unten bittet ein Mensch um Hilfe. Wer sich jeden Tag mit den erleuchteten Meistern verbindet, dem wird geholfen.

3. Atem-Meditation
-------------------------

Durch die Atem-Meditation können wir spirituelle Energie aufnehmen und unseren Körper mit Licht füllen. Unser Geist wird friedlich und positiv.

3.1. Ausatmen = Wir konzentrieren uns auf das Ausatmen. Wir atmen tief ein und aus. Wir atmen alle unsere Sorgen aus. Wir geben alle unsere Sorgen an den Kosmos (Gott, das Leben) ab. Benenne alle deine Sorgen: "Mein Kummer, meine Sorgen, meine Probleme sind ... ". Zähle alle deine Sorgen auf. Atme alle deine Sorgen aus. Gib sie an die Erde ab: "Ich lasse meine Sorgen los. Ich nehme die Dinge so an, wie sie sind."

3.2. Einatmen = Wir konzentrieren uns auf das Einatmen. Wir visualisieren eine Sonne am Himmel und atmen Licht ein. Wir füllen mit jedem Atemzug unseren Körper mehr mit Licht. Wir verbinden uns dem Positiven: "Positiv in meinem Leben ist ...". Wir zählen alle positiven Dinge in unserem Leben auf.

3.3. Besinnung = Wir besinnen uns auf den tieferen Sinn des Lebens? Was ist wichtig in deinem Leben? Was ist dein Weg der Wahrheit, Weisheit und Richtigkeit? Was ist dein  Weg der umfassenden Liebe? Was willst du für das Glück der deiner Mitmenschen und der Welt tun? Denke das Mantra: "Mein Weg der Weisheit ist ...".

3.4. "So Ham" = Wir denken "So" beim Einatmen und "Ham" beim Ausatmen. Wir konzentrieren uns auf das Atem-Mantra und laden uns so mit Atemenergie auf. Unser Geist wird ruhig und positiv. So ist die Sonne (das Licht) und Ham der Körper. So Ham kann man auch übersetzen mit : "Ich bin ich. Ich bin richtig, so wie ich bin. Ich bin auf dem richtigen Weg. Ich (Ham) bin eins mit mir/mit meinem Leben/mit Gott/der Sonne (So)."

3.5. Atem beobachten = Wir beobachten zwei Minuten einfach nur unseren Atem. Wir atmen ganz normal ein und aus. Wir können den Atem im Bauch, im Brustkorb oder in der Nase beobachten. Wir konzentrieren uns auf unseren Atem und stoppen dadurch alle Gedanken.
3.6. Entspannung = Wir entspannen uns einige Minuten. Dann kehren wir unseren Alltag zurück.

3.7. Lebensfreude = Der tiefere Sinn des Lebens ist es, glücklich zu sein. Glücklich werden wir durch das tägliche Üben der Eigenschaften innerer Frieden, umfassende Liebe, Weisheit, Selbstdisziplin und Lebensfreude. Du bist gut. Du bist in deinem Leben angekommen. Alles ist gut so wie es ist. Was ist heute dein Weg der Lebensfreude: "Mein Weg eines positiven Lebens ist ...".  Fühle, wie Glück in dir entsteht. Genieße dein Leben und deinen Tag. Vorwärts mit Optimismus.

Alle heiligen Bücher ergeben das Ganze
------------------------------------------------

Bede Griffiths wurde 1906 in England geboren und starb 1993 in Indien. Er machte Vortragsreisen durch den Westen und löste dort Wellen der Begeisterung aus. Er schrieb viele Bücher. Ein gutes Buch über sein Leben und seine Lehre hat Shirley du Boulay geschrieben: "Überwindung der Dunkelheit" (2001).

Bede Griffiths ist der christliche Meister der Einheit aller Religionen und der Anpassung des Christentums an die heutige Zeit. Er lehrte, dass sich die Offenbarungen aller Religionen ergänzen. Erst alle heiligen Bücher aller Religionen ergeben gemeinsam das Ganze. Als spiritueller Mensch kann und sollte man aus allen Büchern aller Religionen lernen.

Bede Griffiths war wie viele große Heilige für seine Kirche sehr unbequem. Er erklärte, dass sich die katholische Kirche verändern müsse. Sie muss neue Wege finden, um die christliche Botschaft auszudrücken. Sie sollte die Liebe und nicht die Sünde in den Mittelpunkt stellen. Bede Griffiths war eine große Inspiration für viele heutige Christen. Bei ihm fanden sie die Liebe, die Authentiziät und den inneren Frieden, den sie schon immer gesucht hatten.

Bede Griffiths trat für die Abschaffung des Zwangszölibates für Priester, das Priestertum der Frauen und für die Einrichtung interreligiöser Kommunitäten ein. In seinen Ashram in Indien kamen Menschen aus allen Religionen. Seine letzten Worte waren: "Ich bin so glücklich, ich bin so voller Liebe. Das ist mein Gebot, dass ihr einander liebt. In diesem Gebot ist das ganze Evangelium enthalten."

4. Mantra-Meditation
---------------------------

Ein Mantra ist eine Silbe (Om, Ah, Hum), ein Wort (Frieden, Shanti) oder ein heiliger Satz (So Ham). Wir wiederholen das Mantra mehrmals, lösen dadurch Verspannungen und bringen unsere innere Energie zum Fließen. Mantra-Yoga ist in Indien vorwiegend Gottheiten-Yoga. Wir visualisieren eine Statue oder das Bild einer Gottheit (eines spirituellen Symbols, eines erleuchteten Meisters) und denken oder sprechen das dazu gehörende Mantra.

Wir betrachten eine Shiva-Statue und denken das Mantra "Shivo Ham" (Ich bin Shiva) oder "Om Namah Shivaya" (Ich verbinde mich mit Shiva/mit der Idee des Yoga). Wir meditieren auf ein Bild des Gottes Vishnu und denken das Mantra "Aham Prema" (Ich bin Liebe) oder "Om Namo Narayanaya" (Ich verbinde mich mit der Liebe).

Die beste Meditationsform ist die Verbindung von Gottheiten-Yoga und Zen-Meditation. Mit dem Gottheiten-Yoga (Mantra und Visualisierung) erwecken wir unsere Kundalini-Energie. Mit der Zen-Meditation bringen wir unsere Gedanken dann zur Ruhe und verweilen anschließend einige Zeit im Glück. Wenn das innere Glück (die Kundalini-Energie) abklingt, beenden wir unsere Meditation.

Bei dieser zweistufigen Meditation erzeugen wir durch Mantras, Atemübungen und Visualisierungen eine starke innere Energie. Ab einem bestimmten Punkt der Meditation brauchen und können wir gar nichts mehr zu tun. Die Glücksenergie ist so stark, dass unser Denken zur Ruhe kommt. Wir können nur noch entspannt in der Ruhe verweilen. Die Verspannungen werden durch die Kundalini-Energie (das innere Glück) befreit und lösen sich jetzt von alleine immer weiter auf.

4.1. Yogisch = Wir visualisieren am Himmel über uns eine große Sonne. Das Licht fließt auf uns herab, erfüllt uns und erleuchtet die ganze Welt um uns herum. Wir bewegen segnend eine Hand und denken: "Ich verbinde mich mit dem Licht. In mir ist das Licht. Ich sende Licht zu ... Mögen alle Wesen glücklich sein. Möge es eine glückliche Welt geben."

4.2. Buddhistisch = Wir visualisieren uns als Buddha oder Göttin im Licht (in einer großen Lichtkugel, in der Sonne): "Ich bin ein Buddha/eine Göttin des Lichts. Ich lebe im Licht. Ich gehe den Weg des Lichts.".

4.3. Christlich = Wir visualisieren Gott (den Kosmos) und beten: "Vater unser im Himmel." Wir denken dieses Mantra (eventuell auch das ganze Vaterunser) so lange, bis unser Geist ins Licht gelangt.

4.4. Mantra = Wir denken eine Minute das Mantra Frieden, Amen oder Om. Welches dieser drei Mantren bringt dich am besten zur Ruhe?

4.5. Gedankenstopp = Wir bewegen unsere Zehen und stoppen eine Minute alle Gedanken.

4.6. Verweilen = Wir verweilen einige Minuten in der Meditation. Die Gedanken dürfen jetzt kommen und gehen, wie sie wollen. Wir genießen den inneren Frieden und das innere Glück.

4.7. Zurückkehren = Nach einiger Zeit kehren wir zurück.

Die zweistufige Meditation
---------------------------------

Teresa von Avila ist eine der größten erleuchteten Meisterinnen des Christentums. Sie lebte von 1515 bis 1582 in Spanien. Sie hat viele humorvolle Bücher über den Weg zur Erleuchtung geschrieben. Sie suchte viele Jahre nach einem effektiven christlichen Erleuchtungsweg. Sie erkannte, dass es wichtig ist, das Leid im Leben anzunehmen und sich auf dieser Basis auf das Licht hin zu orientieren.

Teresa von Avila entwickelte das Gebet der Ruhe. In der ersten Stufe verbindet man sich geistig mit Gott, denkt mehrmals das Mantra "Gott", erweckt dadurch die Kundalini-Energie und gelangt so ins Licht. In der zweiten Stufe verweilt man dann ohne Gedanken im Licht. Bereits mit dem ersten Wort des Vater-unsers brachte Teresa ihren Geist in ein kosmisches Bewusstsein. Die restlichen Worte des christlichen Hauptgebetes dienten der Vertiefung. Wenn ihr Geist ganz von Glückseligkeit durchdrungen war, hörten die Gedanken von alleine auf.

Diese Technik kann man als Meditation mit Worten (Mantras und Visualisierungen) und Meditation ohne Worte (Kontemplation, Zen, Raja-Yoga) bezeichnen. Die zweistufige Meditation ist die spirituelle Haupttechnik im Yoga, im Buddhismus und im Christentum. Patanjali beschrieb sie in dem Yoga-Sutra. Buddha lehrte sie im achtstufigen Pfad. Und Jesus praktizierte sie nach der Taufe durch Johannes.

Der wichtigste Ausspruch von Teresa von Avila lautete: "Gott allein genügt." Inneres Glück genügt. Es reicht aus, wenn ein Mensch in sich Frieden, Liebe und Glück hat. Wenn der Mensch diese drei Eigenschaften nicht besitzt, kann ihn kein noch so großes äußeres Glück wirklich glücklich machen.

Wir müssen nicht reich sein, eine berufliche Karriere machen oder einen perfekten Partner haben. Wenn wir konsequent den spirituellen Weg gehen und unser inneres Glück entwickeln, brauchen wir keinen äußeren Wohlstand. Wir können viele äußere Dinge besitzen, müssen es aber nicht. Wir sind unabhängig davon. Wir sind innerlich frei. Wir leben in Gott.

5. Beziehungs-Meditation
------------------------------

Wir können die Beziehungs-Meditation im Sitzen oder Liegen machen. Wir können sie alleine oder mit einem Partner praktizieren. Wichtig ist es, dass wir in einen realen Kontakt mit unseren Gefühlen kommen.

5.1. Glückliche Welt = Wir visualisieren unter uns die Erdkugel, reiben mit den Füßen/Händen den Erdboden und senden der ganzen Welt Licht. Wir denken: "Möge es eine glückliche Welt geben. Mögen alle Wesen glücklich sein."

5.2. Licht = Wir bewegen segnend eine Hand, senden unserem Partner Licht und hüllen ihn in Licht ein: "Om ... (Name des Partners). Ich wünsche, dass du glücklich wirst." Wir stellen uns vor, dass unser Partner uns mit seiner Hand berührt und zu uns sagt: "Ich mag dich."

5.3. Verschmelzen = Wir umarmen geistig unseren Partner. Wir verschmelzen zu einer Energie. Wir werden zu einer Person. Wir denken das Mantra: "Wir sind eins." Wir spüren Liebe, Zärtlichkeit und Verschmelzung. Zum Schluss lösen wir den Partner ganz in uns auf. Er wird zu einem Teil unserer eigenen Seele. Wir lösen alle Anhaftungen durch vollständige Integration auf.

5.4. Kosmos = Wir visualisieren um uns den Kosmos voller Sterne. Wir machen große Kreise mit den Armen und denken: "Ich sehe den Kosmos voller Sterne." Wir lassen unser kleines Ich los, indem wir uns auf die Ganzheit des Kosmos konzentrieren. Wir erheben uns von der Ebene der Dualität in die Ebene der Einheit. Wir sind Teil der Natur und haben unseren Eigenwillen aufgegeben. Wir leben in der großen Überlassenheit an den Willen des Kosmos (Gottes, des Schicksals, des Lebens).

5.5. Meister-Yoga = Wir reiben unsere Hände vor dem Herzchakra, visualisieren über uns im Himmel unseren Meister und denken: "Om ... (Name). Om alle erleuchteten Meister. Ich bitte um Führung und Hilfe auf meinem Weg." Wir finden kreativ aus dem täglichen Gebet und unserer inneren Weisheit unseren Lebensweg.

5.6. Gedankenstopp = Wir stoppen eine Minute alle Gedanken und bewegen dabei unsere Zehen. Dann entspannen wir uns.

5.7. Zurückkommen = Glückliche Beziehungen entstehen, wenn die Menschen in einer Beziehung nach den Regeln des Glücks leben. Die allgemeine Philosophie der heutigen Zeit ist Habgier, Genusssucht und Egoismus. Es ist kein Wunder, dass glückliche Beziehungen in der heutigen Zeit selten sind.

Glückliche Beziehungen beruhen auf dem Weg des inneren Glücks und der umfassenden Liebe. Bei glücklichen Beziehungen muss man eher den gemeinsamen guten Weg im Auge haben als den persönlich optimalen Genussweg. Man muss zu Kompromissen bereit sein. Man muss verzeihen können. Das größte Geheimnis einer glücklichen Beziehung ist, dass beide Partner als Gebende leben. Was ist dein Weg einer positiven Beziehung?

Der Schweizer Nationalheilige
-----------------------------------

Nikolaus von Flüe (vom Felsen/aus der Bergschlucht) rettete die Schweiz durch seine kluge Vermittlung vor einem Bürgerkrieg. Zu dieser Zeit lebte er bereits als Eremit abgeschieden von allen Menschen in einem kleinen Tal in den Bergen. Er hatte intensiv als Yogi praktiziert und bereits eine gewisse Stufe der Erleuchtung erreicht. Er besaß eine heilige Ausstrahlung. Seine Mitmenschen spürten die Heiligkeit und hatten deshalb ein großes Vertrauen in ihn. Sie schilderten ihn als warmherzig, freundlich und heiter.

Wie die meisten Menschen auf der Welt streiten sich auch die Schweizer gerne. Am liebsten streiten sich die Politiker. 1481 kam es zu einem großen Konflikt zwischen ihnen. Da sie ihre Meinungsunterschiede nicht friedlich lösen konnten, wollten sie miteinander kämpfen. Ein blutiger Bürgerkrieg drohte. Zum Glück kam ein Mensch auf die Idee, den heiligen Nikolaus um eine Vermittlung zu bitten. Der Eremit wurde von beiden Seiten als eine große Persönlichkeit akzeptiert. Ein Reiter wurde zu ihm geschickt. Nikolaus fand eine für beide Parteien annehmbare Lösung und rettete damit tausenden Schweizern das Leben.

Geboren wurde Nikolaus 1417. Er war ein Großbauer, der sich viele Jahre politisch für sein Land engagiert hatte. Er wirkte als Richter, Kantonrat und Bürgermeister. Mit 28 Jahren heiratete er seine Frau Dorothea. Beide führten eine glückliche Ehe und bekamen zehn Kinder.
Zeit seines Lebens war Nikolaus sehr religiös. Er besuchte regelmäßig die Kirche und zog sich oft nachts zum Gebet zurück. Das Spannende an seinem Leben ist, dass er in der westlichen Welt das indische Lebensideal der vier Lebensstufen aus Kindheit, Beruf, Heirat und spirituellem Üben im Alter verwirklichte.

Im Alter von 50 Jahren erwachte in ihm eine große Sehnsucht nach einem Leben als abgeschiedener Yogi. Er bat seine Frau um ihre Einwilligung, die sie ihm nur sehr widerstrebend gab. Seine Freunde bauten ihm eine Hütte in einer nahegelegenen Schlucht. Dorthin zog er sich in seinem Alter zurück und praktizierte zwanzig Jahre konsequent seine spirituellen Übungen. Nachmittags kamen oft Besucher. Der wichtigsten Rat, den er ihnen gab, war: "Folge stets deinem Gewissen. Tu das, was du für wahr, richtig und gut hälst."

Nikolaus von Flüe war ein streng übender Yogi. Er musste viele innere Kämpfe bestehen. Dadurch gelangte er schnell auf eine hohe Stufe der spirituellen Verwirklichung. In ihm entstand eine große innere Wärme, so dass er selbst im Winter barfuß im Schnee gehen konnte.

Er besaß die Fähigkeit, Wasser in Nahrung umzuwandeln und konnte ohne Essen auskommen. Als sich dieses Wunder herumsprach, wurde eine amtliche Kommission eingesetzt, die ihn einen Monat lang strengstens beobachtete. Sie bestätigte diese Tatsache. Wir können also davon ausgehen, dass ein Yogi diese Fähigkeit entwickeln kann. Auch in der heutigen Zeit gibt es viele überprüfte Fälle von Menschen, die sehr lange ohne feste Nahrung gelebt haben.

Gestorben ist Nikolaus von Flüe an seinem siebzigsten Geburtstag 1487. Kurz vor seinem Tod hatte er große Schmerzen in den Knochen. Sein Körper verwandelte sich in einen Lichtkörper. Seine Zellen füllten sich mit spiritueller Energie. Menschen mit einem Lichtkörper können nach den Aussagen der Bibel, des Yoga und des tibetischen Buddhismus bei ihrem Tod ihren Körper dematerialisieren und ihn mit in die Lichtwelt nehmen. Sie können sich bei Bedarf immer wieder für kurze Zeit auf der Erde materialisieren.

Rama und Sita wanderten bei ihrem Tod einfach auf den Horizont zu und verschwanden in der geistigen Welt. Genauso praktizierte es Elias in der Bibel. Im tibetischen Yoga ist es eine verbreitete Praxis, dass sich Yogis bei ihrem Tod drei Tage einschließen, ihren Körper dematerialisieren und danach nicht mehr zu finden sind. Dafür gibt es auch in der heutigen Zeit viele Zeugen. Die Wissenschaft wird sich in der Zukunft noch viel mit derartigen Fällen zu beschäftigen haben. Sie erscheinen kaum glaubhaft, könnten aber trotzdem wahr sein.

Die Möglichkeit, ihren Körper bei ihrem Tod zu aufzulösen, erlangen nur wenige sehr fortgeschrittene Yogis. Viele erreichen aber die Fähigkeit, nach ihrem Tod noch drei Tage als Seele in ihrem Körper zu meditieren. Der Körper wirkt dann noch lebendig und besitzt eine sehr heilige Ausstrahlung. Für diese Fähigkeit gibt es im Yoga und im tibetischen Buddhismus sehr viele Beweise.

Der Vorteil für die Anhänger des Yogis besteht darin, dass sie sich ausreichend von ihm verabschieden können. Wenn sie auf den Körper ihres Meisters meditieren, können sie einen Teil seiner Glücksenergie übernehmen. Für den Yogi ist diese Technik nützlich, weil bei dem Sterben seelische Verspannungen (Schmerzen) entstehen können. Diese kann er nach seinem Tod durch das Verweilen in seinem Körper auflösen. Er kann darüber hinaus nach seinem Tod seine Chakren noch weiter reinigen und dadurch in eine höhere geistige Ebene aufsteigen. Es ist zu vermuten, dass Nikolaus von Flüe bei seinem Tod diese Technik praktizierte.

In einer Vision sah er einen großen Lichtkreis, aus dessen Mitte ihn das Gesicht Gottes anblickte. Nach seinem Tod strahlte sein Gesicht nach Zeugenaussagen göttlichen Glanz aus. Nikolaus hat sich bei seinem Tod in einen vollständig erleuchteten Meister (Buddha) verwandelt. Sein Weg des intensiven spirituellen Übens im Alter hatte ihm einen großen Lohn eingebracht.

## 6. Heil-Meditation

Diese Meditation dient der Heilung und Gesunderhaltung der inneren Organe und der Knochen. Sie zentriert uns in unserem Körper und stärkt unsere Lebenskraft. Wir können diese Meditation im Liegen, Sitzen, Stehen und im Gehen machen.

Heile dich selbst. Gehe den Weg der Heilung. Mache dich gesund. Richte dich körperlich und geistig wieder auf.

Gehe zu einem Arzt, wenn du Hilfe brauchst. Was ist dein Problem? Was ist dein Heilungsweg? Mit Kraft voran. Die erleuchteten Meister werden dich auf dem Weg der Heilung unterstützen. Alles, was du brauchst, sind ein Siegerwille, etwas Geschick und genügend Ausdauer. Alles wird gut. Optimismus.

6.1. Körper bewegen = Wir bewegen sanft den Kopf und machen Grimassen mit dem Gesicht. Wir lockern die Schultern, die Arme und die Hände. Wir bewegen die Hüften, die Beine und die Füße. Wir drehen etwas die Wirbelsäule hin und her. Dann entspannen wir uns.

6.2. Gehirn = Wir visualisieren in unserem Kopf unser Gehirn und denken mehrmals das Mantra "Gehirn". Wir denken das Mantra "Gehirn" so lange, bis wir das Gehirn deutlich sehen und das Gefühl haben, dass unser Gehirn jetzt gut mit Heilernergie aufgeladen ist.

6.3. Innere Organe und Körperteile = Wir visualisieren nacheinander alle anderen inneren Organe und Körperteile und denken mehrmals ihren Namen als Mantra: "Lunge, Magen, Därme, Blase, Po, Nieren (hinten am Rücken links und rechts von der Wirbelsäule), Leber (rechts im Bauch), Milz (links im Bauch), Solarplexus, Bauchnabel, Füße, Hände, Herz". Wir können unsere Hände auf die einzelnen Organe und Körperteile legen und sie leicht massieren, damit wir sie besser spüren.

6.4. Alle Organe und Körperteile = Zum Schluss visualisieren wir alle inneren Organe und Körperteile zusammen und denken das Mantra: "Alle Organe und Körperteile". Wir sehen die Organe und Körperteile an ihrem Ort in unserem Körper. Notfalls zählen wir sie noch einmal alle auf: "Gehirn, Lunge, Magen, Darm, Blase, Po, Nieren, Leber, Milz, Solarplexus, Bauchnabel, Füße, Hände, Herz, alle Organe". Wir spüren, wie uns dieses Mantra in unserem Körper zentriert.

6.5. Knochen = Wir bewegen die einzelnen Körperteile leicht, um sie besser zu spüren. Wir visualisieren nacheinander alle Knochen in unserem Körper und denken ihre Namen als Mantra: "Schädel, Wirbelsäule, Brustkorb, Arme, Hände, Finger, Becken, Beine, Füße, Zehen."

6.6. Alle Knochen = Zum Schluss visualisieren wir alle Knochen auf einmal, lassen Licht um unsere Knochen herum kreisen und denken das Mantra: "Ganzes Gerippe, Licht, Licht, Licht ..." Wir bewegen die Zehen. Wir denken das Mantra so lange, bis wir unser Gerippe gut sehen oder spüren können.

6.7. Sonne im Bauch = Wir visualisieren in unserem Bauch einen warmroten Sonnenball. Wir lassen den Sonnenball mehrmals im Bauch, Becken und Brustkorb kreisen. Dabei denken wir das Mantra: "Sonnenball".

6.8. Kosmos = Wir bringen den Sonnenball in die Mitte des Beckens (Bauches). Wir denken "Sonnenball im Becken". Wir bewegen die Zehen. Wir strahlen Licht in unseren ganzen Körper. Wir denken das Manta "Licht im Körper". Wir bewegen die Zehen. Wir sehen den ganzen Kosmos voller Sterne. Wir denken das Mantra "Sterne im Kosmos" und machen große Kreise mit den Armen. Wir sind eins mit dem Kosmos und unserem Leben.

6.9. Gedankenstopp = Wir stoppen eine Minute alle Gedanken.

6.10. Entspannung = Wir entspannen uns.

## Der kranke Bauer

----------------------

Es war einmal ein Bauer in Indien, der hatte einen großen Kropf am Hals. Der Kropf schmerzte und sah sehr häßlich aus. Der Bauer war verzweifelt. Er fragte viele Ärzte. Aber keiner konnte ihm helfen. In seiner Not pilgerte er zu einem heiligen Ort, an dem ein erleuchteter Meister lebte.

Der Bauer hieß Kukcipa. Der Name des erleuchteten Meisters war Nagarjuna. Nagarjuna ist einer der Begründer des Mahayana-Buddhismus, der Verbindung des Weges des inneren Glücks mit dem Weg der umfassenden Liebe (Karma-Yoga).

Nagarjuna wies Kukcipa an, jeden Tag auf seinen Kropf zu meditieren. Er sollte mit Yogaübungen die Verspannungen in seinem Halschakra auflösen. Er sollte sich mit Licht einhüllen und allen Menschen auf der Welt Heilung wünschen. Er sollte das Mantra "Licht" so lange denken, bis sein Geist ganz zur Ruhe gekommen war. Dann sollte er einige Zeit in der Ruhe verweilen.

Kucipa praktizierte viele Jahre als Hatha-Yogi. Da er sich selbst heilen wollte, lebte er konsequent nach den fünf Grundsätzen der Gesundheit: gesunde Ernährung (viel Rohkost, wenig Fett), tägliche Bewegung (Yoga, Gehen), ausreichende Entspannung (Ruhepausen, Meditation), Schadstoffe vermeiden (kein Fleisch, Alkohol, Rauchen, Drogen) und positives Denken (positive Gedanken üben, in spirituellen Büchern lesen).

Zuerst wurden die Schmerzen im Hals immer größer. Vor der Heilung entsteht beim Yoga oft eine Phase der Energetisierung. Dann klangen die Schmerzen ab, der Kropf verschwand, und Kucipa war geheilt. Er wurde äußerlich und innerlich heil. Äußerlich erhielt er einen gesunden Körper und innerlich Frieden und Glück.

## 7. Engel-Meditation

Zielstrebig voran. Auch kleine Engel können große Taten vollbringen. Du wirst siegen. Weil das Licht, Gott, die erleuchteten Meister mit dir sind. Besinne dich auf deine Ziele. Was willst du in deinem Leben verwirklichen? Gehe mit Weisheit, Liebe und Ausdauer voran. Gib dir so viel Freude, wie du zu einem positiven Leben brauchst. Großes Gelingen mit Hilfe der fünf Engel.

7.1. Engel der Kraft = Wir strecken beide Arme seitlich hoch und schütteln die Fäuste. Wir sehen uns als Sieger und denken: "Ich habe Kraft. Ich erreiche meine Ziele. Meine Ziele sind ...". Benenne klar deine Ziele und fasse den festen Entschluss, sie zu verwirklichen.

2.7. Engel der Weisheit = Auf welchem Weg kannst du deine Ziele erreichen? Denke das Mantra: "Mein Siegerweg ist ...". Bewege dabei deine Füße.

7.3. Engel der Liebe = Überlege dir eine Tat der Liebe. Was kannst du für deine Mitmenschen tun? Bewege segnend eine Hand, sende der Welt Licht und erkläre dabei: "Meine heutige Tat der Liebe ist ... Mögen alle Wesen glücklich sein. Möge es eine glückliche Welt geben."

7.4. Engel der Freude = Was macht dein Herz froh? Was bringt die Freude in dein Leben? Wie musst du dein Leben gestalten, damit du voller Freude deinen spirituellen Weg gehen kannst? Denke das Mantra: "Ich gebe mir so viel Freude, wie ich brauche. Die Elemente der Freude in meinem Leben sind ...".

5. Der Engel des Friedens = Der erste Schritt zum inneren Frieden ist es, sich jeden Tag mit den erleuchteten Meistern zu verbinden. Das kann durch ein Gebet (Anrufung), eine Meditation (Visualisierung) oder durch das Lesen in einem heiligen Buch (hinter dem die erleuchteten Meister stehen) geschehen. Dann können wir voller Vertrauen unseren Weg gehen. Wir werden immer beschützt werden.

Der zweite Schritt besteht darin, Kontakt zu unserer inneren Stimme aufzunehmen. Unser Leben wird gelingen, wenn wir beständig aus dem Gefühl der Richtigkeit (Wahrheit, Weisheit) heraus leben. Die erleuchteten Meister führen uns durch unsere eigene innere Weisheit.

Der dritte Schritt ist dann die Überlassenheit an das Leben. Wenn wir jeden Tag den Meister-Yoga praktizieren und konsequent unseren Weg der Weisheit (Richtigkeit) gehen, können wir alles andere (die Ergebnisse, unser Schicksal) vertrauensvoll dem Leben überlassen. Alles wird sich optimal entwickeln. Alles wird gut so sein, wie es sein wird.

## Franz von Assisi

Der heilige Franziskus lebte von 1181 bis 1226 in Italien. Er war der Sohn eines reichen Tuchhändlers. Er führt ein genußorientiertes weltliches Leben. Aber im Alter von etwa 25 Jahren geriet er in eine innere Krise. Er fragte nach dem tieferen Sinn des Lebens, gab seine weltlichen Ziele auf und wanderte als besitzloser Bettelmönch durch sein Land.

Als er am Wegesrand einen verkrüppelten Leprakranken erblickte, entstand ein großes Mitgefühl in ihm. Er erkannte in dem Kranken seinen Mitbruder. Er küsste den Leprakranken auf die Stirn. Dadurch erwachte in Franz von Assisi die Erleuchtungsenergie. Er strahlte Licht, Glück und Liebe aus. Viele Menschen sammelten sich um ihn und folgten ihm nach.

Die großen Ideale des heiligen Franziskus waren Liebe, Mitgefühl, innerer Frieden und Lebensfreude. Franz von Assisi war ein heiterer Heiliger. Wo er hinkam, da wurde gelacht. Er lehrte einen spielerischen Bezug zum Glauben. Für die Christenheit entwickelte er das Krippenspiel.

Berühmt ist seine Vogelpredigt. Eines Tages kam der heilige Franziskus zu einem großen Feld, auf dem viele Vögel nach Nahrung suchten. Als sie den Heiligen bemerkten, flogen sie zu ihm hin, versammelten sich um ihn und setzten sich auf seine Schultern. Seine Energie der Liebe hatte sie angezogen. Sie vertrauten ihm. Franziskus sagt uns heutigen Menschen, dass wir in den Tieren unsere Mitwesen erkennen und gut zu ihnen sein sollen. Das

Paradies auf der Erde entsteht, wenn die Menschen im Einklang mit der Natur und im Frieden untereinander leben.

Franziskus begründete den katholischen Orden der Franziskaner, die auch heute noch in seinem Sinne ein Leben der Einfachheit und der Liebe führen. Seine Lehre fasste er in seinem Friedensgebet zusammen: "Herr, mache mich zum Werkzeug deines Friedens. Wo Verzweiflung ist, lass mich Hoffnung geben. Wo Traurigkeit ist, lass mich Freude bringen. Nicht mein Ich soll im Mittelpunkt des Lebens stehen, sondern die Liebe zu meinen Mitwesen."

## 8. Fernseh-Meditation

-------------------------

Fünfzehn Minuten Fernsehen und unser Geist ist von weltlichen Gedanken infiziert. Ein spiritueller Mensch sieht entweder kein fern oder er reinigt sich nach jedem Fernsehen gründlich mit seinen spirituellen Übungen. Nur so bleibt man stabil auf dem Weg des inneren Glücks.

8.1. Erdkugel = Wir visualisieren unter uns die Erdkugel, reiben kreisend mit den Füßen/Händen die Erde und denken: "Mögen alle Wesen glücklich sein. Möge es eine glückliche Welt geben."

8.2. Fernsehen = Wir bewegen segnend eine Hand und senden den Menschen im Fernsehen Licht: "Ich sende Licht zu .. Ich wünsche ihm/ihr Weisheit, Liebe und Glück. Mögen alle Menschen im Fernsehen Buddhas/Engel werden. Möge es eine Welt des Friedens und der Liebe geben."

Welcher Mensch im Fernsehen hat dich heute besonders negativ oder positiv berührt? Reinige die energetische Verbindung, indem du ihn als Buddha oder Engel visualisierst. Gib ihm einen positiven Satz. Denke ihn so lange als Mantra, bis du alle Anhaftung oder Ablehnung überwunden hast.

Alles was du äußerlich siehst, bleibt als geistige Spur in deiner Seele. Erzeuge Harmonie in deinem Geist, indem du allen negativen Wesen Licht sendest und dich auf das Ziel einer glücklichen Welt konzentrierst. Damit eine glückliche Welt entstehen kann, müssen alle Menschen zu einem positiven Miteinander finden. Der erste Schritt dahin ist der Aufbau einer positiven Welt in deinem Geist.

8.3. Positives Vorbild = Wir visualisieren uns als Buddha, Göttin oder Engel und denken: "Ich bin ein Buddha (Engel, Göttin). Ich gehe den Weg des Positiven." Wir reiben unsere Hände vor dem Herzchakra.

8.4. Meister = Wir reiben die Hände über dem Kopf und bitten alle erleuchteten Meister um Führung und Hilfe. Wir verbinden uns geistig mit ihrer Energie: "Om ... (Buddha, Jesus, Shiva). Om alle erleuchteten Meister. Ich bitte um Führung und Hilfe auf meinem Weg. Möge ich meinen Teil zum Aufbau einer glücklichen Welt beitragen können."

8.5. Mantra "Om" = Wir legen die Hände im Schoß zusammen, kreisen mit den Daumen, bewegen die Füße und denken mehrmals das Mantra "Om" im Bauch. Wir stoppen eine Minute alle Gedanken. Wir entspannen uns.

## Der schnellste Weg zur Erleuchtung

------------------------------------------

Atisha ist der tibetische Meister der umfassenden Liebe. Er wurde 980 in Ost-Bengalen geboren. Aufgrund seiner großen Intelligenz erreichte er an einer Klosteruniversität schnell die Position eines Professors. Aber er war nicht damit zufrieden, die Erleuchtung zu lehren. Er wollte sie auch selbst erreichen. Also machte er sich auf die Suche nach dem schnellsten Weg zur Selbstverwirklichung. Er pilgerte von Meister zu Meister und probierte alle Techniken aus.

Der Meister Rahula brachte ihn geistig zum großen Durchbruch: "Jede Form der Selbstbezogenheit hindert dich daran, vollständig erleuchtet zu werden. Auch wenn du Jahrzehnte in einer abgeschiedenen Höhle meditierst, gewinnst du vielleicht große spirituelle Kräfte. Aber vermutlich wird auch Stolz in dir entstehen. Und dieser Stolz wird dich daran hindern, auf eine hohe Ebene der Erleuchtung zu gelangen. Er wird deine vollständige Einswerdung mit dem Kosmos blockieren. Du musst dein kleines Ich als einen gedanklichen Irrtum durchschauen. Du musst dein Ego, dein Ich-Bewusstsein, überwinden. Dann wirst du frei. Du kommst vom Ego-Bewusstsein zum kosmischen Bewusstsein."

Das überzeugte Atisha. Doch wie sollte er das erreichen? Ihm fehlte eine wirksame Technik zur Überwindung seines Ego-Bewusstseins. Diese Technik lernte er bei dem Meister Serlingpa. Sie wird im tibetischen Buddhismus Tonglen genannt und bedeutet Auswechseln. Man übt es, sich mit seinen Mitmenschen zu identifizieren. Man verbindet sich mit ihrem Leid und sendet ihnen Licht. Man wünscht einen glücklichen Kosmos voller glücklicher Wesen und erreicht dadurch ein Erleuchtungsbewusstsein.

Tonglen kann man auf verschiedene Arten praktizieren. Der tibetische Weg ist sehr radikal. Man übernimmt geistig alles Leid von seinen Mitmenschen und sendet ihnen gedanklich all sein Glück. Und man tut das so ernsthaft, dass man damit rechnet, dass wirklich eine Übertragung der Leidenergie (des schlechten Karmas) stattfindet und dass alles Glück aus dem eigenen Leben zu den Mitwesen fließt.

Nils hat für sich den Weg etwas abgemildert. Nach seiner Erfahrung reicht es aus, wenn man bei dem Leid auf der Welt konsequent hinsieht, Mitgefühl entwickelt und im Rahmen seiner Möglichkeiten den Mitmenschen hilft. Wichtig ist es, bewusstseinsmäßig im Schwerpunkt als Karma-Yogi zu leben. Man muss das Glück seiner Mitwesen wichtiger nehmen als sein eigenes Glück. Man arbeitet für eine glückliche Welt und vergisst dabei sein Ego. Das Ego erlöscht im Laufe der Zeit, und es entstehen inneres Glück und umfassende Liebe.

Atisha lebte viele Jahre bei seinem Meister Serlingpa und erlernte dort Yoga, Meditation und die Identifizierung mit den leidenden Mitwesen. Als er zur Erleuchtung durchbrach, ging er nach Tibet, um den Menschen dort den Weg der umfassenden Liebe zu zeigen. Er schrieb sein Wissen in Leitsätzen nieder (Sieben Punkte des Geistestrainings):

"Übe dich im Yoga und in der Meditation. Erkenne alle äußeren Phänomene als unwesentlich und traumhaft. Konzentriere dich auf das Wesentliche. Übe dich jeden Tag in der Identifizierung mit deinen Mitwesen. Lade der Kuh nicht die Last eines Ochsen auf. Überfordere dich nicht auf deinem spirituellen Weg. Gehe in deiner Geschwindigkeit voran. Bewahre immer einen heiteren Geist."

## 9. Licht-Meditation

------------------------

Gold ist die Farbe des Glücks. Sie verweist auf den inneren Reichtum eines erleuchteten Menschen. Das Leben im Licht ist ein Leben im inneren Frieden, im kosmischen Bewusstsein und in der umfassenden Liebe. Ein erleuchteter Mensch ist innerlich voller Glück und besitzt in Bezug auf seine Außenwelt die Paradiessicht. Er nimmt seine Umwelt als Paradies wahr. Alles ist richtig und gut, so wie es ist. Alles ist Ausdruck der umfassenden Liebe Gottes. Alles ist spirituelle Fülle, wenn man die Dinge der Welt richtig betrachtet und spirituell nutzt.

"Amita" (japanisch Amida) bedeutet unendliches Licht und "Bha" Buddha oder Gottheit (erleuchtetes Wesen). Ein Amitabha ist ein Buddha (Yogi, Heiliger), der dauerhaft im Licht (in Gott, im kosmischen Bewusstsein) lebt. Der Amita-Buddhismus ist ein spiritueller Weg des Vorbild-Yogas, des Paradiesbewusstseins (positiven Denkens) und der umfassenden Liebe (der Arbeit für eine glückliche Welt). Man meditiert jeden Tag auf eine goldene Buddhastatue (oder ein Bild des Buddhas Amitabha), identifiziert sich damit und übt es, als positiver Mensch zu leben.

Wir können uns selbst als Amitabha sehen, ihn als reale historische Person begreifen oder ihn als ein Symbol für die Gesamtheit der erleuchteten Meisters verstehen. Amitabha wohnt über unserem Kopf im Himmel. Er ist der Paradiesbuddha. Wenn wir auf ihn meditieren, öffnet sich unser Scheitelchakra, und die Himmelsenergie fließt in uns hinein. Wir werden zu einem Amitabha (glücklichen Buddha) und steigen nach unserem Tod durch das Scheitelchakra ins Paradies auf.

Statt Amitabha können wir auch mit einem anderen spirituellen Symbol im Himmel (an unserem Paradiesort) arbeiten. Gute Meditationsobjekte sind die chinesische Göttin Kuan Yin (eine Verkörperung von Amitabha), der Yoga-Gott Shiva, die Glücksgöttin Lakshmi und für alle Christen auch Jesus Christus oder Mutter Maria. Die folgende Meditation ist in meinen Gruppen sehr beliebt und für viele Menschen sehr hilfreich. Wir können sie im Sitzen oder im Liegen machen.

9.1. Amitabha im Himmel = Wir visualisieren über uns im Himmel (über unserem Scheitelchakra) einen goldenen Buddha. Der goldene Buddha (männlich oder weiblich) sitzt auf einem goldenen Lotusthron und ist von einem hellen Lichtkranz umgeben. Er besitzt die Eigenschaften Frieden, Weisheit und Liebe. Er lebt im Licht, in einem glücklichen Energiebereich im Himmel.

Wir legen die Hände auf die Beine und denken: "Om Amitabha im Himmel. Om goldener Buddha. Om alle erleuchteten Meister. Ich bitte um Führung und Hilfe auf meinem Weg. Möge es eine glückliche Welt geben. Möge ich meinen Teil dazu beitragen."

Wir spüren, wie mit dem Mantra das Licht aus dem Himmel durch das Scheitelchakra in uns hineinfließt und uns mit Glück füllt. Wir verbinden das Mantra mit unserem Atem. Wir können bei dem Mantra sanft die Zehen bewegen.

9.2. Lichtkugel = Wir denken das Mantra "Licht" und hüllen uns dabei kugelförmig mit Licht ein.

9.3. Erdchakra = Wir visualisieren in der Mitte unseres Körper den Kundalini-Kanal und lassen das Licht vom Scheitelchakra durch den ganzen Körper und die Fußsohlen bis zum Erdchakra (einem Lichtpunkt etwa einen Meter unter unseren Füßen) fließen. Wir denken weiter das Mantra "Licht".

9.4. Licht aussenden = Wir denken das Mantra "Licht", kreisen mit dem Licht unter uns und strahlen es in die ganze Erde. Wir kreisen mit dem Licht vor unserem Körper und bestrahlen von dort aus die Welt vor uns mit Licht. Zum Schluss strahlen wir Licht in den ganzen Kosmos, lassen das Licht in dem ganzen Kosmos um uns herum kreisen und denken dabei weiter das Mantra "Licht". Wir füllen den Kosmos um uns herum so lange mit Licht, bis wir eins mit dem Kosmos sind. Dabei können wir sanft den Kopf zu allen Seiten bewegen und so das Licht in alle Richtungen senden.

9.5. Gedankenstopp = Wir stoppen eine Minute (oder länger) alle Gedanken. Wir sitzen ganz ruhig. Die Energie zieht in unseren Körper und gibt uns inneren Frieden, Wohlgefühl und Glück.

9.6. Zen-Meditation = Wir gelangen in eine Lichtdimension. Wenn wir im Licht sind, entspannen wir uns und lassen unsere Gedanken frei fließen. Wir bleiben in der Meditation, aber unsere Gedanken und Gefühle können kommen und gehen, wie sie wollen. Wir denken nicht zielgerichtet, sondern lassen alle inneren Impulse zu. Dadurch vertieft sich die Meditation im Laufe der Zeit immer mehr.

9.7. Verweilen im Glück = Wir konzentrieren uns auf das Glück in uns. Wir verweilen einige Zeit im Wohlgefühl. Die durch das Scheitelchakra aufgenommene Kundalini-Energie reinigt unseren Körper und löst alle Verspannungen.

9.8. Beenden = Wir beenden die Meditation, wenn wir genug meditiert haben. Diese Meditation kann fünf Minuten, fünfzehn Minuten oder eine Stunde dauern. Es hängt davon ab, wie lange wir unser inneres Wohlgefühl genießen möchten.

Wenn wir diese Meditation regelmäßig praktizieren, wird sie im Laufe der Jahre immer wirksamer und strahlt immer mehr in unseren Alltag hinein. Wir erinnern uns öfter am Tag daran, dass wir der Buddha Amitabha oder die Göttin Kuan Yin (Tara, Lakshmi) sind. Arbeit und Meditation verbinden sich, und wir sind dauerhaft im Licht. Wir handeln aus der Ruhe heraus für eine glückliche Welt und wachsen so immer weiter in unserer Erleuchtung. Mögen wir alle ein gesegnetes Leben erhalten. Yogi Nils, der alle liebt.

## Der goldene Buddha Amitabha

Vor langer Zeit lebte in Indien ein junger Mann, der gerne ein goldener Buddha werden und dauerhaft im Licht leben wollte. Er nannte sich Amitabha und zog als Yogi in die Abgeschiedenheit. Er durchlebte viele spirituelle Krisen. Er hatte große Mühe, jeden Tag seine innere Trägheit zu überwinden, immer wieder neu den momentanen Weg des effektiven Übens herauszufinden und mit Selbstdisziplin beständig seine spirituellen Übungen zu machen.

Amitabha wusste, dass nur wenige Menschen den Weg des einsamen Yogis gehen können. Der Weg zur Erleuchtung ist harte Arbeit. Er beschloss deshalb, nach seiner Erleuchtung im Himmel einen glücklichen Energiebereich zu schaffen, in den auch weltlich lebende Menschen gelangen können. Wer jeden Tag das Mantra "Om Amitabha im Himmel" (japanisch Om Amida Butsu, tibetisch Om Amitabha Hri) denkt, den versprach er, beim Tod zu sich ins Paradies zu ziehen.

Amitabha meditierte vierundzwanzig Jahre und gelangte dann zur vollständigen Erleuchtung. Jetzt konnte er durch seine geistige Kraft alle seine ernsthaft praktizierenden Anhänger ins Paradies bringen. Amitabha muss etwa zur Zeit von Jesus Christus gelebt haben. Seine Lehre verbreitete sich ab 100 nach Christus in Indien, Tibet, China und Japan. Er hatte viele erleuchtete Nachfolger. Wir können deshalb sicher sein, dass uns bei der Anrufung von Amitabha aus der geistigen Welt heraus geholfen wird.

Dabei ist es egal, ob wir uns selbst als Amitabha sehen (Vorbild-Meditation) oder Amitabha als realen erleuchteten Meister begreifen (Meister-Meditation). Wer sich jeden Tag mit dem goldenen Buddha Amitabha im Himmel (oder mit der Göttin Kuan Yin) verbindet und um ein positives Leben bemüht, kommt nach seinem Tod ins Paradies (zur Erleuchtung).

Es wird von den Amitabha-Meistern empfohlen, sich am besten morgens und abends in einer kurzen Meditation mit Amitabha/Kuan Yin im Himmel zu verbinden. Darüber hinaus sollten wir jeden Tag fünf bis fünfzehn Minuten in einem spirituellen Buch unserer Wahl lesen.

Wichtige Amitabha-Meister sind der indische Gelehrte Nagarjuna, der tibetische Yogi Patrul Rinpoche, der japanische Heilige Shinran, der chinesische Meister Shan Dao und der chinesiche Mönch Shao Kang. Wichtige Paradieslehrer sind Jesus Christus, Sai Baba, Swami Muktananda, Swami Shivananda und der Dalai Lama.

Wenn wir jeden Tag mindestens einmal Amitabha/Kuan Yin/Jesus Christus oder ein anderes Vorbild über uns im Paradies visualisieren und ein Mantra denken, wird uns mit Sicherheit bei unserem Tod geholfen. Wer auf dem spirituellen Weg treu ist, der wird eines Tages mit der großen Treue belohnt. Dafür verbürgen sich alle großen erleuchteten Meister.

## 10. Shiva-Meditation

Shiva ist der oberste Gott im Hatha-Yoga. Wir können ihn als das Symbol für einen siegreichen Yogi sehen. Shiva ist sowohl männlich als auch weiblich. Er besitzt beide Anteile in einer Person. Shiva bedeutet kosmisches Bewusstsein. Seine Hautfarbe ist deshalb normalerweise blau wie die Weite des Kosmos. Das kosmische Bewusstsein steht über der Welt der Dualität. Deshalb können sich sowohl Yogis als auch Yoginis als Shiva sehen. Wir können aber auch die Begriffe Shiva (männlich) und Shakti (weiblich) verwenden.

Shiva als kosmisches Bewusstsein kann in vielen Formen auftreten. Die bekanntesten Verkörperungen von Shiva sind der Meditierende (der übende Yogi), der Segnende (der Karma-Yogi), der unter den Füßen Kalis Liegende (das Ego opfern, Überlassenheit an das Leben), der Tanzende (mit dem Leben fließen) und der Liebende (Shiva und Shakti Hand in Hand oder in sexueller Vereinigung).

Shiva ist der Meister des Lebens. Er meistert das Leben mit den fünf Elementen/Eigenschaften Liebe (Erde), Freude (Luft), Weisheit (Wasser), Kraft (Feuer) und Ruhe (Raum, Kosmos). Er lebt im richtigen Moment die richtige Eigenschaft. Er sieht sich als Sieger und wird dadurch ein Sieger. Er hat sein Unterbewusstsein auf Erfolg programmiert und ist reich an Erfolgen. Gleichzeitig ist sich Shiva aber immer bewusst, dass er ein Bettler in Gott, ein Nichts in der Größe des Kosmos, ein egoloser Wanderer durch das Leben ist. Wenn er seine Ziele loslassen muss, kann er auch sich und seine Ziele loslassen. So bleibt er immer im inneren Frieden und im Licht.

10.1. Der Sieger = Wir schütteln unsere Fäuste in Höhe des Kopfes und denken: "Ich bin ein Sieger. Ich erreiche meine Ziele. Meine Ziele sind ... ".

10.2. Der Starke = Wir reiben die Hände/Füße auf der Erde, visualisieren unter uns den Berg Meru und denken: "Ich sitze auf dem Berg Meru (Weltenberg). Ich bewahre Gleichmut bei Leid. Ich gehe mit Ausdauer meinen Weg."

10.3. Der Gelassene = Wir machen große Kreise mit den Armen, visualisieren um uns herum den Kosmos voller Sterne und denken: "Ich lebe in der großen Ordnung des Kosmos. Ich lasse meinen Eigenwillen los. Ich nehme die Dinge so an, wie sie sind. Ich fließe positiv mit dem Leben. Ich lebe in der großen Überlassenheit an das Leben."

10.4. Der Hatha-Yogi = Wir visualisieren in uns die Kundalini-Schlange, bewegen die Zehen, kreisen mit den Daumen und denken: "Ich bin ein Hatha-Yogi. Ich gehe den Weg des Hatha-Yoga. Ich rette mich durch meine spirituellen Übungen."

10.5. Der Karma-Yogi = Wir senden allen Wesen Licht und denken: "Ich bin ein Karma-Yogi. Ich helfe allen Wesen. Mein Weg des Helfens ist ...". Shiva bedeutet übersetzt "Der Gute". Er lebt im kosmischen Bewusstsein und sieht sich in allen seinen Mitwesen. Er möchte, dass alle Wesen glücklich sind. Er trägt seinen Teil dazu bei. Er arbeitet auf seine Art für das Ziel einer glücklichen Welt.

10.6. Meister-Yoga = Wir reiben die Hände vor dem Herzchakra, visualisieren über uns im Himmel die erleuchteten Meister und denken: "Om ... (Name des Meisters). Om alle erleuchteten Meister. Ich bitte um Führung und Hilfe auf meinem Weg."

10.7. Shiva-Bild = Konzentriere dich auf ein Bild oder eine Statue von Shiva. Bewege eine Hand in Höhe des Herzchakras und nimm dadurch Energie von Shiva auf. Denke mehrmals das Mantra "Om Namah Shivaya" (Ich verbinde mich mit Shiva) und spüre, wie mit dem Mantra die Energie Shivas (aller Meister, aller Yogis) in dich hineinfließt.

10.8. Meditation = Wir legen die Hände in den Schoß, bewegen die Zehen und denken das Mantra "Om" im Bauch. Dann stoppen wir eine Minute alle Gedanken. Wir verweilen einige Zeit entspannt in der Meditation und kommen dann zurück.

Der König und die fünf Opfer
------------------------------------

Es war einmal ein König, der wollte gerne das innere Glück verwirklichen. Sein Priester erklärte ihm, dass dazu eine fünffache Entsagung notwendig sei.

Als Erstes entsagte der König seinem Königreich. Er zog in einen abgeschiedenen Wald und lebte dort als Yogi. Als Zweites entsagte der König der Sexualität. Er lebte ohne eine Beziehung, um seine Energie besser auf seine spirituellen Übungen konzentrieren zu können. Das war für ihn das größte Opfer.

Als Drittes entsagte der König seinen Gedanken. Er meditierte viel und lebte in der großen Ruhe. Als Viertes entsagte er seinem Ich-Bewusstsein. Er ließ sein Ego los, ging durch die große Leerheit (Nichtswerdung) hindurch und gelangte ins Licht. Es fühlt sich unangenehm an, wenn sich das Ego auflöst. Aber dahinter wartet das innere Glück. Wer das weiß, kann leicht sein Ego opfern.

Der König genoss einige Zeit das Glück der Erleuchtung. Dann dachte er an das Leid seiner Mitmenschen. Sie kannten den Weg des inneren Glücks nicht. Sie brauchten einen erleuchteten Helfer, der sie auf dem Weg des inneren Friedens, der Liebe und des Glücks anleitete.

Der König entsagte deshalb als Fünftes dem großen Glück der Abgeschiedenheit und ging wieder zurück in sein Königreich. Er half vielen Menschen auf dem spirituellen Weg und machte das Glück zum Staatsziel. Er lebte als Hatha-Yogi im dauerhaften Üben, als Karma-Yogi in der großen Liebe und als Bhogi-Yogi im unermesslichen Glück des ständigen Paradiesbewusstseins. Die fünf Opfer erwiesen sich als die größte Gnade in seinem Leben.

Die zehn besten Meditationen im Liegen
########################

1. Urlaubssonne
---------------------

Wir legen oder setzen uns bequem hin. Decke dich beim Liegen zu, damit dir nicht kalt wird. Du kannst eine schöne Meditationsmusik anschalten.

1.1. Entspannung = Wir spannen die Muskeln der Beine und der Füße an. Wir halten die Anspannung, stoppen alle Gedanken und atmen in die Beine hinein. Dann entspannen wir uns kurz. Wir spannen die Muskeln der Arme und Hände an. Wir atmen in die Arme und Hände hinein. Wir entspannen uns. Wir spannen die Muskeln des Kopfes und des Gesichtes an. Wir atmen in das Gesicht hinein. Wir entspannen uns. Wir spannen die Muskeln des ganzen Körpers an. Wir atmen in den ganzen Körper hinein. Wir entspannen uns.

1.2. Zahlen 1 bis 20 = Wir zählen mehrmals im Kopf die Zahlen von 1 bis 20, konzentrieren uns auf den Kopf und atmen in den Kopf hinein. Unser Geist kommt zur Ruhe. Wir konzentrieren uns auf den Brustkorb, atmen in den Brustkorb hinein und zählen im Brustkorb die Zahlen von 1 bis 20. Wir atmen in den Bauch und zählen dort die Zahlen von 1 bis 20. Wir konzentrieren uns auf die Beine und Füße und zählen dort die Zahlen von 1 bis 20. Wir visualisieren unter den Fußsohlen einen großen Ball vor und zählen die Zahlen von 1 bis 20 im Ball.

1.3. Sonne am Himmel = Wir stellen uns am Himmel eine schöne Sonne vor. Sie sendet ihre Strahlen auf uns herab. Wir spüren ihr Licht und ihre Wärme auf unserer Haut. Es ist, als ob wir im Urlaub in der Sonne liegen. Wir genießen das Sonnenlicht.

1.4. In Licht einhüllen = Wir hüllen unseren ganzen Körper mit Licht ein. Wir nehmen einen goldenen Sonnenstrahl und lassen das Sonnenlicht überall um uns herum kreisen. Dabei denken wir das Mantra "Licht". Wir lassen das Sonnenlicht in uns hineinfließen und füllen uns ganz mit Licht. Wir denken das Mantra "Licht".

1.5. Gedankenstopp = Wir stoppen eine Minute alle Gedanken und bewegen dabei sanft die Füße. Wir konzentrieren uns auf unsere Füße und bewegen sie immer weiter, bis unser Geist ganz zur Ruhe kommt.

1.6. Entspannung = Wir liegen einige Minuten einfach nur da und entspannen uns. Gedanken und Gefühle können kommen und gehen, wie sie wollen.

1.7. Zurückkommen = Wir kommen langsam zurück. Wir bewegen die Füße und die Hände. Wir strecken und räkeln uns. Wir setzen uns auf und sind wieder da.

## Der Königssohn und der Tod

------------------------------------

Es war einmal ein Königssohn, der war sehr klug. Er lernte bei allen weisen Männern und Frauen seines Landes. Als sie ihm nichts mehr beibringen konnten, schickte ihn sein Vater, der König, in die weite Welt hinaus. In allen Ländern der Erde suchte der Königssohn die größten Gelehrten auf und blieb so lange bei ihnen, bis er ihr Wissen vollständig in sich aufgenommen hatte. Nach einigen Jahren wusste er alles. Er kehrte zu seinem Vater zurück, um die Herrschaft über sein Land zu übernehmen.

Bevor er sich zum König krönen ließ, bat er alle Bewohner seines Landes hervorzutreten, die etwas wussten, was er noch nicht wusste. Machtvoll hob ein alter Mann seine Hand. Er sah sehr bleich aus. Sein Körper bestand nur aus Haut und Knochen. Er sprach: "Ich bin der Tod. Ich kann dich das höchste Wissen lehren."

Der Königssohn folgte dem Tod in eine abgelegene Hütte in den Bergen. Der Tod setzte sich auf seinen Thron und bat den jungen Mann, zu seinen Füßen Platz zu nehmen. Drei Jahre saß der Prinz schweigend bei den Füßen des Meisters. Sie sprachen kein Wort. Der Geist des Königssohnes wurde immer ruhiger. Er vergaß all sein Wissen.

Im Laufe der Zeit entstand eine starke spirituelle Energie. Sie verwandelte den Königssohn. Sein Ego verschwand, und Glück breitete sich in ihm aus. Er lebte jetzt dauerhaft in einer großen Wolke aus Erleuchtungsenergie. Wenn er diese Energie auf andere Menschen übertrug, konnte er sie damit heilen. Wenn er die Hand auf seinen eigenen Körper legte, konnte er sofort Gesundheit und Glück in sich erzeugen.

Als erleuchteter König regierte er sein Land weise und gerecht. Er blieb stets bescheiden, weil er wusste, dass der Tod ein noch größerer Meister als er war. Als seine Zeit um war, stand plötzlich der Tod vor der Tür. Der Tod sagte: "Du hast dein Leben gut genutzt. Du hast dein inneres Glück verwirklicht. Du hast deinen Mitmenschen viel Gutes getan. Deshalb wartet jetzt das Licht auf dich."

## 2. Blumenwiese

--------------------

Durch die Visualisierung einer schönen Landschaft und das Denken eines Heilsatzes erwecken wir die Energie der Heilung in uns. Lass dir nach jeder Visualisierung etwas Zeit zum Nachspüren. Versuche, die Dinge so genau wie möglich zu sehen. Wenn es dir schwerfällt, eine ganze Wiese zu visualisieren, kannst du Kontakt mit einem Detail aufnehmen (eine Blume, ein Grashalm). Ein Detail reicht oft schon für die Entstehung einer Energiewirkung aus. Meditiere so, dass du dadurch ins Licht gelangst.

2.1. Entspannung = Wir legen uns bequem hin. Wir decken uns mit einer warmen Decke zu. Wir atmen einige Zeit tief in den Bauch. Dann entspannen wir.

2.2. Blumenwiese = Wir liegen auf einer Wiese voller schöner Blumen. Wir spüren das weiche Gras unter uns. Die Sonne scheint. Sie hüllt uns mit ihren warmen Strahlen ein. Wir atmen das Licht der Sonne ein und füllen unseren Körper mit Licht. Wir riechen den Duft der Blumen. Der Wind rauscht leise. Wir fühlen uns wohl.

2.3. Heilwasser = In der Mitte der Wiese befindet sich ein kleiner Teich. Das Wasser ist klar und angenehm warm. Im Geiste stehen wir auf und gehen zu dem Teich. Wir steigen langsam in das Wasser hinein. Das Wasser ist ein Heilwasser. Wir reiben es in unseren Körper damit ein. Wir trinken etwas Heilwasser. Wir füllen unseren ganzen Körper mit Heilwasser.

2.4. Heilbotschaft = Wir überlegen uns einen Bereich in unserem Körper, unserem Geist oder unserem Leben, der der Heilung bedarf. Wir bitten alle erleuchteten Meister um Führung und Hilfe. Wir kreisen mit dem Licht der Sonne so lange in unserem Heilbereich, bis der ganze Bereich lichtdurchflutet ist. Dann befragen wir ihn nach seiner Heilbotschaft. Was sagt dir dein heilungsbedürftiger Bereich heute? Formuliere einen Heilsatz und denke ihn mehrmals als Mantra.

2.5. Meditation = Wir stoppen eine Minute alle Gedanken. Wir bewegen etwas die Füße. Wir verweilen einige Zeit entspannt in der Meditation. Gedanken und Gefühle dürfen auftauchen. Wenn wir genug meditiert haben, strecken wir uns und kehren langsam in den Alltag zurück. Wir denken auch tagsüber öfter unsere Heilbotschaft.

Heilung. Gelingen. Innere Verspannungen lösen sich. Der Geist wird heil. Der Körper wird gesund. Mit Kraft voran. Mache deine spirituellen Übungen (Liegen, Lesen, Gehen, Yoga, Gutes tun). Bringe dich durch deinen spirituellen Weg ins Licht. Das Licht ist mit dir. Dein Weg der Heilung wird gelingen.

Was ist dein Heilmantra? Ein Mantra ist ein Wort oder ein Satz mit energetischer Kraft. Heilwörter sind Liebe, Frieden, Licht, Kraft, Optimismus. Sehr gut ist es, wenn wir uns mit einem erleuchteten Wesen verbinden. Dann kommt seine Kraft in unser Mantra. Wir können zum Beispiel denken: "Om Jesus, Licht, Liebe, Optimismus." "Om Buddha, Ruhe, Frieden, Kraft, Heilung." Oder: "Om Namah Shivaya. Shivo Ham. Ich werde siegen. Ich lebe als Sieger. Ich gehe erfolgreich meinen Weg. Meine Ziele sind ... Mein Siegerweg ist ...".

Ein wichtiges Heilungs-Mantra im Yoga lautet: "Om Tryambhakam Yajamahe Sukandhim Pushti Vardhanam. Urvarukam Iva Bandhanan. Mrityor Mukshiya Mamritat. Om Sarvesham Mangalam Bhavatu. Om. Om. Om." (Om dreifacher Shiva aus Ruhe, Güte und Kraft. Befreie mich vom Leid. Führe mich ins Licht. Mögen alle Wesen in der Fülle leben. Om. Om. Om.)

## Die beste Sterbetechnik

Sogyal Rinpoche ist ein kleiner, dicker und fröhlicher Buddha. Er ist nach dem Dalai Lama der bekannteste tibetische Meister im Westen. Er wohnt in den USA. Sogyal Rinpoche wurde in Tibet geboren, studierte in Cambridge und lehrt seit 1974 im Westen. Sein Spezialgebiet ist die Sterbeforschung. 1991 schrieb er: "Das tibetische Buch vom Leben und vom Sterben".

Im Westen gibt es eine große Unklarheit über das richtige Sterben. Wer richtig stirbt, muss beim Sterben viel weniger leiden als seine sterbeunkundigen Mitmenschen. Wer richtig stirbt, kann nach seinem Tod in die höheren Glücksbereiche des Jenseits aufsteigen.

Sogyal Rinpoche selbst wurde im Alter von sieben Jahren mit dem Tod konfrontiert. Diese Erfahrung motivierte ihn, sich sein Leben lang intensiv mit dem Sterben zu beschäftigen. Bei einer Pilgerfahrt starben zuerst der Mönch Samten und dann der Lama Tseten. Samten war ein einfacher Mensch mit einem starken Glauben. Er starb einen schmerzhaften Tod, aber sein Glauben gab ihm die Kraft, gut durch die schwierige Situation hindurch zu gehen.

Lama Tseten hatte in seinem Leben viel meditiert und die Selbstverwirklichung erreicht. Er konnte vor seinem Tod mit seinen spirituellen Übungen seine Erleuchtungsenergie aktivieren. Er ging lächelnd und ohne Schmerzen durch den Tod. Er dachte beim Sterben das Mantra "Ja" (tibetisch Ah) und gelangte so nach seinem Tod in eine Lichtdimension (ins Nirwana).

In seinem Buch vom Sterben schlägt Sogyal Rinpoche drei Techniken für das Sterben vor: die Meditation, das Mantra (Ja, Om) und die Verbindung mit einem erleuchteten Meister (einen Meister visualisieren und um Hilfe bitten, seinen Namen als Mantra denken).

Grundsätzlich sollte man beim Sterben die Übung praktizieren, die einem am ehesten liegt. Die Hauptanweisung für den Tod lautet: "Sei frei von Anhaftung und Abneigung. Halte deinen Geist rein, ruhig und positiv. Vereine deinen Geist mit dem Licht (Gott, Vorbild, Kosmos)."

Wenn man alle Anhaftungen an andere Menschen und seinen Körper loslässt, wird die Seele frei. Wer nichts ablehnt, ruht im Frieden. Wer sich auf etwas Positives (Meister, Gott, Glück) konzentriert, der bleibt in einem positiven Bewusstsein und gelangt nach dem Tod ins Paradies (in eine Lichtdimension). Hilf dir, soweit du kannst. Und überlasse dich ansonsten vertrauensvoll dem Kosmos (Gott, dem Licht, der Führung deiner erleuchteten Meister). Vorwärts auf dem Weg der Weisheit, der Kreativität und der Ausdauer. Gelingen.

## 3. Lourdes-Heilmeditation

Die Lourdes-Heilmeditation dient der Unterstützung der Selbstheilungskräfte. Lourdes ist ein Ort in Südfrankreich, an dem eine Heilquelle fließt und wo bereits viele Menschen von ihren Krankheiten geheilt wurden.

3.1. Mitgefühl = Wir kreisen mit den Händen in den Handgelenken vor unserem Herzchakra und denken: "Ich verbinde mich mit dem Leid von ... " Wir können die Leidenergie von Verwandten, Freunden, aus dem Fernsehen oder der Dritten Welt aufnehmen. Wir können uns mit nahen oder fernen Menschen verbinden.

3.2. Leid abgeben= Wir reiben abwechselnd rechts und links mit den Füßen die Erde und denken: "Ich gebe das Leid an die Erde (an Gott) weiter." Wir spüren die Erde und visualisieren die ganze Erdkugel unter uns. Wir konzentrieren uns beim Mantra vollständig auf die Erde unter uns. Wir denken das Mantra so lange, bis alles Leid durch uns hindurch geflossen ist und wir es vollständig an die Erde (oder an Gott) abgegeben haben.

3.3. An etwas Schönes denken = Auf der Welt gibt es neben dem Leid auch immer das Schöne. Unser Leid darf bei uns nicht zu einer verzerrten Realitätssicht führen, sonst geraten wir aus dem inneren Gleichgewicht. Wir machen uns deshalb jetzt die Existenz des Schönen bewusst. Wir reiben die Hände vor dem Herzchakra und denken mehrmals: "Das Schöne auf der Welt ist ...". Wir ergänzen den Satz auf unsere Art.

3.4. Kraft entstehen lassen= Wir besinnen uns auf unseren spirituellen Weg. Nur der spirituelle Weg kann uns letztlich vor dem Leid schützen. Wenn wir jeden Tag konsequent unsere spirituellen Übungen machen (positives Denken üben, in einem spirituellen Buch lesen, meditieren), entsteht ein großes Potential an Kraft und Frieden in uns. Wir sind in der Lage, unser Leben zu meistern und das Positive zu entwickeln. Wir reiben die Hände waagerecht vor dem Unterbauch und denken mehrmals: "Ich bin eine Meisterin (Meister) des Lebens. Ich meister mein Leben. Mein Weg der Lebensmeisterung ist heute ..."

3.5. In der Wahrheit leben= Wenn wir uns als Teil im Gesamtsystem des Kosmos begreifen, können wir unsere Ich-Wichtigkeit loslassen. Wir können alles Geschehen, von einer höheren Ebene aus gesehen, als richtig erkennen. Wenn wir diese Sichtweise konsequent üben, erfahren wir uns als geborgen in der großen Ordnung der Natur, in Gott.

Wenn wir ein Leben in der Wahrheit und in der Richtigkeit führen, sind wir im Frieden mit uns selbst. In uns wächst die Zuversicht. Wir spüren die Allgegenwart des Positiven. Wir machen große Kreise mit den Armen, visualisieren den ganzen Kosmos und denken: "Ich lebe in der Wahrheit und in der Richtigkeit. Ich gehe den Weg des Positiven. Ich bin geborgen in der großen Ordnung der Natur (in Gott)."

3.6. Heilort = Wir verbinden uns geistig mit Lourdes in Frankreich als unserem Heilort. Wir visualisieren ihn als einen schönen Ort mit vielen Bäumen und einer Heilquelle. Schaffe dir dein persönliches Bild von einem guten Heilplatz. Dieser Platz befindet sich genau um dich herum. Von der Heilquelle aus geht die Heilenergie des Ortes auf dich über. Denke mehrmals das Mantra: "Om Lourdes. Om Mutter Maria. Om alle erleuchteten Meister. Ich bitte um Heilung und Gesundheit." Lege die Handflächen bittend vor dem Herzchakra zusammen. Fühle dich real mit Lourdes verbunden und fülle dich mit der Lourdes-Heilenergie.

3.7. Weitergabe = Wir bewegen segnend eine Hand in Höhe des Herzchakras und geben die Lourdes-Heilenergie an alle bedürftigen Wesen weiter: "Ich sende Heilung zu ... Mögen alle Wesen gesund und glücklich sein. Möge es eine glückliche Welt geben." Wir hüllen alle Wesen der Welt mit Licht ein.

3.8. Meditation= Wir legen die Hände in den Schoß. Wir bewegen die Füße und die Zehen. Wir stoppen eine Minute alle Gedanken. Danach verweilen wir einige Zeit entspannt in der Meditation. Gedanken dürfen jetzt auftauchen. Dann machen wir die Augen auf und sind wieder da.

## Eine Blume der Freude

Der heilige Antonius ist der Begründer des christlichen Yogitums. Im Februar 2002 erschien er Nils in einem Traum. Er segnete Nils mit Brot und Wein. Er gab ihm die heilige Eucharistie. Er übertrug Nils seine Energie. Es ist notwendig, dass das christliche Yogitum wieder zu einem neuen Leben erwacht.

Der heilige Antonius lebte im dritten Jahrhundert in Ägypten. Als junger Mann hatte er in einer Kirche eine Vision. Aus dem leeren Raum heraus sprach eine Stimme zu ihm: "Willst du glücklich werden, dann ziehe in die Wüste." Er verkaufte seine Besitztümer, trennte sich von seiner Frau und wurde ein Yogi. Er durchlebte viele Reinigungskrisen und erreichte eines Tages die Erleuchtung.

Seine Erleuchtung sprach sich schnell herum, und bald übten um ihn herum tausende von anderen christlichen Yogis. Manche übten alleine und manche in Gruppen. Wichtig ist, dass sowohl die Yogis (Einsiedler) als auch die Mönche und Nonnen (in einer Gruppe Lebende) einen erleuchteten Meister haben. Ohne einen erleuchteten Meister können nur wenige Menschen den Weg ins Licht finden. Die ersten Wüstenyogis hatten einen erleuchteten Meister, den heiligen Antonius. Deshalb gelangten viele von ihnen zur Erleuchtung.

Spannend am heiligen Antonius ist die Tatsache, dass er bei seinem Yogaweg in Kontakt mit seinen früheren Leben kam. Im Christentum wurde später die Lehre von der Wiedergeburt weitgehend abgelehnt. Die frühen Christen und auch der heilige Antonius glaubten an die Wiedergeburt. Erst als der heilige Antonius alle Verspannungen aus seinen früheren Leben aufgelöst hatte, brach er zur Erleuchtung durch.

In den Texten heißt es, dass er viele Fresssituationen aus seinen früheren Leben noch einmal durchleben musste, bevor er ins Licht gelangte. Es tauchten in seinem Geist wilde Tiere auf, die ihn mit ihren Zähnen zerrissen. Auch mit seiner Sexanhaftung hatte er stark zu ringen. Es erschien ihm "der Dämon der Unzucht" und versuchte ihn. Mit der Kraft seines Glaubens und seiner Gebete (Mantras) siegte er über seine sexuellen Wünsche. Daraufhin entstand ein wunderbarer Lichtglanz, der alle seine inneren Teufel in die Flucht jagte.

Der wichtigste Grundsatz des heiligen Antonius lautete: "Setze dich in deine Hütte, und deine Hütte wird dich alles lehren." Erspüre von innen heraus den für dich richtigen Weg des täglichen Übens. Was löst deine inneren Verspannungen auf? Wie kannst du deine Ängste und Süchte überwinden? Welche Übungen bringen dich am besten ins Licht?

Sein zweiter Grundsatz war: "Manche Yogis brauchen in ihrer Hütte eine Blume, und manche brauchen keine Blume." Wer jeden Tag etwas Freude auf seinem Weg braucht, sollte sich die Freude geben. Was ist heute deine Blume der Freude? Was bringt dir Spaß? Was macht deinen Geist positiv? Heute ist "sündigen" erlaubt. Bringe so viel Freude in dein Leben, dass du deinen spirituellen Weg positiv gehen kannst.

## 4. Kundalini-Meditation

-----------------------------

Die Kundalini ist die Erleuchtungsenergie. Sie wird symbolisiert durch eine zusammengerollte Schlange. Wenn der Yogi die für ihn richtigen Übungen praktiziert, richtet sie sich in seinem Körper auf. Dann ist der Yogi voll innerer Kraft. Sein Geist wird positiv. Der Yogi lebt im Licht. Er verwirklicht das Sat-Chid-Ananda, das Leben im anhaftungslosen Sein, im kosmischen Bewusstsein (in Gott) und im inneren Glück (Ananda).

Wenn ein Yogi sich jeden Tag mit den erleuchteten Meistern verbindet, geschieht alles im richtigen Moment auf die richtige Weise. Wenn die Kundalini-Energie zu wenig aktiviert wird, wird Yoga auf die Dauer langweilig. Wenn sie zu stark erweckt wird, entstehen im Körper und im Geist zu starke Reinigungsprozesse. Der Yogi denkt negativ, ist unruhig und fühlt sich schlecht. Diese Reinigungszustände dauern aber meistens nur eine kurze Zeit an. Man sollte dann viel trinken, sich ausruhen, spazierengehen und ein gutes Buch lesen.

Grundsätzlich sollten wir unsere Yogaübungen so regulieren, dass die Kundalini-Energie weder zu stark noch zu schwach entwickelt wird. Wir können sie zulassen oder stoppen. Jeder normale Mensch kann sie mit der Kraft seines Willens beherrschen. Wenn sie im Beckenboden aufsteigt, denken wir einfach nur "Stopp" und lassen sie in die Ausgangslage zurück fließen. Wir warten dann eine Zeitlang in einer ruhigen Meditation ab. Alle zu stark aktivierten Energieprozesse kommen dann zur Ruhe.

Psychisch kranke Menschen sollten keinen Kundalini-Yoga praktizieren. Bei Problemen sollten wir einen spirituellen Therapeuten aufsuchen oder einen Yogalehrer fragen. Die folgende Kundalini-Meditation ist für Anfänger auf dem spirituellen Weg gedacht. Sie reinigt sanft alle wichtigen Energiebereiche (Chakren und Energiekanäle) im Körper.

4.1. Liebe, Kraft, Klarheit = Als Erstes aktivieren wir nacheinander die drei wichtigsten Chakren im Körper. Wir können Licht in ihnen kreisen lassen, einen positiven Satz (Mantra) denken oder uns einfach nur auf die Energiepunkte konzentrieren. Das Herzchakra erwacht durch einen Satz der Liebe. Das Unterbauchchakra erweckt man durch einen Satz der Kraft. Und das Stirnchakra wird durch einen Satz der Klarheit geöffnet. Was sind heute deine Sätze der Liebe, der Kraft und der Klarheit? Spüre nacheinander in die drei Chakren hinein und finde deine hilfreichen Sätze.

4.2. Kosmos = Wir machen große Kreise mit den Armen, visualisieren um uns den Kosmos voller Sterne und denken: "Ich bin ein Teil des Kosmos. Ich fließe klug mit dem Leben. Ich nehme alles so an, wie es ist."

4.3. Fußsohlen = Wir konzentrieren uns auf die Fußsohlen, bewegen etwas die Füße und denken das Mantra "Ruhe". Wir konzentrieren uns auf den Beckenboden (Wurzelchakra) und denken: "Frieden". Wir konzentrieren uns auf das Scheitelchakra und denken: "Einheit".

4.4. Der mittlere Energiekanal = Wir visualisieren eine Straße aus Licht, die vom Wurzelchakra bis zum Scheitelchakra hochsteigt, sehen sie als weißen Faden und denken mehrmals das Mantra: "Lichtstraße", bis wir die Kundalini-Energie in uns deutlich sehen oder spüren. Wir lassen weißes Licht um unseren mittleren Energiekanal (die Lichtstraße) kreisen, bewegen die Zehen und denken dabei das Mantra "Licht".

4.5. Göttin = Wir visualisieren uns als Göttin (Buddha, Engel) und denken: "Ich bin eine goldene Göttin. Ich lebe in der Ruhe, im Licht und im Glück."

4.6. Licht senden = Wir bewegen segnend eine Hand in Höhe des Herzchakras und senden allen Wesen Licht: "Ich sende Licht zu ... Mögen alle Wesen glücklich sein. Möge es eine glückliche Welt geben." Wir hüllen die ganze Welt in Licht ein.

4.7. Gedankenstopp = Wir stoppen eine Minute alle Gedanken und vertiefen dadurch die Kundalini-Energie. Wir verweilen so lange im Glück, bis alle Energieprozesse (Wärme, Kälte, Fließen, Muskelzucken) von alleine zur Ruhe gekommen sind.

4.8. Zurückkommen = Wir bewegen die Hände und die Füße. Wir strecken und räkeln wir uns. Wir setzen uns auf. Wir gehen wieder in unser Leben zurück.

Mit Kraft voran. Rette dich durch deine spirituellen Übungen. Praktiziere auf deine Art Yoga, Meditation, Lesen, Gehen und Gutes tun. Lebe nach einem spirituellen Tagesplan. Verteile deine Übungen klug über den ganzen Tag. Baue immer wieder durch deine spirituellen Übungen innere Kraft auf. Mache genügend Pausen. Entspanne dich ausreichend. Bitte die erleuchteten Meister um Hilfe und folge konsequent deiner inneren Stimme (inneren Weisheit, Richtigkeit). Sieh dich als Sieger. Du wirst siegen. Gelingen.

## Nils träumt vom Paradies

-------------------------------

Es gibt zwei Wege ins Paradies. Man kann in das Paradies (die Lichtdimension im Kosmos) durch die Visualisierung einer Reise durch einen langen Tunnel gelangen. Und man kann in das Paradies durch eine tiefe Kundalini-Meditation kommen. Die Möglichkeit zweier verschiedener Paradieswege entsteht dadurch, dass der Kosmos ein System aus verschiedenen Dimensionen ist. Nils kann die Existenz beider Wege bestätigen. Durch eine Kundalini-Meditation im Liegen gelangte er 1986 in die Lichtdimension des Kosmos.

Am 16. Juni 2005 lernte Nils in einem Traum den Reiseweg ins Paradies kennen. Zu Beginn sah er sich als Seele in einem großen Raum. Dieser Raum war die materielle Welt. In dieser Welt haben die Wesen einen materiellen Körper und definieren sich durch ihre körperlichen Bedürfnisse. Sie können sich nicht vorstellen, dass es zusätzlich noch eine immaterielle Welt gibt, in der alles aus Energie besteht und die Wesen als Bewusstseinseinheiten (Seelen) leben.

Noch weniger können sich materiell denkende Wesen vorstellen, dass es in der Energiewelt eine Dimension des Lichts gibt, in der man dauerhaft im Frieden und im Glück leben kann. In der materiellen Welt glauben die Wesen an ihren Körper, in der Energiewelt (Astrahlwelt) an ihre Gefühle und ihre Gedanken und in der Lichtwelt an das Glück und die Liebe. Das Besondere der Lichtwelt ist die Egolosigkeit. Die Wesen dort denken nicht egoistisch, sondern leben im Sein, im Glück und im Geben.

Nils befand sich am Anfang seines Paradiestraumes also in der materiellen Welt. Er kletterte an einer langen Gardine (einer Art Seil) aufwärts, bis er zu dem Eingang eines dunklen Tunnels kam. Das Seil ins Paradies sind die spirituellen Übungen, der Kundalini-Yoga. Mit dem Kundalini-Yoga (Hatha-Yoga, positives Denken, Meditation) wird die Energie im Kundalini-Kanal (in der Mitte des Körpers vom Becken bis zum Scheitelchakra) aktiviert.

Auf seinem Weg ins Paradies traf Nils sieben schwarze Spinnen. Er fing die Spinnen in einem Glas und konnte so seine Reise an der Gardine aufwärts immer weiter fortsetzen. Er konnte die Spinnen fangen, weil er in seinem realen Leben jeden Tag den Weg der umfassenden Liebe übt. Seine umfassende Liebe bezieht sich auch auf Spinnen, obwohl er sich vor Spinnen etwas ekelt. Wenn eine Spinne aus dem Wald in sein Haus gelangt, nimmt er immer ein Marmeladenglas, fängt die Spinne und setzt sie ins Freie. Nils ist so geübt im Spinnenfangen, dass es ihm auch in seinem Traum gut gelang. Das Spinnenfangen, der Weg der umfassenden Liebe, war seine Eintrittskarte in das Paradies.

Die Spinnen symbolisieren die sieben Chakren, die von unten bis oben auf dem Kundalini-Energiekanal (der Gardine) sitzen. Man kann die sieben Spinnen als die sieben Wächterinnen der Erleuchtungsenergie sehen. Wenn man sein Ego (die Abneigung gegen das Unangenehme) opfert, sich mit den Spinnen identifiziert und sie rettet, schenken sie einem die innere Kraft, die man für den Aufstieg ins Paradies braucht.

Die siebte Spinne flüchtete in den dunklen Tunnel. Nils folgte ihr, fing sie, und sein Bewusstsein erlosch kurzfristig. Als er wieder erwachte, war er in einem zweiten Raum. Dieser Raum war die Astralwelt, die Zwischenwelt zwischen Erde und Paradies (Lichtwelt). Dort traf er auf seinen verstorbenen Vater. Sein Vater brachte ihn bis zum Ende der Astralwelt. Dort befand sich ein großes Fenster. Vom Fenster aus führte ein langer Steg, eine Art Himmelsleiter, durch eine Schilflandschaft zu einem großen See.

Den Holzsteg kann man als einen Weg der Reinigung und Egoauflösung ansehen. Es musste noch eine zweite innere Reinigung stattfinden, bevor Nils von der Astralwelt in die Lichtwelt (das Paradies) gelangen konnte.

Der große See war das Paradies. Man kann das Paradies als einen Bereich hoch konzentrierter Glücksenergie im Kosmos sehen. Es ist wie ein Meer aus Licht, in dem die erleuchteten Seelen im Jenseits schweben. In der Mitte des Lichtmeeres erblickte Nils eine Gruppe von Heiligen. Und diese Heiligen sahen Nils. Nils spürte, dass sie ihn energetisch wahrgenommen hatten. Einige Heilige kamen aus dem Lichtmeer auf ihn zu. Nils bekam es mit der Angst zu tun. Er wollte noch nicht ins Paradies. Er hatte auf der Erde noch viel zu tun. Nils flüchtete, so schnell er konnte, durch die Astralwelt zurück in seinen Körper. Dann wachte er auf.

Nach dem Aufwachen ging er durch eine Phase der inneren Reinigung. Starke Energien zogen durch seinen Körper. Dann löste sich sein Ich-Bewusstsein auf, und er trat in einen Zustand der Glückseligkeit ein. Er spürte längere Zeit Frieden, Liebe und Glück in sich. Er hatte einen Geschmack vom Paradies auf die Erde mitgenommen. Dadurch wurde ihm klar, dass er real mit dem Paradies in Kontakt gekommen war.

## 5. Paradies-Meditation

----------------------------

Die Paradies-Meditation ist hilfreich für das Sterben und für ein gutes Leben nach dem Tod. Praktiziere sie insbesondere in den letzten zwei Jahren vor deinem Tod. Du wirst wissen, wann deine letzten zwei Jahre beginnen. Das Ende des Lebens kündigt sich normalerweise etwa zwei Jahre vorher durch Krankheiten, innere Schwäche und Todesahnungen an. Dann ist es für den Yogi Zeit, von der Welt Abschied zu nehmen, seinen Tod gut zu organisieren und eine intensive spirituelle Praxis zu beginnen.

Wer sich rechtzeitig gut auf den Tod vorbereitet, für den verliert der Tod seinen Schrecken. Er wird zu einem Übergang ins große Glück. Mit der Paradies-Meditation aktivieren wir kurz vor unserem Tod unsere Kundalini-Meditation. Wir gleiten dann mit einem Lächeln von Samadhi (inneren Glück) in den Mahasamadhi (Paradieszustand). Ein Yogi stirbt nicht. Er geht nur von einer Welt in eine andere Welt über. Der Tod ist nur ein Übergangszustand, den man mit Yogatechniken gut bewältigen kann.

5.1. Trauer = Setze dich in deinen Meditationssitz, reibe kreisend mit den Füßen oder Händen die Erde und zähle alle Punkte der Trauer in deinem Leben auf: "Ich bin traurig, weil ...". Was macht dich heute traurig?

5.2. Abgeben = Gib deine Trauer an die Erde ab. Reibe weiter die Erde. Nimm die Dinge so an wie sie sind und lasse alle Anhaftungen (an Personen, Dinge, dich selbst) los. Denke das Mantra: "Ich nehme die Dinge so an, wie sie sind. Ich lasse meine falschen Wünsche los." Was möchtest du heute annehmen? Was willst du heute loslassen? Zähle auf: "Ich nehme an ... Ich lasse los ...". Gelange zum inneren Frieden und zur großen Überlassenheit an das Leben.

5.3. Freude = Hebe deine Arme seitlich in Kopfhöhe an, bewege deine Finger und zähle alle Punkte deiner Freude auf: "Ich freue mich, weil ... ". Was sind die Punkte der Freude in deinem Leben? Aktiviere das Glück in dir.

5.4. Buddha/Göttin = Visualisiere über deinem Scheitelchakra im Himmel deinen Paradiesort und dich darin als Paradieswesen. Reibe deine Hände über dem Scheitelchakra und denke: "Ich bin ...". Schaffe dir eine Vorstellung von deinem Paradiesort und von dir als Paradieswesen. Als was siehst du dich?

Sieh dich als als Buddha auf einer gelben Blumenwiese, als Göttin in einem goldenen Palast (Hotel, schönem Haus), als Engel in einem Kreis aus weißem Licht (in Gott) oder als erleuchteten Yogi/Yogini auf einem goldenen Thron.

Du kannst dich auch Hand in Hand mit einem erleuchteten Meister oder mit mehreren Meistern (Buddha, Jesus, Shiva, die Glücksgöttin Lakshmi, die Mutter aller Wesen Shakti/Tara/Kuan Yin/Maria) im Paradies visualisieren. Wer sind deine Lieblingsmeister? Wem möchtest du bei deinem Tod deine Seele anvertrauen? Denke das Mantra: "Meine Meister sind ... Sie stehen in einem Kreis um mich herum im Paradies. Ich bin voller Frieden, Glück und Liebe."

5.5. Farbe = Welche Farbe hast du als Yogi, Buddha, Göttin, Engel, weise Frau? Massiere deine Paradiesfarbe in deinen ganzen Körper ein und denke dabei den Namen als Mantra: "Gold (Gelb, Blau, Weiß)."

5.6. Licht senden = Bewege deine Hand segnend und denke das Mantra: "Ich sende Licht zu ... Mögen alle Wesen auf der Welt glücklich sein. Möge es eine glückliche Welt geben." Hülle alle deine Freunde und die ganze Welt vom Himmel aus mit Licht ein. Sende ihnen Liebe, Frieden, Weisheit, Kraft und Glück.

5.7. Gebet = Reibe deine Hände vor dem Herzchakra und denke: "Om ... (Name deines Meisters/Vorbildes). Om alle erleuchteten Meister. Ich bitte um Führung und Hilfe auf meinem Weg."

5.8. Mantra = Lege dann die Hände in deinen Schoß und denke dein Sterbemantra: "Ja (Om, Name eines Meisters, ein Mantra, ein Gebet)."

5.9 Gedankenstopp = Stoppe eine Minute alle Gedanken. Bewege die Füße und die Zehen. Bringe deinen Geist zur Ruhe. Überlasse dich dem Kosmos, dem Leben, Gott, der Führung der erleuchteten Meister und deiner inneren Stimme.

5.10. Entspannung = Entspanne dich. Komme langsam wieder zurück in das Leben. Alles geht gut aus. Die erleuchteten Meister beschützen dich. Konzentriere dich auf deine positiven Ziele. Bete jeden Tag oder lese eine Seite in einem spirituellen Buch (hinter dem nach deinem Gefühl die erleuchteten Meister stehen/durch das du mit ihnen energetisch verbunden bist). Glaube an dich und deinen spirituellen Weg. Gehe mit Ausdauer deinen Weg der Weisheit und Liebe. Gelingen.

## Das Mantra "Ja"

--------------------

Im Jahre 2001 sah sich Nils im Traum als eine kleine Qualle, die von einer schwarzen Meeresspinne gefressen wurde. Die kleine Qualle konnte der Spinne nicht entkommen und rief in ihrer höchsten Not Gott um Hilfe an. Gott gab ihr das Mantra "Ja". Die kleine Qualle dachte das Mantra und ging damit bejahend durch den Tod. Nils bemerkte, wie sein Bewusstsein erlosch. Sein Leben verschwand. Das war eine sehr unangenehme Erfahrung. Durch das Mantra "Ja" konnte er aber positiv bleiben. Er verspannte sich nicht innerlich und verlor dadurch nicht seine positive Energie.

Als das Bewusstsein erloschen war, gab es geistig einen Umsprung. Plötzlich war Nils wieder da. Alles war hell, friedlich und schön. Die Spinne gab es nicht mehr. Nils war in eine höhere Lichtdimension gelangt. Er fühlte sich in dem Licht sehr wohl. Er lebte in einem gehobenen Glückszustand. Dann wachte Nils aus dem Traum auf. Sein Glücksgefühl war immer noch vorhanden. Nils blieb noch drei Tage in diesem Zustand des inneren Friedens, der Einheit und des Glücks.

In dem Traum hat Nils gelernt, dass man mit einem Mantra gut durch den Tod gehen kann. Man kann damit gut die unruhigen geistigen Prozesse kontrollieren. Man kann mit einem Mantra ins Paradies (in eine höhere Lichtdimension) aufsteigen. Nils sieht diesen Traum als ein großes Geschenk seiner erleuchteten Meister an. Sie wollen damit allen Menschen im Westen zeigen, wie man am besten durch den Tod geht.

Das Wissen vom Sterbemantra ist im Westen kaum bekannt. Dabei ist es eine unermesslich große Gnade für alle sterbenden Menschen. Und jeder von uns muss einmal sterben. Es ist gut, dann ein Sterbemantra zu haben.

Sein Sterbemantra kann sich jeder Mensch selbst aussuchen. Nils kann bestätigen, dass das Mantra "Ja" eine sehr große Kraft hat und einen gut durch den Tod bringt. Er empfielt dieses Mantra allen Menschen. Ein sehr starkes Mantra ist auch der Name des persönlichen erleuchteten Meisters. Man denkt ihn am besten mit "Om" davor. Im Yoga wird meistens das Mantra "Om" verwandt. Christen können auch gut ein ständiges Gebet zu Jesus oder Gott sprechen.

## 6. Blumen-Meditation

---------------------------

Die Blumen-Meditation ist eine Chakren-Meditation im Liegen. Der wichtigste Schritt ist die Visualisierung aller Chakren (Blumen) auf einmal. Dadurch wird die Kundalini-Energie aktiviert.

6.1. Bewegen = Wir bewegen die Schultern, die Arme und die Hände. Dann bewegen wir die Hüften (Hüftgelenke), die Beine und die Füße. Wir drehen den Kopf und machen Grimassen mit dem Gesicht. Dann entspannen wir uns.

6.2. Füße = Wir visualisieren in der Mitte der Fußsohlen je eine Blume. Wir versuchen die Blumen so deutlich wie möglich zu sehen. Welche Farbe haben die Blumen? Wir atmen zu den Fußsohlen hin und denken das Mantra "Blume".

6.3. Chakren = Genauso visualisieren wir Blumen im Beckenboden, Unterbauchchakra, Bauchnabel, Solarplexus, Herzchakra (in der Mitte des Brustkorbs), Hals-, Stirn- und Scheitelchakra. Wir atmen in die einzelnen Chakren, visualisieren dort Blumen und denken "Blume".

6.4. Alle Blumen = Wir visualisieren alle Blumen in den Chakren auf einmal und denken "Alle Blumen". Wir verbinden alle Chakren miteinander. Wir denken das Mantra so lange, bis wir alle Blumen deutlich sehen oder spüren. Welche Blumensorte sehen wir? Sehen wir überall die gleichen Blumen oder sehen wir verschiedene Blumen?

6.5. Licht kreisen = Wir lassen einen Lichtstrahl um unseren Körper kreisen. Wir hüllen uns ganz in Licht ein. Wir denken das Mantra "Licht". Wir lassen das Licht in unseren Körper fließen und füllen uns von innen mit Licht. Wir kreisen in unserem Körper mit Licht und denken "Licht".

6.6. Mittlerer Energiekanal = Wir visualisieren einen Faden vom Beckenboden bis zum Scheitelchakra und lassen das Licht um den Faden kreisen. Wir denken weiter das Mantra "Licht". Wir bewegen die Zehen. Wir meditieren auf den Energiekanal in der Mitte des Körpers zwischen dem Beckenboden und dem Scheitelchakra.

6.7. Ruhepunkt = Wir bringen das Licht in unseren Ruhepunkt. Wir lassen es im Herz-, Unterbauch-, Stirn-, Scheitel-, Wurzelchakra (Beckenboden), den Händen oder den Fußsohlen mehrmals kreisen. Wir verankern das Licht in unserem Lieblingschakra. Bei den meisten Menschen ist es das Herz- oder Unterbauchchakra. Wir konzentrieren uns auf unseren Ruhepunkt und bringen so unseren Geist zur Ruhe.
Wir stoppen eine Minute alle Gedanken. Wir entspannen uns.

6.8. Zurückkommen = Dann kehren wir zurück. Wir bewegen die Hände und die Füße. Wir strecken und räkeln uns. Wir setzten uns auf. Wir nehmen unseren Frieden mit in den Alltag. Wir denken einen positiven Satz. Welcher Gedanke macht dich heute froh und glücklich? Welcher Gedanke läßt dich deine Welt als Paradies erkennen?

Große Zufriedenheit. Alles ist gut so. Nimm dich so an, wie du bist. Akzeptiere dein Leben mit allen glücklichen und unglücklichen Seiten. Konzentriere dich auf das Positive. Gelange zur Paradiessicht. Erkenne deine Welt als Paradies. Welcher Gedanke hilft dir, mit und in deinem Leben glücklich zu sein? Heute ist keine Kritik an dir erlaubt. Denke heute nur positiv über dich. Feier den Tag und dein Leben. Vorwärts auf dem Weg des Glücks.

## Der Mönch Shinran heiratet

Shinran ist der Begründer des japanischen Amitabha-Buddhismus (Shin-Buddhismus). Er wurde 1173 in Japan geboren. Bereits in jungen Jahren wurde er Mönch in einem damals sehr berühmten Kloster. Dort wurde ein umfassender Buddhismus praktiziert. Die Mönche lernten sowohl den Zen-Buddhismus (Meditation) als auch den Amitabha-Buddhismus (Vorbild-Yoga) kennen. Erst später gingen diese beiden großen buddhistischen Traditionen in Japan getrennte Wege.

Nach zwanzig Jahren strengen Übens als buddhistischer Mönch stellte Shinran fest, dass er auf seinem spirituellen Weg nicht vorankam. Er machte keine Fortschritte. Er hatte keine positiven spirituellen Erfahrungen. Er war innerlich durch seine starke Sehnsucht nach einer sexuellen Beziehung blockiert. Shinran verließ das Kloster und zog sich in die Einsamkeit zurück. Eines Tages erschien ihm dort die Göttin Kuan Yin (Kwan Yin).

Die Göttin Kuan Yin ist die chinesische Form der Göttin Tara. Sie ist eine auf der Erde handelnde Form des goldenen Buddhas Amitabha. Einfach ausgedrückt kann man sagen, dass der im Himmel (im Licht, Paradies) lebende Buddha Amitabha sich auf der Erde in der männlichen Form als Avalokiteshvara (tibetisch Chenrezig) und in der weiblichen Form als Kuan Yin (tibetisch Tara) manifestiert. Amitabha ist der meditierende Yogi, und Kuan Yin/Avalokiteshvara sind die helfenden Götter der Liebe (Karma-Yogis).

Der optimale Weg der Erleuchtung besteht darin, im persönlich richtigen Verhältnis gleichzeitig als Yogi und Karma-Yogi zu leben. Wir müssen Amitabha und Kuan Yin/Avalokiteshvara gleichzeitig sein. Wir verwenden jeweils das Meditationsvorbild, das wir im Moment brauchen.

Im Buddhismus wird auch vertreten, dass Kuan Yin aus Avalokiteshva entstanden ist wie Eva aus Adam. Aber das sind männliche Allmachtsvorstellungen. Männer und Frauen sind gleichwertig. Also sind auch Avalokiteshva und Kuan Yin (Tara) gleich.

Jetzt wissen wir, was die Göttin Kuan Yin bedeutet. Sie ist ein Ausdruck der Liebe und des Mitgefühls von Amitabha. Sie erschien Shinran, um ihm auf seinem spirituellen Weg zu helfen und tat dieses typisch weiblich. Sie sprach zu Shinran: "Du musst etwas Schönheit in dein Leben bringen. Suche dir eine Frau. Und arbeite als spiritueller Lehrer zum Wohle aller Wesen."

Der größte Amitabha-Lehrer in Japan war damals der erleuchtete Meister Honen. Shinran ging zu Honen und erlernte bei ihm sechs Jahre lang den Amitabha-Weg. Dann suchte er sich eine Frau und zog mit ihr auf einen abgeschiedenen Bauerhof. Seine Frau hieß Eshin-Ni. Sie bekamen sieben Kinder. Shinran konnte seine spirituelle Blockade auflösen und gelangte zur Erleuchtung.

Shinran führte ein bescheidenes, einfaches und natürliches Leben. Er war ein einfacher Heiliger für die einfachen Menschen. Er betonte auf dem spirituellen Weg die Gnade, wies aber gleichzeitig auf die Notwendigkeit des täglichen Übens hin.

## 7. Shanti-Meditation

Shanti heißt im Yoga Frieden. Der Begriff "Shanti" bezieht sich sowohl auf den äußeren als auch auf den inneren Frieden. Als Yogis wünschen wir eine Welt der Liebe, des Friedens und des Glücks. Damit wir erfolgreich für eine glückliche äußere Welt arbeiten können, sollten wir zuerst den Frieden in uns selbst herstellen. Wer keinen Frieden in sich selbst hat, kann nur sehr begrenzt äußeren Frieden in seiner Welt bewirken. Es ist sehr wichtig, dass wir uns jeden Tag auf den Frieden in uns selbst besinnen.

7.1. Körper bewegen = Wir bewegen sanft den Kopf, die Schultern, die Arme, die Hände, die Beine und die Füße. Wir drehen uns etwas in der Wirbelsäule hin und her. Wir lösen durch Hinspüren und Bewegen alle Verspannungen im Körper. Wo bist du heute verspannt? Entspanne diesen Bereich durch Hinspüren, Konzentration, Meditation und einen positiven Satz. Was sagst du deinem verspannten Bereich? Was hilft dir, innerlich zur Ruhe zu kommen?

7.2. Bauchatmung = Wir atmen tief das Becken hinein. Wir füllen den ganzen Körper mit Atemenergie, die Beine, die Füße, die Arme, die Hände, den Kopf, den Brustkorb und den Bauch. Wir denken beim Ein- und Ausatmen in unserem Körper das Mantra "Om".

7.3. Licht kreisen = Wir stellen uns am Himmel eine schöne Sonne vor. Die Sonne sendet Licht und Wärme auf uns herab. Wir spüren die Wärme auf unserer Haut. Es ist, als ob wir im Urlaub in der Sonne liegen. Wir genießen das Sonnenlicht. Dann nehmen wir einen goldenen Sonnenstrahl und hüllen uns damit vollständig ein. Wir lassen das Licht um unseren Körper kreisen und denken das Mantra "Licht". Wir lassen das Licht in uns hineinfließen. Wir füllen unseren ganzen Körper mit Licht und denken das Mantra "Licht".

7.4. Licht senden = Wir senden einem anderen Menschen Licht. Wir hüllen ihn mit Licht ein und lassen das Licht in ihn hineinfließen. Wem möchtest du heute Licht senden? Denke mehrmals das Wort "Licht". Danach senden wir der ganzen Welt Licht. Wir hüllen die ganze Welt mit Licht ein und füllen sie mit Licht. Wir wünschen das Glück aller Wesen und denken mehrmals "Licht".

7.5. Om Shanti = Wir denken beim Einatmen "Om" und beim Ausatmen "Shanti". Wir stoppen alle anderen Gedanken. Langsam entstehen in uns Ruhe, Gelassenheit und Frieden. Wir stoppen eine Minute alle Gedanken. Wenn Gedanken auftauchen, schieben wir sie immer wieder weg. Wir bewegen die Füße und die Zehen. Wir konzentrieren uns auf unsere Füße und Zehen. Dann entspannen wir uns vollständig. Wir liegen einige Minuten ganz entspannt einfach nur da. Wir sind im Einklang mit uns, unserem Leben und unserer Welt.

## Patrul Rinpoche lebt sich selbst

Patrul Rinpoche ist ein erleuchteter Meister des tibetischen Buddhismus. Er lebte von 1808 bis 1887 in Tibet. In seiner Jugend war er ein Perfektionist. Er lernte bei vielen spirituellen Meistern seiner Zeit und versuchte, ihre Lehren perfekt umzusetzen. Eines Tages traf Patrul Rinpoche den undogmatischen Meister Doe Kyentse, der ihn zu Boden schmiss und ihn mit den Worten beschimpfte: "Du hältst dich für einen ganz klugen Mönch. In Wirklichkeit hast du noch nichts begriffen. Du bist ein Nichts, eine spirituelle Ameise, ein alter Hund."

Das war zu viel für den ehrgeizigen Patrul. Vollständig geschockt, ließ er seinen ganzen Perfektionismus los. Er nahm die Aussage des Meisters ernst, visualisierte sich als alten Hund und brach spontan zur Erleuchtung durch. Er gab seine Klosterkarriere auf, nannte sich "Alter Hund" und wanderte als freier Yogi durch das Land. Er folgte seinem Lustprinzip, seiner inneren Weisheit und seiner Liebe. Er lebte genau sich selbst. Seiner inneren Natur entsprach es, als abgeschiedener Yogi zu leben.

Wer genau seiner inneren Natur folgt, lebt sehr entspannt und kann dadurch gut seine Erleuchtungsenergie bewahren.

Patrul Rinpoche praktizierte das große Nichtstun und das kleine Tun. Das kleine Tun bestand darin, jeden Tag einige spirituelle Übungen zu machen und dort, wo er in seinem Land gebraucht wurde, kreativ zu helfen. Er reiste als unauffälliger Meister durch das Land. Er gab sich nur zu erkennen, wenn es notwendig war.

Einmal lebte er längere Zeit mit einer jungen Mutter und ihren Kindern zusammen. Dann hielt er einen Vortrag in einem berühmten Kloster, verdiente dabei viel Geld und gab das Geld der jungen Mutter. Die junge Frau hatte jetzt für ihr ganzes Leben genug Geld. Sie machte jeden Tag ihre spirituellen Übungen, wuchs immer weiter in ihrem inneren Glück und arbeitete als von Patrul Rinpoche autorisierte Yoga-Meisterin.

Patrul Rinpoche war ein Anhänger des undogmatischen Hatha-Yogis Padmasambhava und seines tibetischen Hauptschülers Longchenpa. Als Hauptlehre paktizierte er die Amitabha-Meditation. Er verband sich jeden Tag mit dem Buddha Amitabha im Himmel. Er bestimmte den Zeitpunkt seines Todes selbst. Als er genug gelebt hatte, setzte sich Patrul Rinpoche im Winter draußen in den Schnee, rezitierte das Amitabha-Mantra und verließ als Seele durch das Scheitelchakra seinen Körper. Der Körper starb kurze Zeit darauf.

Für den kleinen Yogi Nils ist Patrul Rinpoche ein großes Vorbild. Neben dem Dalai Lama ist Patrul Rinpoche sein buddhistischer Hauptmeister. In dem Buch "Tibetische Weisheitsgeschichten" von Surya Das werden viele humorvolle Episoden aus dem Leben Patrul Rinpoches beschrieben, die Nils sehr inspiriert haben.

Im Januar 2005 segnete Patrul Rinpoche Nils mit einer wichtigen Vision. Eines abends kam plötzlich ein starker Energiestrahl aus dem Buch von Patrul Rinpoche. Ein Lichtstrahl ging vom Bücherregal aus direkt in Nils ein. Nachts sah Nils dann im Traum eine große Schlange, die ihn in sein Scheitelchakra biss.

Das Scheitelchakra ist das Haupteingangstor für die Amitabha-Energie. Es verbindet den Körper eines Menschen mit dem Himmel, der höchsten Energiedimension. Der Biss einer Schlange (Kundalini-Schlange, Kundalini-Energie) bedeutet im Yoga Energieübertragung. Nils wurde von Patrul Rinpoche damit gesegnet, ein Amitabha-Lehrer im Westen zu sein.

Bei der undogmatischen Amitabha-Meditation kann man mit jedem Vorbild aus jeder spirituellen Tradition praktizieren und auch mit verschiedenen Vorbildern wie Jesus, Shiva, Lakshmi, Tara oder Kuan Yin.

## 8. Muskelentspannung

Die Muskelentspannung nach Jacobsen ist die bekannteste und am meisten praktizierte Meditationstechnik im Westen. Sie ist einfach zu erlernen und wirkt bei den meisten Menschen sehr gut. Das Zählen, Lichtkreisen und Lichtweitergeben stammen von mir.

8.1. Muskelanspannung = Wir spannen die Muskeln der Beine und Füße an. Wir stoppen dabei alle Gedanken. Wir können die Luft anhalten oder normal weiter atmen. Dann entspannen wir bewusst die Muskeln der Beine und Füße.

Genauso machen wir es mit den Armen und Händen, dem Kopf (Gesicht) und dem ganzen Körper. Anspannen - kurz halten/Gedanken stoppen - entspannen.

8.2. Zählen = Wir konzentrieren uns auf unseren Kopf, atmen in den Kopf hinein und zählen im Kopf mehrmals die Zahlen von 1 bis 20. Das Gleiche machen wir mit dem Brustkorb, dem Bauch und den Beinen. Zum Schluss visualisieren wir einen großen Ball unter den Fußsohlen und zählen die Zahlen 1 bis 20 im Ball. Danach gehen wir ohne Pause zum Lichtkreisen über.

8.3. Lichtkreisen = Wir stellen uns am Himmel eine schöne Sonne vor. Die Sonne strahlt Licht und Wärme auf uns herab. Wir spüren das Licht und die Wärme auf unserer Haut. Es ist, als ob wir im Urlaub entspannt in der Sonne liegen. Wir genießen die Sonne. Dann nehmen wir einen goldenen Sonnenstrahl und hüllen uns damit vollständig ein. Wir lassen das Licht um unseren Körper kreisen und denken dabei das Mantra "Licht". Danach lassen wir das Licht in uns hineinfließen, kreisen in unserem Körper mit dem Licht und denken das Mantra "Licht". Wir füllen den ganzen Körper mit Licht.

8.4. Licht weitergeben = Wir senden das Licht zu einem anderen Menschen, hüllen ihn mit Licht ein und denken das Mantra "Licht". Wem möchtest du heute Licht senden? Stelle dir vor, dass das Licht wirklich bei deinem Mitmenschen ankommt. Sende dann der ganzen Welt Licht, hülle sie mit Licht ein und denke: "Mögen alle Wesen glücklich sein. Möge es eine glückliche Welt geben."

8.5. Gedankenstopp = Wir stoppen eine Minute alle Gedanken. Dann verweilen wir etwas in der Meditation. Die Gedanken dürfen jetzt kommen, wenn sie es möchten. Wir spüren in den Körper hinein und genießen die Ruhe und das Wohlgefühl. Wenn wir genug meditiert haben, kommen wir wieder zurück. Wir bewegen die Füße und die Hände. Wir strecken und räkeln uns. Wir setzen uns auf und sind wieder da.

## Der heilige Fährmann

Der heilige Christopherus war ein konsequenter Sinnsucher. Er suchte eine Aufgabe, die zu einem starken Mann wie ihm passte. Er suchte nach einem ihn erfüllenden Sinn des Lebens.

Zuerst arbeitete er für den König seines Landes. Er machte Karriere am Königshof. Als er auf die höchste für ihn mögliche Stufe der Karriereleiter aufgestiegen war, befriedigte ihn seine Arbeit nicht mehr. Christopherus hatte erreicht, was zu erreichen war. Jetzt stand nicht mehr die Karriere im Mittelpunkt seines Bewusstseins, sondern der Genuss seines Lebens. Christopherus kam auf die Idee, seinen Beruf aufzugeben und sich mit seinem vielen Geld ein schönes Leben zu machen.

Nach einigen Jahren wurde ihm das Faulenzen langweilig. Die Oberflächlichkeit seines Lebens widerte ihn an. Er ging zu einem erleuchteten Meister und fragte ihn, wie er dauerhaft glücklich werden könne. Der Meister riet ihm zum Wachstum im inneren Glück und in der Liebe zu seinen Mitmenschen.

Der heilige Christopherus baute sich in der Wüste an einem großen Fluss eine Hütte. Er machte jeden Tag spirituelle Übungen und verdiente seinen Lebensunterhalt damit, seine Mitmenschen über den großen Fluss zu tragen. Da der Fluss gefährlich war, rettete er vielen Menschen das Leben.

Nach zwanzig Jahren der Arbeit als Fährmann erfasste ihn plötzlich eine große Unlust. Der Mensch, den er gerade über den Fluss brachte, erschien ihm unerträglich schwer zu werden. Aber Christopherus ging konsequent seinen Weg weiter. Da verwandelte sich der Mensch in Jesus Christus. Christopherus konnte Christus in ihm sehen. Er war zur Erleuchtung durchgebrochen. Dann kann man das Göttliche in seinen Mitmenschen sehen.

## 9. Autogenes Training

Das Autogene Training ist die zweite große westliche Meditationstechnik. Es besteht im Zentrum aus der Schwere- und Wärmeübung. Durch Selbstsuggestion versetzen wir uns in einen Zustand der tiefen Entspannung. Wenn wir das Autogene Training jeden Tag zuhause eine Viertelstunde üben, lernt unser Geist den Entspannungsreflex, und wir können uns überall schnell entspannen.

9.1. Körper bewegen = Wir lockern nacheinander den Kopf, die Schultern, die Arme und die Beine. Wir bewegen sie sanft auf unsere Art. Dann entspannen wir uns.

9.2. Schwereübung = Wir konzentrieren uns auf unsere Beine und Füße. Wir stellen uns vor, dass unsere Beine und Füße ganz schwer werden. Wir denken mehrmals den Satz: "Meine Beine und Füße sind ganz schwer." Genauso lassen wir nacheinander die anderen Körperteile schwer werden: "Meine Arme und Hände sind ganz schwer. Mein Kopf ist ganz schwer. Mein ganzer Körper ist ganz schwer."

9.3. Entspannung = Danach entspannen wir uns. Wir denken mehrmals: "Mein Körper ist ganz entspannt. Mein Geist ist voller Ruhe und Frieden."

9.4. Wärmeübung = Wir visualisieren eine schöne Sonne in unserem Bauch. Das Licht fließt mit dem Atem in unser Becken, die Beine, den Brustkorb, den Hals und den Kopf. Das Licht fließt in die Arme und Hände. Unser ganzer Körper ist voll Licht und Wärme. Wir denken mehrmals den Satz: "Mein Körper ist voller Licht und Wärme."

9.5. Raumübung = Die Sonne im Bauch strahlt ihr Licht durch unseren Körper hindurch in den ganzen Raum. Sie füllt den ganzen Kosmos mit Licht. Wir hüllen uns und alle anderen Wesen mit Licht ein. Wir denken das Mantra: "Mögen alle Wesen glücklich sein. Möge es eine glückliche Welt geben."

9.6. Atemübung = Wir konzentrieren uns auf unseren Atem. Es atmet uns. Alle Gedanken kommen zur Ruhe. Wir werden immer ruhiger. Wir verweilen einige Zeit in der Ruhe.

9.. Zurückkommen = Wir bewegen die Hände und Füße. Wir strecken und räkeln uns. Wir reiben die Hände und Füße. Wir setzen uns auf. Wir sind wieder ganz da.

## Satsang bei Mutter Meera

Mutter Meera ist eine in Deutschland lebende erleuchtete Meisterin. Sie wurde am 26.12.1960 in Indien geboren und heiratete 1982 einen Deutschen. Sie lebt heute in Thalheim in der Nähe von Frankfurt. Am Wochenende gibt sie Satsang im Schloss Balduinstein. Jeder kann sie dort besuchen und ihren Segen (Darshan) empfangen. Ihre genaue Adresse kann man im Internet erfahren.

Nils empfielt es jedem Yogi, sich mindestens einmal in seinem Leben von einem erleuchteten Meister segnen zu lassen. Er selbst hat auch den Darshan des Dalai Lama und in Träumen und Visionen von Swami Shivananda, Jesus Christus, Mutter Teresa, Amma, Anandamayi Ma und Patrul Rinpoche empfangen. Ein Darshan ist ein wichtiger Reinigungsschritt auf dem spirituellen Weg. Oft werden Erleuchtungsenergien übertragen, die sich eines Tages zu einer großen Gnade entfalten können.

Mutter Meera vertritt die Einheit aller Religionen und den individuellen Weg jedes Menschen. Jeder ihrer Anhänger darf den spirituellen Weg gehen, der zu ihm paßt. Mutter Meera hat einige Zeit im Ashram von Shri Aurobindo gelebt. Aurobindo war einer der großen indischen Heiligen der Neuzeit. Er lehrte den integralen Yoga, die Verbindung aus Meditiation und Karma-Yoga. Er erstrebte die Transformation der Erde auf eine höhere Bewusstseinsstufe. Dafür ist die Erleuchtung möglichst vieler Menschen auf der Welt notwendig.

Mutter Meera gibt Licht und Segen in Stille als freies Geschenk an alle Menschen. Ihr Darshan ist kostenlos. Es ist nur notwendig, sich etwa drei Monate vorher telefonisch anzumelden, damit ein Sitzplatz reserviert werden kann. Am Anfang kamen nur wenige Menschen zu ihr. Aber inzwischen ist sie zu einem Mittelpunkt der spirituellen Szene in Deutschland geworden. Jeder Darshan beginnt um 19 Uhr und dauert etwa zwei Stunden.

Nils reiste am 16.Oktober 2006 zu Mutter Meera. Der Tag begann chaotisch. Ein Lastwagen fuhr sich auf einem Bahnübergang fest, und der Zug von Frankfurt nach Limburg verspätete sich. Nils hatte eine Stunde Reserve bis zum Darshanbeginn eingeplant. Genau eine Stunde brauchte der Lastwagen, um von den Schienen herunter zu kommen. Das war das erste Wunder auf der Reise.

Das zweite Wunder bestand darin, dass ihn zwei Anhänger von Mutter Meera in ihrem Wagen von Balduinstein zur auf einem Berg gelegenen Schaumburg mitnahmen. Nils kam genau zur richtigen Zeit bei Mutter Meera an. Das scheint ihm typisch für seinen Weg mit Mutter Meera zu sein. Das Leben ist chaotisch und oft schwierig. Aber dank der Führung der großen Meister gelingt alles irgendwie.

Im Schlosssaal herrschte eine gespannte Ruhe. Punkt 19 Uhr betrat Mutter Meera den Raum und ging durch die Stuhlreihen zu ihrem Darshansessel. Der Sessel befand sich am Kopfende des Saales auf einem Holzpodest. Mutter Meera ist eine kleine zarte Frau. Sie hatte ein sanftes Lächeln in ihrem Gesicht und verbreitete eine Aura der Ruhe um sich herum. Sie setzte sich auf den Darshansessel, und nacheinander kamen die Menschen zu ihr, knieten sich vor ihr auf den Boden und erhielten ihren Segen.

Nils war ziemlich aufgeregt. Sein Herz klopfte laut. Er ging als einer der ersten zu Mutter Meera, damit er bei den vielen Menschen auch sicher einen persönlichen Darshan bekam. Er kniete sich vor ihr nieder, legte seine Stirn auf den Boden und fasste ihre Füße an. Die Fußverehrung ist eine spezielle Form des indischen Yoga. Man verbeugt sich damit letztlich vor dem Leben und überlässt sich voll Vertrauen seiner Zukunft.

Mutter Meera berührte sanft seine Schläfen. Nils spürte, wie sie durch sein Scheitelchakra hindurch in seinen Körper blickte und dort Energieblockaden auflöste. Er richtete sich auf, und Mutter Meera sah ihm kurz in die Augen. Dann senkte sie den Blick, und er kehrte zu seinem Platz zurück. Von dort aus beobachtete Nils die restlichen zwei Stunden interessiert die anderen Menschen bei ihrem Darshan. Sie waren sehr unterschiedlich in ihrer Art. Am meisten beeindruckten Nils die Alten und Kranken, die zum Schluss ihren Segen erhielten.

Durch die dunkle Nacht wanderte er den Berg herab zurück zu seiner Pension. Dort empfing ihn seine freundliche Vermieterin. Sie berichtete von vielen Wundern, die sich durch Mutter Meera ereignet hatten. Ihr selbst sei Mutter Meera im Traum erschienen. Sie empfand Mutter Meera als von Gott gesandt und als eine große Gnade für ihren Ort.

Am nächsten Morgen gab es ein reichliches Frühstück. Nils unterhielt sich mit einem amerikanischen Ehepaar, das extra aus Chicago für eine Woche nach Deutschland gereist war, um den Darshan von Mutter Meera zu erhalten. Die Frau war Katholikin und der Mann ein evangelischer Christ. Beide fanden es völlig in Ordnung, von einer indischen Yoga-Heiligen gesegnet zu werden.

Mit einer Anhängerin von Sai Baba tauschte Nils Neuigkeiten aus der Yoga-Szene aus. Das Frühstück war ein schönes interkulturelles Treffen und ein Symbol für die Harmonie unter verschiedenen spirituellen Richtungen.

Nach dem Frühstück fuhr Nils mit der Bahn zurück nach Hamburg. Er musste am Abend noch eine Yogagruppe leiten. Dabei tauchte die Frage auf, wie man echte von unechten Meistern unterscheiden kann. Ein Nichterleuchteter kann einen Erleuchteten nicht wirklich erfassen. Man kann sich nur an der Lehre orientieren, auf die Berichte der Mitmenschen hören und letztlich seiner eigenen inneren Wahrheit folgen.

Zu dem Meister, zu dem man Vertrauen hat, sollte man hingehen. Dort, wo man Wahrheit spürt, ist man richtig. Nils empfiehlt, immer seinen kritischen Verstand zu bewahren und gleichzeitig auch ausreichend offen die Lehre des Meisters zu sein.

## 10. Krafttier-Meditation

-----------------------------

Die Krafttier-Meditation macht uns bewusst, dass wir Helfer auf unserem Weg haben. Sie macht uns zu Siegern auf unserem Lebensweg. Die Krafttier-Meditation ist eine frühe Form der Spiritualität. Die Schamanen in der Steinzeit arbeiteten vorwiegend mit Krafttieren. Im Christentum gibt es den Löwen, den Stier, den Adler und den Engel (Flügelmensch). Sie symbolisieren die Eigenschaften Kraft, Frieden , Weisheit (ein Adlerauge für das Wesentliche im Leben haben) und Liebe (als Gebender leben). Diese vier Eigenschaften sind notwendig, um ins Paradies (inneres Glück) zu gelangen.

Im Yoga ist jeder Gottheit ein Krafttier zugeordnet. Shiva hat als Krafttier einen weißen Stier (Nandi). Der Stier ist ein Opfertier. Shiva opfert sein Ego und gelangt so in ein Leben im Licht. Vishnu hat als Helfer einen Adler (Garuda). Der Adler ist ein Flügelwesen , das die Liebe in die Welt bringt. Brahma fliegt als erleuchtete Seele auf einem weißen Schwan durch den Himmel. Der Schwan steht für Reinheit, Weisheit und kosmisches Bewusstsein.

Die schwarze Göttin Kali schlägt sich (ihrem Ego) mit einem Schwert den Kopf ab. Die Göttin Durga reitet auf einem Tiger und schwingt viele Waffen um ihren Kopf herum. Wer als Mutter aller Wesen (als spiritueller Meister/Meisterin) lebt, der braucht Kraft (Tiger) und Geschick (viele Waffen/Methoden), um seinen Mitmenschen erfolgreich helfen zu können. Die Glücksgöttin Lakshmi hält zwei Blumen hoch und verteilt Goldstücke an ihre Mitmenschen. Sie geht den Weg der Freude und gibt ihren Mitmenschen von ihrem inneren Reichtum etwas ab.

10.1. Entspannung = Wir bewegen sanft die Arme, die Beine und den Kopf. Dann entspannen wir im Liegen. Unsere Gedanken kommen langsam zur Ruhe.

10.2. Lebensweg = Wir kommen ganz bei uns an. Wir betrachten unser Leben. Wir sehen unsere Lebensziele und unseren Lebensweg. Was sind deine wichtigsten Lebensziele? Wie sieht dein Lebensweg aus? Durch welche Landschaft führt dein Lebensweg? Scheint die Sonne? Regnet es oft? Ist die Landschaft eben, bergig, eine Wüste oder voller Blumen? Ist dein Weg steinig, leicht zu gehen, gewunden oder gerade?

10.3. Krafttier = Wir gehen unseren Lebensweg. Am Horizont leuchtet unser Ziel. Schaffe dir eine bildliche Vision von deinem Zielzustand. Vor unserem Ziel sehen wir den Weg, den wir gehen müssen, um an unser Ziel zu gelangen. Auf dem Weg treffen wir unser Krafttier. Es verkörpert die Eigenschaften, die wir brauchen, um unser Ziel zu erreichen. Welches Krafttier begleitet dich auf deinem Lebensweg? Was sagt es zu dir? Denke seine Worte mehrmals als Mantra.

10.4. Gedankenstopp = Wir stoppen eine Minute alle Gedanken, bis sie ganz zur Ruhe gekommen sind.

10.5. Entspannung = Wir bewegen die Füße und die Hände. Wir drehen die Wirbelsäule hin und her. Wir entspannen uns. Wir verbinden uns noch einmal mit unserem Krafttier und gehen dann optimistisch unseren Lebensweg.

## Der Meister der spirituellen Kräfte

-----------------------------------------

Mahaprabhuji war ein großer erleuchteter Meister, der von 1828 bis 1963 in Nordindien (Rajasthan) lebte. Er lehrte die Einheit aller Religionen und den Weg der umfassenden Liebe. Er war ein großer Dichter und konnte wunderschön singen. Aus ganz Indien kamen die Menschen zu ihm.

Mahaprabhuji gründete einen Ashram (ein spirituelles Zentrum) und hatte viele Schüler. Sein Nachfolger war Swami Madhavananda. Dieser sandte 1972 seinen Hauptschüler Maheshwarananda nach Europa, um die Menschen dort in den Yoga-Weg von Mahaprabhuji einzuweihen. In Österreich errichtete Maheshwarananda ein großes spirituelles Zentrum. Er schrieb das bekannte Buch "Yoga und das tägliche Leben".

1990 kam Maheshwarananda nach Hamburg und traf dort den kleinen Yogi Nils. Er segnete Nils mit der Energie von Mahaprabhuji. Erst bemerkte Nils nichts, aber nach einigen Jahren kaufte er sich "zufällig" das Buch "Lila - Amrit" (Spiel der Glücksenergie), das Madhavananda über seinen Meister Mahaprabhuji geschrieben hatte. Nils las es und fühlt sich seit dieser Zeit von Mahaprabhuji spirituell beschützt. Das Bild des Meisters hängt in seiner Küche.

Mahaprabhuji lehrte den Weg der Dreiheit aus Hatha-Yoga, Karma-Yoga und Meister-Yoga. Als großer erleuchteter Meister verfügte er über die Eigenschaft der Allgegenwart. Er erklärte: "Wann immer Menschen an mich denken, werde ich anwesend sein. Meine Anhänger stehen ewig unter meinem Schutz. Wenn sie sich geistig mit mir verbinden, werde ich ihnen helfen."

Das ist das Zentrum des Meister-Yoga. Wir können uns die erleuchteten Meister als eine Bewusstseinswolke im Kosmos vorstellen. Sie ruhen normalerweise einfach nur glückselig in sich selbst. Aber wenn ein Mensch eine Gedankenschwingung (Wort, Gebet, Visualisierung) aussendet, spüren sie ihn; sie sehen ihn und helfen ihm. Wenn wir uns jeden Tag mit den erleuchteten Meistern verbinden, leben wir in einer ständigen Verbindung mit ihnen und stehen unter ihrem dauerhaften Schutz.

Da alle großen Meister auf einer tiefen Ebene eins sind, ist es egal, mit wem wir uns verbinden. Wir können uns mit Mahaprabhuji, Mutter Meera, Amma, Buddha, Jesus, Swami Shivananda oder mit allen Meistern verbinden. Egal ist es auch, wie wir uns mit ihnen verbinden. Wir können ein Gebet sprechen, ihr Bild visualisieren, eine Yogareihe/Meditation zu ihrem Gedenken praktizieren, eine Orakelkarte ziehen oder in einem ihrer Bücher lesen. Es reicht auch, ein Buch eines ihrer Schüler zu lesen. Grundsätzlich wird empfohlen, jeden Tag fünfzehn Minuten spirituelle Übungen (Yoga, Gehen, Lesen, Meditation) zu machen und morgens und abends die erleuchteten Meister um Führung und Hilfe zu bitten.

## Die vierundzwanzig Siddhis

---------------------------------

Es gibt vierundzwanzig spirituelle Kräfte, über die ein Yogi verfügen kann. Diese Fähigkeiten werden im Yoga "Siddhis" genannt. Ein Meister der spirituellen Kräfte ist ein "Siddha". Mahaprabhuji war ein großer Siddha und beherrschte alle vierundzwanzig Siddhis. Oft hat er unter Zeugen seine besonderen Fähigkeiten demonstriert. Er hat Menschen geheilt, er konnte Gedanken lesen und er hat spirituelle Kraft übertragen.

Swami Shivananda besaß auch die vierundzwanzig Siddhis. Aber er hat es weitgehend geheim gehalten. Das ist der Weg, den ein Yogi normalerweise gehen sollte. Sonst wird er leicht ein Opfer seiner spirituellen Fähigkeiten, weil sie sein Ego aufblähen. Kleine Yogis dürfen ihre Siddhis nicht öffentlich zeigen. Nur große erleuchtete Meister können sie unbeschadet vorführen, weil sie wissen, was wann getan werden darf. Kleine Yogis dürfen ihre Siddhis anwenden, um sich selbst zu heilen. Für andere dürfen sie beten.

Siddhis sind Stufen auf dem Weg eines Yogis. Sie tauchen von alleine im Laufe der Zeit auf. Sie deuten auf spirituellen Fortschritt hin. Sie sollten nie um ihrer selbst willen angestrebt werden. Die beiden höchsten Ziele eines Yogis dürfen nur Moksha (Befreiung, Erleuchtung) und Seva (für eine glückliche Welt arbeiten) sein. Die vierundzwanzig Siddhis sind:

1. Gedanken lesen und Gedanken übertragen
2. Die Vergangenheit und die Zukunft kennen
3. Hellhören (was an entfernten Orten gesprochen wird)
4. Hellsehen (was an entfernten Orten geschieht)
5. Astrales Sehen (mit dem Jenseits Kontakt aufnehmen können)
6. Astrales Reisen (als Seele im Jenseits reisen)

7. Kosmisches Bewusstsein (in der Einheit leben)
8. Alle Hindernisse überwinden können (eine starke Liebe zu seinem Ziel und zu den Mitwesen)
9. Jede gewünschte Form annehmen können (jede Identität annehmen können, flexibler Gottheiten-Yoga, zur richtigen Zeit Shiva, Vishnu oder Brahma sein können)
10. Klein sein können (Egoauflösung, Nichtswerdung)
11. Groß sein können (seinen Willen machtvoll durchsetzen)
12. In allen Situationen siegen können (ein Meister des Lebens sein)

13. Die fünf Eigenschaften Liebe, Frieden, Freude, Weisheit und Kraft jeweils im richtigen Moment leben (Erde, Feuer, Wasser, Luft, Raum beherrschen)
14. Wenig äußere Dinge brauchen (mit wenig Essen auskommen, Genügsamkeit)
15. In alle Dimensionen des Kosmos spüren können
16. In allen Dimensionen handeln können (frei in Raum und Zeit bewegen)

17. Bewusst sterben können (ein Yogi kann mit seiner Willenskraft seinen Körper verlassen. Er kann den Zeitpunkt seines Todes frei wählen.)
18. Ein erleuchteter Yogi kann an jedem Ort erscheinen. (Er kann in den Träumen seiner Schüler auftauchen, er kann als Vision erscheinen.)

19. Er kann seine Mitmenschen heilen.
20. Er kann Wünsche erfüllen.
21. Er kann die Materie beinflussen.
22. Er kann mit seiner Energie in andere Körper hinein spüren (Diagnosen stellen) und dort handeln.
23. Er ist von Hitze und Kälte befreit. (Es gibt Berichte über Zen-Mönche, die im Winter im Wasser meditieren.)
24. Vollendete Meister (Buddhas) verfügen über die fünf großen Fähigkeiten Allgegenwart, Allmacht, Allwissenheit, innerer Frieden und umfassende Liebe.

Die großen erleuchteten Meister können ihren Schülern nach Bedarf von ihren Siddhis abgeben. Wer sich jeden Tag mit einem großen erleuchteten Meister verbindet, ist auf einer sehr tiefen Ebene beschützt. Er bekommt alle notwendigen Energien, die er auf seinem spirituellen Weg braucht.

Als Yogi bekommt man jeden Tag genug Kraft und das intuitive Wissen für die richtigen Übungen. Als Karma-Yogi bekommt man alle Fähigkeiten, die notwendig sind, um die persönliche Lebensaufgabe zu erfüllen. Man muss sich nur konsequent jeden Tag mit seinem persönlichen Meister verbinden und dann aus seiner inneren Stimme heraus (Weisheit, Wahrheit, Richtigkeit) handeln.

Mahaprabhuji starb am 5. Dezember 1963. Im Hatha-Yoga ist der Todestag der Hauptsegensstag. Bei seinem Tod erntet der Yogi den Hauptgewinn aus seinem Yogileben. Wer in seinem Leben viel Gutes getan hat, erntet nach seinem Tod ein gutes Karma. Wer in seinem Leben viel spirituell geübt hat, erntet nach seinem Tod den Aufstieg ins Licht.

Mahaprabhuji war bei seinem Tod noch gesund und voller Energie. Kurz vor seinem Tod versetzte er sich mit seinen Yogaübungen in einen Glückszustand (Samadhi), dachte mehrmals das Mantra "Om" und stieg mit seiner Seele ins Yoga-Paradies (Siddhaloka) auf. Er ging mit einem Mantra vom Samadhi in den Mahasamadhi (das ewige Glück) über.

Er hat versprochen, vom Himmel aus ewig allen Menschen spirituell zu helfen, die sich geistig mit ihm verbinden: "Meine Seele ist unveränderlich und unzerstörbar. Wann immer meine Anhänger an mich denken, werde ich anwesend sein. Ich werde immer mit euch sein. Auf die Menschheit kommen schlechte Zeiten zu. Bleibt mit Ausdauer auf eurem spirituellen Weg. Wasser soll immer fließen. Steht es still, beginnt es zu faulen. Das gilt für Schüler und Meister. Wer jeden Tag übt, siegt!"

## Was ist Gott?

Die große Frage aller spirituellen Menschen ist die Frage nach Gott. Gibt es Gott? Und wenn ja, was genau ist Gott? Im Judentum, Christentum und im Islam wird Gott im Schwerpunkt als eine handelnde Person gesehen. Gott ist ein höheres Wesen, das man als Mensch ansprechen und um Hilfe bitten kann.

Im Hinduismus, Buddhismus und Taoismus (chinesische Philosophie) bevorzugt man den abstrakten Gottesbegriff. Gott wird vorwiegend als eine höhere Energie, als ein Seinszustand, als Bewusstseinszustand und als Kosmos gesehen. Gott wird Brahman, Nirvana oder Tao genannt.

In allen grossen Religionen gibt es verschiedene Definitionen von Gott. Es gibt Anhänger des persönlichen und des abstrakten Gottesbegriffes. Im Hinduismus wird Gott einerseits als umfassendes Brahman (kosmische Energie) verstanden, andererseits ist er in der Bhagavadgita aber auch ein handelndes Wesen. Als Krishna hat sich Gott auf der Erde inkarniert und den Indern den Weg der umfassenden Liebe (Karma-Yoga) geschenkt. Ähnlich ist es im Christentum.

Wenn Gott sich auf der Erde inkarniert, bedeutet das, dass sich eine in einer höheren Energiedimension des Kosmos befindende erleuchtete Seele in den Bereich der Materie begibt und einen materiellen Körper annimmt. Wir alle können unser Bewusstsein zur Erleuchtung hin entwickeln und als Erleuchteter sterben. Danach können wir in der Lichtwelt der Erleuchteten bleiben oder nach einiger Zeit wieder auf die Erde zurückkehren. Das ist nach der Aussage des Buddhismus, Hinduismus und Christentums möglich. Im Buddhismus nennt man solche Seelen Bodhisattvas und im Hinduismus Karma-Yogis (Nitya-Siddhas).

Bei Moses dominiert der abstrakte Gottesbegriff. In seiner zentralen Definition beschreibt Moses Gott mit den Worten: "Ich bin." Diese Worte verweisen auf Gott als glücklichen Seinszustand, den man in der Erleuchtung erfährt. In den Worten: "Ich bin" ist der Hauptweg zur Erleuchtung enthalten.

Der Mensch muss ein kosmisches Bewusstsein entwickeln. Dabei verliert er sein Ich-Bewusstsein (sein Ego). Er erfährt sich als reines Bewusstsein, als eins mit allem und kann von sich nur sagen: "Ich bin." Er kann nicht sagen : "Ich bin der/Name." Er identifiziert sich mit allem, empfindet sich persönlich als Nichts (Egolos) und seinen Bewusstseinszustand als Sein. Im Yoga spricht man vom Sat-Chid-Ananda, der Verbindung aus Sein-Einheitsbewusstsein-Glückseligkeit. Im Buddhismus nennt man den Zustand der Erleuchtung "ein Leben ohne Anhaftung und Ablehnung". Daraus entstehen der innere Frieden, das innere Glück und das Einheitsbewusstsein.

Obwohl sich beide Gottesdefinitionen in allen großen Religionen befinden, kann man doch sagen, dass im Christentum die persönliche und im Hinduismus die abstrakte Sichtweise vorherrschen. Daraus ergeben sich viele Konflikte und Missverständnisse zwischen den Anhängern der jeweiligen Religion. Jede Seite behauptet das wahre Verständnis von Gott zu besitzen.

Eine große Brücke zwischen den Religionen hat Amma (Mata Amritanandamayi) geschlagen. Amma ist derzeit die Hauptrepräsentantin des Hinduismus im Westen. Nach Amma gibt es im Kosmos große erleuchtete Wesen (vollständig erleuchtete Seelen). Diese Wesen besitzen ein kosmisches Bewusstsein. Sie fühlen sich eins mit dem Kosmos (mit Gott). Und sie empfinden sich auch untereinander letztlich alle als eins. Man kann deshalb sagen, dass sie alle ein Wesen sind. Man kann es so ausdrücken, dass sie sich alle als Freunde ansehen.

Nach Amma fühlt sich bei einem Gebet immer eines dieser höheren Wesen angesprochen und reagiert. Dabei ist es egal, welchen Namen ein Mensch verwendet. Es ist egal, ob man Allah, Gott, Jesus, Krishna oder Buddha anruft. Wichtig ist nur, dass man von einer höheren Instanz im Kosmos Hilfe haben möchte. Wichtig ist der echte Hilferuf aus dem Herzen. Ein rein formales Gebet bewirkt nicht viel.

Gott wird im Christentum oft als Wolke beschrieben. Dieses Bild passt gut zu den großen erleuchteten Wesen. Sie sind Energiewolken aus einem hoch entwickelten Bewusstsein. Sie können in allen Dimensionen des Kosmos handelnd eingreifen. Sie können ihre Lichtstrahlen in alle Bereiche des Kosmos senden. Oft wirken sie durch Symbole (Bücher, Bilder, Statuen), die an bestimmten Orten stehen.

Es ist gut, wenn wir in jedem Zimmer unserer Wohnung mindestens ein spirituelles Symbol des von uns bevorzugten erleuchteten Meisters haben. Als spirituell fortgeschrittener Mensch spürt man die Energiestrahlen, die aus den Statuen und Bildern der erleuchteten Meister kommen. Sie verwandeln sich dann im Menschen zu innerer Kraft, Frieden oder einem positiven Gedanken.

Die erleuchteten Wesen helfen jedem Menschen, der sie geistig anruft. Sie helfen aber nicht immer so, wie wir uns das vorstellen und gerne möchten. Das Hauptziel der erleuchteten Wesen ist die Erleuchtung ihrer Mitwesen und der Aufbau eines glücklichen Kosmos. Egoistische Wünsche erfüllen sie deshalb nur begrenzt. Wenn ein Mensch aber für das Glück aller Wesen arbeitet oder nach Erleuchtung strebt, dann bekommt er umfassende Hilfe. Aber auch dann werden einem nicht alle Schwierigkeiten abgenommen. Schwierigkeiten sind oft die besten Gelegenheiten für ein Wachstum ins Licht.

Wenn wir die Dinge genau betrachten, gibt es Gott als kosmisches Bewusstsein und als handelndes Wesen. Gott als kosmisches Bewusstsein verweist uns auf die Erleuchtung. Gott als handelndes Wesen sind die erleuchteten Meister. Der beste Weg ist, es nach Erleuchtung (innerem Glück, innerem Frieden) zu streben und sich dabei von den erleuchteten Meistern helfen zu lassen. Dann werden wir eines Tages in Gott ankommen und genau wissen, was Gott ist.

Von Gott kann man nur sagen, dass es gut ist, in Gott zu leben. Es ist besser, erleuchtet zu sein als nicht erleuchtet zu sein. Zur Erleuchtung zu gelangen ist der tiefere Sinn des Lebens. Dieses Ziel muss aber nicht in einem Leben erreicht werden. Wir sollten uns keinen Stress machen. Stress ist der Erleuchtung abträglich. Wir sollten den spirituellen Weg finden, den wir persönlich langfristig erfolgreich gehen können. Das kann der Weg der Glücksphilosophie, des Yoga, des Christentums oder des Buddhismus sein. Wenn es ein Weg der Wahrheit und der Liebe ist und wir diesen Weg konsequent zuende gehen, werden wir dadurch eines Tages im Licht ankommen.

Möge jeder auf seine Art das Wissen von der Liebe, vom inneren Frieden und vom dauerhaften Glück in seinem täglichen Leben verwirklichen. Wer sich jeden Tag mit den erleuchteten Meistern verbindet und konsequent den Weg seiner inneren Weisheit geht, wird an sein Ziel gelangen, im Zielzustand leben und aus dem Sein heraus das Glück seiner Mitmenschen mehren. Er wird erkennen, dass er und der Kosmos nicht getrennt sind. Er wird gleichzeitig erkennen, dass es noch viel für eine glückliche Welt zu tun gibt. Das große Mitgefühl mit allen leidenden Wesen wird sein Motor für seinen Weg der umfassenden Liebe sein.

## Die Yogafee Samira

-------------------------

Mein Leben ist ein Lichtspiel der Leidenschaften. Schon in jungen Jahren bin ich eine „Frau mit Geschichte": diverse Beziehungen, mal mit, mal ohne Sex, unterschiedliche Jobs, ein Beruf, der nicht so gut zu mir passt, Reisen in alle Welt und ich immer auf der Suche nach mir selbst. Wer bin ich? Woher komme ich? Was kann ich auf dieser Welt bewirken?

Als der „Wind des Wandels" wieder einmal besonders stark wehte, lernte ich Nils kennen, damals noch als Rechtsanwalt. Bald darauf bot er sein erstes Seminar zum Positiven Denken an. Noch im Streckverband, denn ich hatte mir gerade das Schlüsselbein gebrochen, ergriff ich die Gelegenheit, um daran teilzunehmen. Positives Denken war mir schon immer sehr wichtig. Yoga dagegen war für mich Neuland. Aber da mir Nils als Lehrer gut gefiel und ich neue Impulse für mein Leben suchte, ging ich zu seinem ersten Yogakurs.

Seit 25 Jahren besuche ich nun schon regelmäßig die Yoga- und Meditationskurse von Nils an der Volkshochschule. Immer wieder fasziniert mich dort aufs neue die Wandlung der Raumatmosphäre. Am Anfang hängt Stress im Raum, alle Teilnehmer sind ernst und genervt. Aber nach 90 Minuten hat sich alles verändert: Der Raum ist angefüllt mit heiterer Ruhe und Harmonie, und die Menschen lächeln still vergnügt vor sich hin. Auch ich fühle mich dann wohl und spüre mal wieder: Nils Yogastunden sind Balsam für Körper und Seele.

Nils, der Yogi mit den tiefen, braunen Augen, hat die Gabe, eine Raumatmosphäre zu beeinflussen. Die Augen waren es, die mich von Anfang an bei Nils fasziniert haben: warm, leuchtend und mitfühlend, als läge eine Welt in ihnen verborgen, die das Leid der Menschen kennt.

Jetzt ist Yoga auch zuhause aus meinem Leben nicht mehr wegzudenken, und ich praktiziere täglich mein Morgenritual: Gebet, Schüttelmeditation bei lebhafter Musik, Sonnengebet bei sanfter Musik und zum Abschluss eine Meditation im Sitzen. Erst dann frühstücke ich und beginne danach mit meinem Tagesprogramm. Vor dem Schlafengehen spreche ich ein Gebet und danke für den Tag. Im Bett lasse ich das Tagesgeschehen noch einmal an mir vorüberziehen und schlafe dann bei einer sanften Meditationsmusik ein.

Gebet, Meditation und Yoga machen meinen Körper geschmeidig, helfen mir, innere Ruhe zu entwickeln und öffnen mein Herz immer mehr.

Ich erkenne den Reichtum, der in mir liegt. Es ist die Gabe, Menschen wirklich zuzuhören und zu erspüren, was sie tief in ihrem Innersten bewegt. Meine Freunde kommen zu mir und öffnen mir ihr Herz. Dann gehen sie wieder, dankbar, gestärkt und voller Zuversicht. Dabei habe ich nichts anderes getan, als ihnen zuzuhören und ein paar Impulse zu geben, eine Art „Hilfe zur Selbsthilfe".

Außerdem entdecke ich mich als Künstlerin; am liebsten möchte ich eine Lebenskünstlerin sein. Mit meinem Blick für die Schönheit und Harmonie der Farben und Formen bin ich dabei, als Samira mein eigenes Foto-Design zu entwickeln. Darüber hinaus verfasse ich kleine, humorvolle Geschichten, die das Leben schreibt.

Jetzt ist das Glück zu mir gekommen. Ich bin mit einem wunderbaren Mann verheiratet, der mich so liebt, wie ich bin. Ich bin sein „Augenstern", und wir leben unsere Liebe tief und intensiv auf Augenhöhe. Bei jedem Zusammensein entdecken wir uns immer wieder neu, und wo auch immer wir sind, tanzen wir.

Mein Leben ist aber auch ein Ringen mit mir selbst. Ich bin auf dem „inneren Weg" und der ist alles andere als einfach und erfordert mitunter starke innere Kämpfe. Manchmal explodiere ich fast an den Energien, die in mir stecken, dann wieder fehlt mir jegliche Power. Oft kämpfe ich mit meinen Ängsten.

Es gibt aber auch überraschende und schöne Erlebnisse, wie vor einiger Zeit: Ich lag im Bett, habe erst geweint, und dann wogten die Energien durch meinen Körper. Plötzlich war alles ruhig; ich lag in einem Lichtkranz und war unbeschreiblich glücklich. Wie lange, weiß ich nicht, vielleicht nur Minuten, aber ich war noch lange Zeit danach erfüllt davon und werde dieses Gefühl nie vergessen.

Bin ich nun eine Yogafee oder vielleicht sogar auf dem Weg zur Karma-Yogini? Ich weiß es nicht, ich weiß nur, dass ich glücklich bin und dankbar für mein Leben. Besonders schön ist es mitzuerleben, wie Menschen ihre besonderen Fähigkeiten entdecken und sie zu leben beginnen. Wenn ich durch meine Impulse bei meinen Freunden dazu beigetragen habe, macht mich das froh. Ich weiß, dass das alles nur möglich ist durch mein tägliches Yoga und die Liebe und Unterstützung meines Ehemannes.

Der alte indianische Spruch, der mich einmal vor vielen Jahren fand, beschreibt mich gut: "Fließend wie das Wasser und doch ein Kind des Feuers fühle ich den Atem des Alls, banne meine Feinde mit meinem Blick, lebe erfüllt inmitten meiner Freunde und kenne viele Geheimnisse."
Von Samira

Nils wurde 1952 geboren und lebt seit 1988 als Einsiedler in einem kleinen, sehr einfachen Haus am Rande von Hamburg. Nachdem er seine berufliche Laufbahn zunächst als Rechtsanwalt begonnen hatte, fing er im Alter von 30 Jahren an, sich intensiv mit dem Thema "Glück" zu befassen. Er machte verschiedene Ausbildungen und lehrt heute das "Positive Denken" und "Yoga".

Von Nils berichtete mir eine Freundin, die bei ihm einen Yoga-Kurs an der Volkshochschule besucht hatte. Meine Freundin erzählte mir, dass sich Nils intensiv mit dem Thema "Glück und Zufriedenheit" beschäftigte, und sie brachte mir ein Buch von ihm mit. Nachdem ich es gelesen hatte, wußte ich, dass mir Nils einiges zu meinem Thema "Innerer Friede" berichten konnte. So rief ich ihn an, erzählte ihm von meinem Anliegen, und Nils lud mich zu einem Gespräch zu sich nach Hause ein.

Das Gespräch mit Nils fand abends statt und dauerte ungefähr zweieinhalb Stunden. Die Atmosphäre zwischen uns beiden erlebte ich von Anfang an als sehr herzlich, offen und vertrauensvoll. Da Nils keine Heizung sondern nur einen kleinen Ofen besaß und es in seinem Zimmer noch recht kühl war, wickelte er mich in seine eigene Kinderdecke aus früheren Tagen und bat mich, es mir gemütlich zu machen.

So fühlte ich mich gleich geborgen und freute mich auch sehr, als er mir kurz darauf noch drei kleine Gastgeschenke überreichte: Einen Schokoladenmaikäfer - sein persönliches Glückssymbol, da er im Mai geboren ist - sowie zwei Bücher von ihm. Nachdem Nils ein wenig über den Inhalt dieser Bücher gesprochen hatte, berichtete ich ihm von der "Methode des persönlichen Gespräches" und stellte meine Einstiegsfrage.

Nils begann dann, nach einer längeren Zeit des Nachdenkens, ausführlich und spannend von seinen Erfahrungen zum inneren Frieden zu berichten. Da er von sich aus viel zu erzählen wußte, habe ich ihn während des Gespräches in erster Linie in seinen Ausführungen begleitet und nur vereinzelt Fragen an ihn gerichtet. Nils und ich haben oft miteinander gelacht, da Nils einige Themen sehr humorvoll darstellen und dabei auch über sich selber scherzen konnte.

Am Anfang des Gespräches bat ich Nils, sich einen Moment Zeit zu nehmen und nachzuspüren, welche Bilder oder Gedanken ihm kamen, wenn er über den inneren Frieden nachdachte. Nils berichtete dann zunächst von seinem Eindruck, erst auf dem Weg zum inneren Frieden zu sein, aber doch schon sein Leben so zu leben, wie es für ihn persönlich richtig sei: "Mit meinem inneren Frieden ist das nicht so groß. Ich arbeite dran. Man könnte sagen, ich lebe meine Wahrheit, und das gibt mir das Gefühl von innerem Frieden."

Nils berichtete dann, dass für ihn persönlich das Problem Angst bedeutsam sei: "Ich hatte als Kind eine sehr strenge Mutter und habe deshalb viele Ängste. Ich bin ein ängstlicher Mensch. Ich habe eine ängstliche Psyche. Ein wichtiges Thema ist deshalb für mich immer gewesen, wie ich mit diesen Ängsten umgehen kann. Wie schaffe ich das? Ich habe festgestellt, dass die Ängste ein Teil meiner Persönlichkeit sind und meine Aufgabe darin besteht, das zu akzeptieren."

Nils hat zwei Methoden gefunden, die ihm helfen, mit seinen Ängsten zurecht zu kommen. Er kann sie durch spezielle Techniken bewältigen: "Ich habe alles Mögliche probiert. Mein Hauptweg ist es, sie zu managen, mit Hilfe des Yoga und des Positiven Denkens."

Nils glaubt, dass die Menschen generell mit ihren "negativen Eigenschaften" leben müssen, ihnen spirituelle Methoden jedoch helfen können: "Manche Leute neigen zu Ängsten, manche haben eine Wuttendenz. Grundsätzlich muss man damit leben, aber man kann seine negativen Eigenschaften mit psychischen Techniken managen und durch den spirituellen Weg langfristig auflösen. Man kann sich durch Yoga und Meditation auf eine andere Bewusstseinsebene erheben. "

Hierzu erzählte Nils die Geschichte vom Heiligen Nikolaus: "Der Heilige Nikolaus war ein christlicher Yogi, der so um 400 in der Türkei gelebt hat. Die Christen der Stadt Myra wählten ihn zu ihrem Bischof. Der Heilige Nikolaus war ein ängstlicher Mensch. Auch als er Bischof war, klagte er immer wieder darüber, dass er ständig von seinen Ängsten heimgesucht wurde. Aber eines Tages hat ihn Gott von seinen Ängsten befreit. Der Heilige Nikolaus saß an seinem Tisch und übergab Gott im Gebet seine Ängste. Er übte sich in der Gottüberlassenheit. Er opferte dem Kosmos seinen Eigenwillen. Plötzlich machte es "Zisch", und die Ängste waren weg."

Nils ist sehr glücklich, dass es für einen Menschen möglich ist, von seinen Ängsten befreit zu werden. "Es ist sehr erfreulich, dass er seine Ängste überwinden konnte. Wenn er seine Ängste durch den spirituellen Weg auflösen konnte, warum sollte ich es nicht auch tun können? Der Heilige Nikolaus ist ja schließlich mein Namensvetter. Nils ist eine Abkürzung für Nikolaus. Das "Heilige" fehlt mir zwar noch (wir beide lachen), aber den Nikolaus habe ich schon."

Nils erzählte mir bereits vor unserem Gespräch am Telefon, dass innerer Friede für ihn gleichzusetzen sei mit Erleuchtung. Er kam nun darauf zu sprechen, was dieses genau für ihn bedeutete: "Erleuchtung lässt sich ganz einfach erklären. Der Mensch hat in sich Verspannungen, im Körper und auch in der Seele. Und letztendlich ist Ängstlichkeit auch eine Form von Verspannung. Irgendwann ist sie einmal durch viele Angsterlebnisse entstanden. Erleuchtung bedeutet jetzt nichts anderes, als dass man durch bestimmte Übungen die Verspannungen auflöst. Und dann sind sie eines Tages weg. "

Ohne Verspannungen - so Nils - entsteht im Körper ein großes Wohlbefinden. "Wenn sich diese Verspannungen aufgelöst haben, ist der Körper frei von Verspannungen. Dann entsteht im Körper und auch in der Seele ein tiefes Wohlgefühl. Das heißt, man fühlt sich plötzlich wohl."

Neben diesem Gefühl von innerem Wohlbehagen ist auch ein tiefer, friedvoller Zustand erlebbar. "Das ist nicht nur einfach Wohlgefühl, sondern man fühlt sich wohl mit sich, in sich. Und die Essenz, könnte man sagen, ist der innere Frieden. Innerer Friede auf einer ganz tiefen Ebene. Das heißt, (Nils atmet tief durch) die Ängste sind alle weg. Das ist faszinierend, man denkt, eben war ich noch ängstlich, und dann sind sie alle weg."

Nils erzählte hierzu von einer Situation, in der sich während eines Spazierganges seine Verspannungen gelöst hatten. So konnte er - frei von allen Unzufriedenheiten - in eine andere Bewusstseinsebene gelangen und wirklichen Frieden in sich spüren. "Das war gestern so schön. Ich gehe jeden Tag zweimal eine Stunde spazieren und meditiere dabei. Plötzlich dachte ich: "Ach, dieses Scheißleben. Jetzt lebst du hier schon so lange allein als Yogi. Das ist so schrecklich. Du magst überhaupt nicht allein leben. Du würdest viel lieber mit einer Frau zusammen leben. Der spirituelle Weg ist völlig sinnlos. Kannst du nicht mal normal sein?"

"Ich war sehr unzufrieden mit mir. Ich fand mein Leben schrecklich. Dann ging ich weiter. Und plötzlich machte es "Plopp". Plötzlich lösten sich viele Verspannungen. Und ich dachte: "Was ist denn nun? Völliger Frieden ist in mir. Alles ist so nett. Wie ist das schön hier. Die armen anderen Menschen, die leben alle falsch." (Wir beide lachen). Das war wirklich spannend. Durch meine Übungen habe ich erfahren, dass die Verspannungen aufgelöst werden können. Dann verändert sich der Bewusstseinszustand. Man kommt in eine andere Bewusstseinsebene. Ich empfand wirklich nur Frieden und Wohlgefühl mit mir. Ich war mit mir und der Welt zufrieden. So ungefähr funktioniert die Erleuchtung."

Oft entsteht vor dem Bewusstseinswandel eine sogenannte Unlustphase, die auch Nils auf seinem Spaziergang deutlich wahrnehmen konnte. Er sagte, dass es sehr wichtig sei, diese Unlustgefühle durchzustehen, damit sich die Verspannungen wirklich lösen können. "Das ist typisch für den spirituellen Weg. Wenn sich Verspannungen auflösen, entsteht vorher eine Unlustphase. Das heißt, man ist massiv unzufrieden mit sich, mit der Welt und auch mit dem spirituellen Weg. Da muss man durchgehen. Wenn man nicht durchgeht, lösen sich die Verspannungen nicht, und man kommt nicht zum inneren Wohlgefühl."

Nils beschrieb noch einmal, wie er selber auf seinem Spaziergang durch diese Phase hindurch gegangen und zu seinem inneren Frieden durchgestoßen war: "Die Unlustphase gestern war sehr massiv. Ich wäre am liebsten geflüchtet. Aber ich machte meinen Spaziergang. Ich konnte ja nicht rückwärts gehen. Das ging nicht. Ich musste vorwärts gehen. Ich kenne das Prinzip. Das ist auf dem Yogiweg normal. Ich wußte, es sind noch zehn Schritte, dann bist du durch diese Phase durch. Dann bist du in einem anderen Bewusstseinszustand. Und so war es auch: Tapp, tapp, tapp. Zehn Schritte. Flopp, weg war es. (Nils atmet tief durch) Ah, es war herrlich, diesen inneren Frieden zu spüren."

"Meine Erfahrung ist, dass sich in der Erleuchtung die Angst aufhebt. Das ist für mich faszinierend. Meistens war ich in diesen Erleuchtungserlebnissen ein bis zwei Stunden. In dieser Zeit hatte ich wirklich keine Ängste mehr. Vorher habe ich mir viele Sorgen gemacht. Ich hatte Angst vor dem Tod und vor der Einsamkeit. Ich dachte, dass ich alleine nicht glücklich sein kann. Dann trat ich in den Erleuchtungszustand ein und alles war plötzlich okay. "Einsamkeit? Es ist doch schön hier!" (Wir lachen). "Ich kann es also wirklich bestätigen, dass der Mensch normalerweise mit seinen seelischen Tendenzen leben muss, sie aber in der Erleuchtung aufgehoben sind. Das heißt, man lebt als Erleuchteter in einem Zustand von tiefem Glück. Innerer Friede und inneres Glück sind zwei Dinge, die im Bewusstsein zusammengehören."

Nils erzählte weiter, daß es vieler Jahre Übung bedarf, um an die eigenen Verspannungen heranzukommen. Wenn sich diese dann gelöst haben, stellt sich auch nicht sofort eine dauerhafte Erleuchtung ein. "Bei diesem Weg der Erleuchtung ist es normalerweise so, dass man viele Jahre übt. Und dann kommt man irgendwann an den Kernpunkt seiner Psyche ran. Das heißt, man kommt an tiefe Verspannungsschichten heran. Wenn sich diese Verspannungsschichten aufösen, entsteht Erleuchtung. Dann ist es aber auch nicht so, dass man jetzt dauerhaft erleuchtet ist, sondern es gibt Phasen, wo man wieder reinkommt. Und es gibt Phasen, wo man wieder aus der Erleuchtung herausfällt. Es ist ein sehr langer Weg, bis man dauerhaft erleuchtet ist."

Zur Zeit befindet sich Nils in einer Reinigungsphase, in der sich viele Verspanungen ganz von alleine lösen.

"Wenn man beständig seine spirituellen Übungen macht, kommt man irgendwann an den Punkt, wo die ganze verspannte Psyche in sich zusammenbricht. Dann entsteht soviel Energie im Körper, dass sich alles von allein löst. In dieser Phase hin ich jetzt."

Nils begann an dieser Stelle den Weg zu beschreiben, der ihn an seine eigenen Grundverspannungen herangeführt hat. Ich möchte diese Schilderungen im folgenden gerne ungekürzt wiedergeben, weil ich sie sehr spannend und interessant finde.

"Ich habe Jura studiert und hatte während des zweiten Examens starke Ängste. Danach bin ich in eine tiefe Depression geraten. In dieser depressiven Phase ging es mir wirklich schlecht. Ich habe Tabletten genommen, um meine Depression zu überwinden und um schlafen zu können. Nach einigen Wochen war ich tablettenabhängig. Die Tabletten haben nicht mehr viel genützt, aber ohne Tabletten ging es mir noch schlechter."

"Ich wollte meine Tablettenabhängigkeit überwinden. Ich habe die Tabletten nicht mehr genommen. Aber dann konnte ich nicht schlafen. Ich wollte aber schlafen, weil ich sonst den ganzen nächsten Tag müde gewesen wäre und mich schlecht gefühlt hätte. Dieser Wunsch zu schlafen hat mich stark verspannt und mich letztlich am Einschlafen gehindert. Ich habe mir deshalb gesagt: "Ich nehme die Situation einfach an. Ich akzeptiere es, wenn ich nicht schlafen kann. Ich übe mich in der Bescheidenheit. Ich lebe einfach das Leben, wie es ist. Wenn du nicht schlafen kannst und wenn es dir schlecht geht, dann geht es dir eben schlecht."

"Ich habe es konsequent geübt, mich nicht durch meine Gedanken zu verspannen. Es war ein großes Ringen in mir. Das ging über Wochen. Und dann kam ich plötzlich an den Punkt, da trat auf einer tiefen Ebene ein starkes Unlustgefühl auf. Ich wollte die Gedankenarbeit nicht mehr. Da habe ich mir in meine Erinnerung gerufen, dass ich meine Depression überwinden wollte. Es wühlte eine Woche stark in mir, und dann brach plötzlich der tiefe Verspannungskern in mir auf, es machte "Plopp", und ich war alle Ängste los. Ich war zur Erleuchtung durchgebrochen. Ich hatte kein Ich-Bewusstsein mehr. Ich habe mich nicht mehr mit mir identifiziert. Es war alles ganz friedlich. Ich war alles. Ich war der Kosmos. Nach einer Woche hatte ich aber wieder ein neues Ich."

Im Nachhinein bewertet Nils dieses Erlebnis als unvollständige Erleuchtung. "Wenn ich das jetzt rückblickend betrachte, würde ich sagen, ich hatte noch zu viele Verspannungen in mir. Deshalb konnte sich noch kein großes inneres Glück entwickeln. Die zweite Seite des inneren Friedens, das große innere Glück fehlte mir noch. Es war nur ein halbfertiger Erleuchtungszustand. Aber immerhin habe ich es geschafft, dadurch, dass ich konsequent an meiner Leidablehnung gearbeitet habe, meinen tiefen Verspannungskern aufzulösen und zum inneren Frieden zu gelangen."

Nils sieht es auf dem Weg zur Erleuchtung als die größte Schwierigkeit an, zu dem eigenen tiefen Problemkern vorzustoßen. Ihn selber hat sein sehnlicher Wunsch, seine Depression loszuwerden, veranlasst, an seinem Innersten zu arbeiten. "Bei mir war das so. Ich hatte eine Depression. Ich wollte sie wirklich loswerden. Das hat mich dazu gebracht, konsequent durch meine inneren Widerstände hindurch zu gehen. Danach konnte ich durch meine spirituellen Übungen immer wieder leicht an diese tiefen Bewusstseinsebenen herankommen."

Nils erzählte auch von seinem zweiten Erleuchtungserlebnis drei Jahre später, bei dem die Kundalini-Energie in seinem Körper aktiviert wurde. "Drei Jahre später habe ich ein Wochenendseminar bei dem taoistischen Meister Mantak Chia gemacht. Das hat in mir viel gereinigt. Und dann lag ich einige Monate später morgens im Bett und meditierte. Plötzlich stieg in mir aus dem Becken die Kundalini-Energie hoch, bis in die Mitte des Kopfes. " (Erklärung zur Kundalini-Energie aus Nils "Yoga-Buch": "Die Kundalini-Energie ist, nach dem indischen Yoga, der stärkste Energiestrom im menschlichen Körper. Wenn diese Energie das Scheitelchakra erreicht, entsteht das Gefühl der Vereinigung des Menschen mit dem Kosmos, und ein großes Glück ist wahrnehmbar.").

Nils erklärte, dass es das Ziel im indischen Yoga sei, diese Energie im Scheitelchakra zu aktivieren. Ihm selber ist dies bislang nur ein einziges Mal geschehen. "Da hatte ich die Erleuchtung auf der tiefsten Ebene. Das kann ich beschreiben als das Gefühl, in einer umfassenden Liebe zu sein. Alles ist Liebe. Es gibt dich nicht mehr. Du löst dich in dieser Liebe auf."

"Dazu kam das Gefühl von innerem Frieden. Aus meiner Kindheit, weil ich ja diese strenge Mutter hatte, die immer an mir herumgemeckert hat, hatte ich das Gefühl von mir, ich bin nicht richtig, so wie ich hin. Als ich dann in diesem Zustand der tiefen Erleuchtung war, (Nils erzählt sehr befreit und losgelöst) da erkannte ich plötzlich, dass ich genau so richtig bin, wie ich bin! Ich bin nicht falsch, sondern ich bin richtig. Das war eine tiefe Befreiung."

Nils fasst noch einmal seine zwei intensivsten Erieuchtungserlebnisse zusammen. "Das erste, nach der Depression, wo ich in ein kosmisches Bewusstsein kam. Und das zweite, wo sich meine Kundalini-Energie entfaltet hat und wo ich den Zielzustand erlebt habe."

Nils berichtete von den Methoden, durch die man innerlich wachsen und zur Erleuchtung gelangen kann. Er erzählte zunächst vom Zen-Weg, der schnellsten, aber seiner Meinung nach auch sehr schwierigen Methode, um erleuchtet zu werden.

"Was sind für mich die zentralen Methoden? Sai Baba (ein indischer Meister) lehrt als Kernmethode, sich einfach hinzusetzen und nicht zu denken. Das ist der reine Zen-Buddhismus. Es gibt ein Buch, in dem Sai Baba diese Methode einem seiner deutschen Anhänger gezeigt hat. Der Mann war sehr stark und spirituell sehr fortgeschritten. Er hat sich drei Jahre einfach nur an einem ruhigen Ort hingesetzt und meditiert. Er hat die Gedankenstopp-Technik praktiziert. Er hat drei Jahre lang konsequent nicht gedacht. Wenn Gedanken auftauchten, hat er sie wieder losgelassen. Dadurch lösten sich alle inneren Verspannungen. Das Ganze war für ihn ein sehr intensiver innerer Arbeitsprozeß. Nach drei Jahren war er erleuchtet. Das ist der ganz schnelle, ganz radikale, ganz brutale Weg. Setz dich einfach hin und denke so lange nicht, bis du erleuchtet bist."

Nils praktiziert dagegen einen sanften Reinigungsweg. "Mein spiritueller Weg besteht darin, dass ich meine Verspannungen durch die fünf Techniken Liegen, Lesen, Gehen, Gutes tun (etwas arbeiten) und Lebensfreude (das Leben auch etwas genießen) auflöse. Es ist klar, man entspannt sich, wenn man im Bett liegt und meditiert. Man löst Verspannungen, wenn man positive Bücher liest. Auch beim Spazierengehen lösen sich Verspannungen. Wenn man positiv denkt, lebt und arbeitet, lösen sich Verspannungen. Und wenn man im richtigen Maß die Freude lebt, tut das auch der Seele gut."

Bei diesem Weg achtet Nils genau auf sein inneres Gespür, das ihm mitteilt, welche der Methoden er gerade anwenden soll. "Wenn ich das Gefühl habe, ich sollte spazieren gehen, weil das mir jetzt gut tut, dann tue ich das. Wenn ich das Gefühl habe, ich sollte mich ins Bett legen, weil das jetzt meine Verspannungen löst, tue ich das. Ich gehe zweimal am Tag eine Stunde spazieren. Ich meditiere dreimal am Tag. Aber nur im Bett liegen und spazierengehen, das wäre mir doch ein bisschen wenig (wir lachen). Deswegen lese ich außerdem in meinen spirituellen Büchern und arbeite jeden Tag drei bis vier Stunden. Und zwischendurch genieße ich das Leben auch etwas. Ich esse schöne Dinge, höre schöne Musik, sehe etwas fern und surfe im Internet."

"Ich bin nur ein kleiner schwacher Yogi. Ich habe viele innere Verspannungen. Ich brauche einen spirituellen Weg, den ich lange durchhalten kann. Gleichzeitig soll mein spiritueller Weg aber auch effektiv sein und mich möglichst noch in diesem Leben zum Ziel bringen. Einen Weg mit etwas Freude, etwas Kontakt und einer sinnvollen Arbeit kann man lange durchhalten. Mein Yoga-Meister Swami Shivananda lehrte den Weg der kleinen Schritte: `Meditiere etwas, arbeite etwas, habe etwas Geselligkeit, mache etwas Yoga, treibe etwas Sport, iss etwas und singe etwas. Lebe an einem Ort der Ruhe, übe nach einem spirituellen Tagesplan und arbeite für das Ziel einer glücklichen Welt. Bete jeden Tag zu den erleuchteten Meistern, und dein Leben wird gesegnet sein.` Das alles tue ich. Mein Weg ist nach meinem Gefühl für mich genau richtig so."

Nach einer kleinen Pause wendete ich mich an dieser Stelle des Gespräches noch einmal einem Punkt zu, den Nils bereits am Anfang des Gespräches erwähnt hatte. Er erzählte dort von den Energien anderer Menschen, die er heute so gut spüren kann. Ich fragte ihn nun, ob er mir darüber und allgemein über seine Beziehung zu anderen Menschen noch ein wenig ausführlicher berichten möchte.

Nils berichtete daraufhin zunächst von seinem Wunsch nach einer glücklichen Welt. Er hatte sich bereits als Jugendlicher in der Politik engagiert und für soziale Werte eingesetzt. Diese Aktivitäten sieht Nils heute als Grundlage für sein Verantwortungsgefühl gegenüber seinen Mitmenschen. "Es war wirklich mein Wunsch, eine glückliche Welt zu schaffen und für Gerechtigkeit und Frieden einzutreten. Ich habe zehn Jahre lang intensiv in der Politik gearbeitet. Das hat mir ein Bewusstsein für die universelle Verantwortung gegeben."

Im Gegensatz zu früher kann Nils heute die Energie zwischen sich und seinen Mitmenschen besser fühlen, so dass ihm der Umgang mit anderen leichter fällt. "Früher war ich etwas dogmatisch (wir lachen), da hatte ich Schwierigkeiten, mit anderen Menschen mitzufühlen und tappte öfter ins Fettnäpfchen. Ich habe Frauen gegenüber Dinge gesagt, die sie verletzt haben, ohne das zu wollen. Ich hatte einfach kein Gespür für andere Menschen. Das war sehr schwierig. Dadurch, dass ich jetzt Energie spüre, ist es leichter für mich."

Nils hat ein größeres Bewusstsein für falsche, verletzende Äußerungen. Dennoch fehlt ihm auch heute noch manchmal das Feingefühl im Kontakt mit anderen. Allerdings werden ihm falsche Bemerkungen seinerseits nun sofort bewusst, und er kann sich schnell korrigieren. Er erzählte hierzu von einer Situation, wie sie ihm in einem seiner Kurse an der Volkshochschule widerfahren war.

"Am Montag, in der Yoga-Gruppe, da fing eine Frau an, über den zu kleinen Raum zu meckern. Da habe ich gesagt: 'Du, wir sind in einem Positiv-denken-Kurs!' Das war witzig von mir gemeint. Die ganze Gruppe hat gelacht, aber sie hat es verletzt. Ich habe sofort gemerkt, und das hätte ich früher nie getan, das war zu hart für sie. Sie hat dann 1 1/4 Stunden gebraucht, um es zu verarbeiten. Und erst bei der Meditation nachher, da löste es sich. Ein Gedanke des Verzeihens schwebte durch den Raum und kam bei mir an. Ich mache auch schon mal Fehler, aber ich kriege sie immer mit. Ich kriege es häufig gleich mit, wenn ich etwas zu hart sage, dann kann ich mich korrigieren oder bremsen. Von daher ist das Energiegespür sehr hilfreich."

Auch zu Tieren kann Nils eine intensive Gefühlsebene aufbauen. Er erzählte von der Begegnung mit einem Reh, bei dem er ganz viel Liebe zwischen sich und dem Tier spüren konnte. "Ich spüre nicht nur die Menschen, sondern auch die Tiere. So ging ich eines Abends spazieren. Da standen Rehe auf der Wiese. Sie überlegten, ob sie flüchten sollten oder nicht. Ein Mutterreh, das hatte ganz viel Liebe in sich. Es betrachtete mich mit Liebe. Es rannte nicht weg. Vielleicht war es das Reh, das in der Nähe meines Hauses lebt und dort jedes Jahr seine Kinder großzieht. Ich spürte eine starke Verbindung von Herzchakra zu Herzchakra. Das Reh stand einfach nur da und sah mich voller Liebe an. Ich habe dann einige liebe Worte zu ihm gesagt. Ja, das war irre. Ich habe die Möglichkeit, auf einer ganz tiefen Ebene Kontakt zu Tieren aufzunehmen, weil ich sie energetisch spüren kann. Und ich denke, sie spüren mich auch."

Am Ende unseres Gespräches fragte ich Nils, ob er noch etwas Wichtiges sagen mochte. Er berichtete daraufhin, dass Ruhe, Positives Denken und Visualisierungen für ihn die besten Methoden sind, um zur Erleuchtung zu kommen. Nils erzählte, dass es für ihn zwei Hauptformen der Visualisierung gibt.

Zunächst erklärte er die Methode, auf den Kosmos, Gott, die Ganzheit zu meditieren. "Bei der Visualisierung gibt es zwei Möglichkeiten. Die eine besteht darin, sich mit dem Kosmos zu identifizieren. Im tibetischen Buddhismus gibt es die Übung, den Himmel voller Sterne zu visualisieren. Man kann auch die Natur, die Bäume, die Tiere und den Himmel betrachten, um in ein kosmisches Bewusstsein zu gelangen. Man kann allen Wesen Licht senden, den ganzen Kosmos mit Licht füllen, sich als eins mit dem Licht sehen und so sein inneres Glück erwecken.

Die zweite Methode ist der Vorbild-Yoga. Man visualisiert sich als Buddha, Shiva oder Jesus Christus und erweckt dadurch seine Kundalini-Energie. Bei dieser Technik spürt man als erstes, durch welches Vorbild man heute am besten in eine Erleuchtungsdimension hinein kommt. Dann versucht man sein Vorbild so genau wie möglich zu sehen und insbesondere dessen zentrale Eigenschaften gut zu erfassen. Ich stelle dazu gerne immer passende Statuen auf meinen Altar oder schaue mir ein Bild des erleuchteten Vorbildes an. Ich sehe es als Gegenüber oder identifiziere mich mit ihm. Meine Meister kann ich besser als Gegenüber und die Yoga-Götter besser als Formen meines eigenen Selbst sehen."

"Dann finde ich ein Mantra, das die Visualisierung verdichtet und auf einen Punkt bringt. Ich versuche so intensiv wie möglich in die Energie des Vorbildes zu gelangen und mich innerlich einzuschwingen. Für die Ruhe habe ich Buddha als Vorbild, für die Kraft Shiva, für die Ego-Opferung Jesus und für das Geben von Licht die Yoga-Göttin Lakshmi."

Nils erklärte darüber hinaus, dass es für ihn persönlich noch eine dritte Methode gibt, um zum inneren Frieden zu gelangen. Diese Methode besteht darin, ganz sich selbst zu leben und man selbst zu sein. "Ich habe festgestellt, ich brauche noch eine dritte Methode: Ich muss ganz der sein, der ich bin. Ich muss mit mir in Harmonie sein. Ich muss auf meine Art leben. Ich muss eine mir angemessene Lebensweise praktizieren. Ich brauche viel Zeit und Ruhe, ich muss etwas nach dem Lustprinzip leben, und ich brauche eine erfüllende Lebensaufgabe. Letztlich brauche ich einen tieferen Sinn, aus dem heraus ich lebe und den ich auf meine persönliche Art umsetze."

Yoga-Wochenende

--------------------------

Jedes Jahr im Juli biete ich (ab 2010) ein kostenloses Yoga-Wochenende an. Beginn Sonnabends 12 Uhr und Ende Sonntags 18 Uhr. Für Essen und Unterkunft erhebe ich einen Beitrag von 20 €. Unterkunft im Zelt, auf einer Rollmatratze im Haus oder im Hotel (selbst bezahlen). Geboten werden die wichtigsten Yogainformationen, Klärung von Fragen, acht Yogastunden, ein Waldspaziergang und eine Yogafeier.

Wir lernen den intuitiven Hatha-Yoga (Schüttelmeditation im Stehen, einfache Übungen im Liegen, Meditation, positives Denken) kennen. Nach diesem Yogawochenende bist du in der Lage zuhause selbstständig Yoga und Meditation zu praktizieren. Anmeldung ab sofort. Das genaue Datum wird ein Vierteljahr vorher bekanntgegeben.

Yoga-Ausbildung

------------------------

Jedes Jahr Anfang August biete ich eine zweiwöchige Yoga-Ausbildung an. Die Ausbildung findet bei mir zuhause statt und ist kostenlos. Es wird ein Beitrag von 200 Euro für Essen und Unkosten erhoben. Zum Kochen bilden wir Kochgruppen. Es gibt morgens ein einfaches Frühstück (Müsli, Obst, Brot, Tee) und abends eine vegetarische Hauptmahlzeit.

Geschlafen wird in Zelten oder in den Gästebetten. Die Teilnehmerzahl ist auf zwölf Personen begrenzt. Die Anmeldung erfolgt ab sofort. Bei der Teilnahme wird die Reihenfolge der Anmeldungen berücksichtigt. Ich bemühe mich aber auch, gute Gruppen zusammenzustellen. Die Ausbildungen beginnen im August 2010. Wenn ein Jahr ausgebucht ist, wird die Anmeldung beim darauf folgenden Jahr berücksichtigt.

Die Ausbildung beginnt am Montag nachmittag um 15 Uhr und endet zwei Wochen später am Sonntag mittag. Ich besitze vier Gästebetten und sechs Rollmatratzen in fünf Doppelzimmern, die ich für die Teilnehmer/innen zur Verfügung stellen kann. Eine Yogamatte und Bettwäsche (es reicht auch ein Schlafsack) muss jeder selbst mitbringen. Die Übernachtung in einem nahegelegenen Hotel ist möglich. Die Hotelkosten muss jeder selbst tragen. Die Anreise müssen alle Teilnehmer selbst organisieren.

Die Ausbildung wird jeweils dann stattfinden, wenn sich genügend Menschen (mindestens sechs Personen) angemeldet haben. Die Anmeldung erfolgt per Email oder per Brief (bitte ein Foto beilegen, bei einer Email Größe etwa 30 KB). Bitte auch das Alter, den Beruf und den Übernachtungswunsch (Zelt, Gästebett/Rollmatratze, Hotel) angeben. Die Anmeldung ist zunächst unverbindlich. Wenn ich einen genauen Termin festgelegt habe, starte ich ein Rundschreiben. Die 200 Euro sind drei Monate vorher auf mein Konto zu überweisen. Damit ist der Teilnehmer dann fest angemeldet.

Die Yoga-Ausbildung richtet sich an alle Menschen, die gerne zwei Wochen in einer Gruppe Yoga machen möchten. Sie ist als Weiterbildung für Yogalehrer aller Stilrichtungen geeignet. Mein Yoga-Stil ist einfach und kann deshalb auch von Anfängern gut erlernt werden. Zu Beginn der Ausbildung erhält jeder Teilnehmer "Yoga - Das Glücksprogramm". Wir werden es während der Ausbildung durcharbeiten.

Die Ausbildung besteht aus zweimal zwei Stunden Yoga und Meditation am Tag (10-12 und 16-18 Uhr). Zwei Stunden (12-14 Uhr) findet ein Gesprächskreis statt (Kurzvorträge, Information, Diskussion). Eine Stunde machen wir einen gemeinsamen Meditationsspaziergang durch den Wald im Schweigen. Zwei Stunden am Tag gehören dem privaten Üben (Lesen, Lernen, Yoga, Meditation). Zwei Stunden treffen wir uns in Kleingruppen oder zu Zweiergesprächen. Jeden Tag stehe ich eine Stunde für einen Teilnehmer für ein Einzelgespräch zur Verfügung.

Ich biete alle fünf Jahre ein Treffen aller Teilnehmer an, auf dem Erfahrungen ausgetauscht und kostenlose Einzelgespräche mit mir geführt werden können. Darüber hinaus sollten alle Teilnehmer durch das Lesen der Monatsseite meiner Homepage und per Email (bei persönlichen Fragen) mit mir Kontakt halten. Ich werde monatlich einen kleinen Rundbrief verfassen. Und gegebenenfalls werde ich Extraveranstaltungen zu besonderen Themen organisieren.

Am Ende der Ausbildung wird nach einer kleinen Prüfung das Zertifikat "Yogalehrer/Meditationslehrer" erteilt. Die Prüfung ist freiwillig. Wer Yoga unterrichtet, sollte mindestens zwölf Jahre mit mir in Kontakt bleiben. Nach einem zweiwöchigen Kurs braucht man für eine verantwortliche Gruppenleitung grundsätzlich eine langfristige spirituelle Begleitung.

Die Ausbildung sehe ich als eine gemeinschaftliche Aufgabe aller Teilnehmer an. Jeder sollte zum Gelingen des Ganzen beitragen. Drogen, Alkohol, Zigaretten und Sex sind während der Ausbildung verboten. Zum Abschluss wird auf Wunsch eine Segnung stattfinden. Jeder erhält sein eigenes Yoga-Mantra.

www.ingramcontent.com/pod-product-compliance
Ingram Content Group UK Ltd.
Pitfield, Milton Keynes, MK11 3LW, UK
UKHW050614260726
13967UKWH00008B/2864